21世纪高职高专“十三五”精品规划教材

商务礼仪

主　编　赵丽霞　王　瑜

天津大学出版社
TIANJIN UNIVERSITY PRESS

全书共分四大模块，包括商务礼仪基本知识、商务人员形象塑造、商务人员日常交往礼仪和商务职场办公礼仪。四大模块细分为十一个单元，分别为商务礼仪概述，商务仪态礼仪，商务仪容礼仪，商务服饰礼仪，商务言谈礼仪，商务见面礼仪，商务方位、位次与商务馈赠礼仪，商务餐饮礼仪，商务办公室礼仪，商务文书礼仪，商务活动礼仪。

本书既适合作为高职高专院校和专业培训的教学用书，也可作为在职人员培训、自学、成人教育的参考用书，还可作为职业技能鉴定、职业资格考试的参考用书。

图书在版编目（CIP）数据

商务礼仪/赵丽霞，王瑜主编. —天津：天津大学出版社，2014.7（2022.1 重印）

21 世纪高职高专“十三五”精品规划教材

ISBN 978-7-5618-5124-1

Ⅰ. ①商… Ⅱ. ①赵… ②王… Ⅲ. ①商务—礼仪—高等职业教育—教材 Ⅳ. ①F718

中国版本图书馆 CIP 数据核字（2014）第 160264 号

出版发行 天津大学出版社
地　　址 天津市卫津路 92 号天津大学内（邮编：300072）
电　　话 发行部：022-27403647
网　　址 publish.tju.edu.cn
印　　刷 廊坊市海涛印刷有限公司
经　　销 全国各地新华书店
开　　本 185mm×260mm
印　　张 14
字　　数 349 千
版　　次 2022 年 1 月第 3 版
印　　次 2022 年 1 月第 5 次
定　　价 44.00 元

PREFACE **前 言**

中国素有“礼仪之邦”的美誉，懂“礼”和重“礼”是中华民族代代相传的美德。礼仪作为人际交往的润滑剂，是人在社会中交际成功与否的关键。在 21 世纪的今天，我国经济快速发展，国内外的商务活动与日俱增。同时，在人才培养方面，加强情商教育已成为当今教育关注的热点，而商务礼仪则是其中一个重要的环节。商务礼仪作为一门综合性很强的行为科学，是我国在新形势下所开设的一门专业性基础课。它旨在使学习人员“内强素质，外塑形象”，增强交际能力与适应能力，以便在未来的商务交往中与人进行更为有效的沟通。

本书内容上根据新时期商务活动中所涉及的基本礼仪展开设计，遵循学生的认知规律，针对商务礼仪这门课规范性、操作性、专业性、时效性强的特点，穿插了“名人名言”“礼仪智库”等集知识性、文化性和实用性为一体的小栏目；通过“动起来”“案例分析”“实训项目”来调动学生参与实践的积极性。

全书共分四大模块，包括商务礼仪基本知识、商务人员形象塑造、商务人员日常交往礼仪和商务职场办公礼仪。四大模块细分为十一个单元，分别为商务礼仪概述，商务仪态礼仪，商务仪容礼仪，商务服饰礼仪，商务言谈礼仪，商务见面礼仪，商务方位、位次与商务馈赠礼仪，商务餐饮礼仪，商务办公室礼仪，商务文书礼仪，商务活动礼仪。

本书既适合作为高职高专院校和专业培训的教学用书，也可作为在职人员培训、自学、成人教育的参考用书，还可作为职业技能鉴定、职业资格考试的参考用书。

本教材由重庆城市管理职业学院组织编写，赵丽霞、王瑜任主编，周祈燕任副主编，本书具体编写分工如下：全书由赵丽霞编写大纲，最后由赵丽霞、王瑜统一审阅和定稿；裴淑娥编写第一单元、第三单元；王瑜编写第二单元、第四单元、第八单元；辛香玲编写第五单元；查克玲编写第六单元、第七单元；周祈燕编写第九单元；黄博文编写第十单元；肖温雅编写第十一单元。在此，要特别感谢中国形象设计协会副秘书长、中华传统文化讲师团主任讲师程从正和重庆同阳商务策划有限公司总经理宋娟等几位专家。本书在编写过程中借鉴了大量相关教材和资料，限于篇幅，未能一一注明，在此特向其作者表示感谢。

由于编写时间仓促，编者水平有限，本书难免存在错误和不足之处，恳请专家和广大读者提出宝贵意见。

编 者

于重庆大学城

CONTENTS 目 录

模块一　商务礼仪基本知识

第一单元　商务礼仪概述

名人名言

人无礼则不生，事无礼则不成，国无礼则不宁。

——荀子

教学目标

通过本单元学习，学习者达到以下目标：

1. 掌握商务礼仪的含义、原则；
2. 理解商务礼仪的目标、功能；
3. 了解礼仪的起源与发展，充分认识礼仪的重要性，认识商务礼仪的作用与意义。

能力标准

能力元素	能力表现水平描述
熟悉商务礼仪的概念和特点	礼仪的概念，进一步掌握礼仪的特征
	礼仪的种类，把握礼仪的作用
	礼仪的起源，进一步了解礼仪的发展
了解商务礼仪的功能与重要性	商务礼仪的功能，进一步应用于实际工作，使其发挥更大作用
	商务礼仪的重要性，加深理解并在应用中提高认识和主动性
	商务礼仪的作用，发挥更大的效度和应用能力
熟练掌握商务礼仪的原则，并能应用于实际	商务礼仪的原则，在商务礼仪的实践中更好地把握其实质和内容
	商务礼仪的实际应用，通过学习商务礼仪的内容把知识运用到具体的实际工作中

引导案例

林晖的故事

有22个应届毕业生，实习时被导师带到国家某部委实验室参观。全体学生坐在会议室里等待部长的到来，这时有秘书给大家倒水，同学们表情木然地看着她忙活，其中一个还问了句：“有绿茶吗？天太热了。”秘书回答说：“抱歉，刚刚用完了。”林晖看着有点别扭，心里嘀咕：“人家给你倒水还挑三拣四。”轮到他时，他轻声说："谢谢，大热天的，辛苦了。"秘书抬头看了他一眼，眼中满含着惊奇，虽然这是很普通的客气话，却是她今天听到的唯一一句。

门开了，部长走进来和大家打招呼，不知怎么回事，静悄悄的，没有一个人回应。林晖左右看了看，犹犹豫豫地鼓了几下掌，同学们这才稀稀落落地跟着拍手，由于不齐，越发显得零乱起来。部长挥了挥手："欢迎同学们到这里来参观。平时这些事一般都是由办公室负责接待，因为我和你们的导师是老同学，非常要好，所以这次我亲自来给大家讲一些有关情况。我看同学们好像都没有带笔记本，这样吧，王秘书，请你去拿一些我们部里印的纪念手册，送给同学们作纪念。"接下来，更尴尬的事情发生了，大家都坐在那里，很随意地用一只手接过部长双手递过来的手册。部长脸色越来越难看，来到林晖面前时，已经快要没有耐心了。就在这时，林晖礼貌地站起来，身体微倾，双手握住手册，恭敬地说了一声："谢谢您！"部长闻听此言眼前一亮，伸手拍了拍林晖的肩膀："你叫什么名字？"林晖照实作答，部长微笑点头，回到自己的座位上。早已汗颜的导师看到此景，微微松了一口气。

两个月后，毕业分配表上，林晖的去向栏里赫然写着国家某部委实验室。有几位颇感不满的同学找到导师："林晖的学习成绩最多算是中等，凭什么选他而没选我们？"导师看了看这几张尚属稚嫩的脸，笑道："是人家点名来要的。其实你们的机会是完全一样的，你们的成绩甚至比林晖还要好，但是除了学习之外，你们需要学的东西太多了，修养是第一课。"

第一节　礼仪的含义和礼仪的历史沿革

礼仪是一种行为规范，它不仅是社会生活的要求，更是一个人乃至一个民族文明程度高低的体现。在现代社会的各个方面，礼仪都发挥着重要的作用，它使我们的生活更有秩序，使人际关系更为和谐。人们在交往之初，由于双方相互之间不是十分了解，因此，不可避免地会对彼此产生某种戒备心理或距离感。如果交往双方在交往中都能做到施之以礼，应之以礼，则可以消除交往双方之间的心理隔阂，拉近双方的距离。另一方面，每个人在人际交往中都有获得他人尊重的心理需求，而相互尊重又是良好的人际交往的根本条件。因此，注重交往礼仪，无疑会增加对方对自己的好感，从而为以后的进一步交往奠定良好的基础。

一、礼仪的含义

谁都希望自己在社会交际活动中能够做到谈吐文雅、举止大方、彬彬有礼，能够引起人们的关注与好感。那么，如何才能做到这些呢？首先，我们要了解礼仪的含义。

（一）礼仪的概念

礼仪包括"礼"和"仪"两部分。"礼"，即礼貌、礼节，"仪"即仪表、仪式。礼仪是一门综合性较强的行为科学，是在人际交往中，自始至终地以一定的、约定俗成的程序、方式来表现的律己、敬人的完整行为。

人们在各种具体的社会交往中，为了相互尊重，在仪表、仪态、仪式、仪容、言谈举止等方面约定俗成的、共同认可的规范和程序即为礼仪。它涉及穿着、交往、沟通、情商等内容。对一个人来说，礼仪是一个人思想道德水平、文化修养、交际能力的外在表现；对一个社会来说，礼仪是一个国家社会文明程度、道德风尚和生活习惯的反映。

在西方，“礼仪”一词源于法语的“Etiquette”，原意是法庭上的通行证（古代法国的法庭把法庭规则写在进入法庭的通行证上，发给进入法庭的每个人，让他们了解并在进入法庭后严格遵守）。当“Etiquette”一词进入英文后，就有了“礼仪”的含义，意即“人际交往的通行证”。它有三层含义：一是指谦恭有礼的言辞和举动，二是指教养、规矩和礼节，三是指仪式、典礼、习俗等。英国女王伊丽莎白曾说：“礼节乃是一封通行四方的推荐书。”后来，礼仪一词的含义逐渐独立、明确起来。

礼仪是一个有着多重含义的概念，主要包括以下方面。

（1）从广义的角度来看，礼仪泛指人们在社会交往中的行为规范和交际艺术；从狭义的角度来看，礼仪通常是指在较大或隆重的正式场合，为表示敬意、尊重、重视等所举行的合乎社交规范和道德规范的仪式。

（2）从个人修养的角度来看，礼仪可以说是一个人内在修养和素质的外在表现。礼仪能有效地展示一个人的教养、风度和魅力，体现出一个人对社会的认知水准、个人学识、修养和价值。礼仪有助于提高人们的自身修养，促进人们的社会交往，改善人际关系。

（3）从交际的角度来看，礼仪可以说是人际交往中适用的一种艺术、一种交际方式或交际方法，是人际交往中约定俗成的示人以尊重、友好的习惯做法。礼仪是人与人之间沟通的桥梁，是一系列长期以来形成的标准化、规范化的传统习俗，它为我们生活中的活动和行为提供了一个准则。

（4）从传播的角度来看，礼仪可以说是在人际交往中进行相互沟通的技巧。根据礼仪的对象和范围不同，可将礼仪大致分为行业礼仪和交往礼仪两大类。行业礼仪包括政务礼仪、商务礼仪、服务礼仪。交往礼仪大致分为社交礼仪、涉外礼仪等。

（5）从整个社会的角度来讲，礼仪对规范人们的社会行为，协调人际关系，促进人类社会发展，净化社会风气具有积极的作用。

（二）礼仪的特点

1．规范性

礼仪是一种规范，是对人们在社会交往实践中形成的一定礼仪关系的概括和反映。

礼仪是约定俗成的一种自尊、敬人的惯用形式，任何人要想在交际场合表现得合乎礼仪，彬彬有礼，都必须对礼仪这种规范无条件地加以遵守。

2．多样性

礼仪广泛地涉及生活、学习和工作的不同领域。礼仪的内容、形式都是丰富多样的，比如在人们常见的国际交往礼仪中，仅见面礼就有握手礼、鞠躬礼、脱帽礼、合十礼、亲吻礼、点头礼、拱手礼、鼓掌礼、招手礼、注目礼等。在新西兰，毛利人接待客人的最高礼仪则是碰鼻礼。

3．地域性

不同国家、不同民族，甚至同一国家不同民族和生活在不同地域的人们，也有不同的礼仪。

4．时代性

不同的历史时代具有不同的礼仪。比如我国古人见面时行抱拳礼，现在已经变为握手礼；日本人传统的见面礼多为鞠躬礼，但在现代国际交往中，日本人也习惯握手礼。

5．差异性

同一礼仪形式常常会因时间、地点、对象的不同而使其意义出现差异。

6．继承性

每一个民族的礼仪文化，都是在本民族固有传统文化的基础上，通过不断吸收其他民族的礼仪文化而发展起来的。

7．变动性

社会的发展、历史的进步以及由此引起的众多社交活动的新特点、新问题的出现，要求礼仪有所变化，这就是礼仪的变动性。比如中国传统婚礼多用红色表示喜庆，西方新娘穿白色礼服表示纯洁，而当代中国新娘穿白色婚纱结婚也比比皆是。

8．相融性

鸣放礼炮的传统来源于英国。早前英国军舰在驶入别国海域之前或遇到别国军队时，为了表示对对方友好、没有敌意，便把军舰上的炮弹发射一空。以后鸣放礼炮便成为国际上相互表示敬意的隆重礼节。

（三）礼仪的种类

礼仪大致分为政务礼仪、商务礼仪、服务礼仪、社交礼仪、涉外礼仪五大分支。具体有着装礼仪、佩饰礼仪、通联礼仪、馈赠礼仪、仪容礼仪、举止礼仪、沟通礼仪、表情礼仪、聚会和应酬礼仪、就餐礼仪、求职应聘礼仪、办公室礼仪、常用交往礼仪、会议礼仪、仪式礼仪、营业人员礼仪、习俗礼仪、电话礼仪、公务员礼仪、营销礼仪等。

（四）礼、礼貌、礼节、礼仪之间的关系

在日常生活中，人们常常使用礼貌、礼节、礼仪三个词。譬如，家长经常教育子女要有

礼貌，要注意礼节，要懂得礼仪。显然，这三个词是同义词，但仔细琢磨体会一下，礼貌、礼节、礼仪是既紧密相关又不尽相同的三个概念。简单来说，礼貌是人们言语动作谦虚恭敬的表现；礼节是人们表示尊敬、祝颂、哀悼之类的各种惯用形式；礼仪则是体现礼节的仪式。虽然三者都与礼分不开，但是，礼貌多指个人的言语行为，而礼节、礼仪更多的是社会习俗的反映。人们可以说“懂礼貌”“懂礼节”“懂礼仪”，也可以说“知道礼貌”“知道礼节”“知道礼仪”，还可以说“注意礼貌”“注意礼节”“注意礼仪”。但是，人们经常说“有礼貌”或“没有礼貌”，而很少说“有礼节”或“没有礼节”、“有礼仪”或“没有礼仪”；只能说“举行礼仪”，而不能说“举行礼貌”或“举行礼节”。由此可见，礼貌、礼节、礼仪既有共性，也有差异，三者并非完全是一回事。

1．礼

礼的本意为敬神，后引申为表示敬意的通称。礼的含义比较丰富，它既可以指为表示敬意和隆重而举行的仪式，也可泛指社会交往中的礼貌礼节，是人们在长期的社会生活实践中约定俗成、共同认可的行为规范。礼还特指奴隶社会、封建社会等级森严的社会规范和道德规范。在《中国礼仪大辞典》中，“礼”被定义为特定的民族、人群或国家基于客观历史传统而形成的价值观念、道德规范以及与之相适应的典章制度和行为方式。礼的本质是“诚”，有敬重、友好、谦恭、关心、体贴之意。礼是人际交往乃至国际交往中，相互表示尊重、亲善和友好的行为准则。

2．礼貌

礼貌是人们在交往过程中相互表示敬意和友好的行为准则和精神风貌，是一个人在待人接物时的外在表现。它通过仪表及言谈举止来表示对交往对象的尊重。它反映了时代的风尚与道德水准，体现了人们的文化层次和文明程度。

3．礼节

礼节是指人们在日常生活中，特别是在交际场合中，相互表示问候、致意、祝愿、慰问以及给予必要的协助与照料的惯用形式。礼节是礼貌的具体表现，具有形式化的特点，主要指日常生活中的个体礼貌行为。

4．礼仪

礼仪作为一个复合词语，涵盖了“礼”和“仪”两部分。在礼学体系中，礼仪是有形的，它存在于社会的一切交往活动中，其基本形式受物质水平、历史传统、文化心态、民族习俗等众多因素的影响。它既为人们所认同，又为人们所遵守，是以建立和谐关系为目的的行为准则或规范的总和。

礼是一种社会道德规范，是人们社会交际中的行为准则。礼、礼貌、礼节、礼仪都属于礼的范畴，礼貌是表示尊重的言行规范，礼节是表示尊重的惯用形式和具体要求，礼仪是由一系列具体表示礼貌的礼节所构成的完整过程。礼貌、礼节、礼仪三者尽管名称不同，但都是人们在相互交往中表示尊敬、友好的行为，其本质都是尊重人、关心人。三者相辅相成，密不可分。有礼貌而不懂礼节，往往容易失礼；谙熟礼节却流于形式，充其量只是客套。礼貌是礼仪的基础，礼节是礼仪的基本组成部分。礼是仪的本质，而仪则是礼的外在表现。礼仪在层次上要高于礼貌、礼节，其内涵更深、更广，它是由一系列具体的礼貌、礼节所构成的；礼节只是一种具体的做法，而礼仪则是一个表示礼貌的系统、完整的过程。

礼仪智库

图 1-1　卡耐基

美国的成功学教育家卡耐基（见图 1-1）认为，一个人事业上的成功，只有 15%是靠他的专业技术，另外的 85%要靠人际关系、处世技巧。卡耐基对人际交往的重视程度基于他对人生的深刻理解和领悟。今天尽管我们无法测定卡耐基的量化数值的精确程度，但是，几乎没有人否定交际在人生、家庭、事业中的重要性。

（五）礼仪在社会生活中的作用

1. 体现一个人的素质和修养

礼仪在人们的生活中有着不容忽视的作用。它以最恰当的方式来表达对他人的尊重。无论是在什么样的环境中，礼仪的终极目标都是为自己赢得深层次的尊重，与他人建立和谐、融洽的人际关系而不是单纯建立互利关系。孟子说：“人之有道也。饱食、暖衣、逸居而无教，则近于禽兽。”意思是说，人如果吃得饱、穿得暖、住得很舒服，但是不讲礼仪，没有教养，就跟禽兽差不多。礼仪不只是一种形式，它能沟通人与人之间的情感，化解人与人之间的矛盾，使人彼此关注，相互理解。礼仪看起来只是日常生活和工作中的细枝末节的事情，却代表着一种深刻的道德指引，能潜移默化地影响每一个人。

2. 完善个人形象，塑造组织形象

礼仪还有助于塑造良好的个人形象。人们的印象来自于一定的仪表、服饰、言谈、举止等因素。整洁大方的个人仪表、得体的言谈、高雅的举止、良好的风度，会给他人留下深刻且美好的印象，从而建立友谊和信任。

礼仪还可以在不经意间将组织形象体现并塑造出来，如宽敞明亮、整洁有序的办公环境，统一的企业服装，彬彬有礼的员工等都会给人留下深刻的印象。良好的组织形象的塑造处处都需要礼仪，礼仪是塑造组织形象的基础。组织通过各种礼仪培训，对内可以提高员工的素质，对外可以提升组织的形象。

3. 改善人际关系

礼仪是人际关系的调节器。人际关系具有互动性，这种互动性表现为思想和行为的互动过程。例如，当你走路妨碍了对方，你表示歉意后，对方还你以友好的微笑；当你遭遇天灾人祸，朋友会伸出友谊之手援助你。人与人之间的互谅互让、相亲相爱等，都是这种互动行为产生的效应。

4. 是一个民族精神文明的重要标志

讲究礼仪，是一个国家国民素质的反映，同时也是一个民族精神文明水平的重要标志。世界各国和各民族都十分重视交往时的礼节礼貌，把它视为一个国家和民族文明程度的重要标志。荀子曾经说过："人无礼则不生，事无礼则不成，国无礼则不宁。"这使礼仪具有更深刻的内涵，它不仅仅是人与人之间的交往准则，也是个人的素质和修养的体现方式。将中国传统的礼仪文化发扬光大不仅是个人的修养问题，还涉及一个民族的气节。时至今日，礼仪依然体现着维护人们在社会活动中秩序的稳定和保持交际的和谐这种本质特点与独特的功能。

动起来

思考：您怎样看待这些应聘者因小失大的鲁莽行为？

北京某大公司高薪招聘，引来一大批高素质人才竞相角逐，经过一系列的挑选，剩下五人接受最后面试。这些人都已过五关斩六将，以为最后的面试只是走走过场而已，无甚要紧。于是他们都满怀信心地走进经理办公室，这时，经理说："不好意思，年轻人，我有点事要暂时出去二十分钟，你们能等我吗？"五人异口同声地说可以。经理出去了，在办公室里无聊等待的他们看到办公桌上有很多文件，便都凑过去，一摞摞地翻看，不亦乐乎。二十分钟后，经理准时回来了，说面试到此结束。几个年轻人莫名其妙，不禁问："我们还在等你呢，怎么就结束了？"经理说："我出去的二十分钟就是你们的面试时间，我们公司不需要未经人同意便随便翻看别人东西的人，虽然你们都很优秀，但是连最基本的礼节都不懂，我们不要。"五人哑口，深为自己的鲁莽而懊悔。小行不检，大过也！

二、中国礼仪的起源与发展

（一）中国礼仪的起源

关于礼的起源说法不一，归纳起来有五种说法：一是天神生礼仪；二是礼为天地人的统一体；三是礼产生于人的自然本性；四是礼为人性和环境矛盾的产物；五是礼生于理，起源于俗。

1. 从理论上说，礼的产生是人类协调主客观矛盾的需要

首先，礼的产生是维护自然的"人伦秩序"的需要。人类为了生存和发展，必须与大自然抗争，不得不以群居的形式相互依存。人类的群居性使得人与人之间相互依赖又相互制约。在群体生活中，男女有别，老少有异，既是一种天然的人伦秩序，又是一种需要被所有成员共同认定、保证和维护的社会秩序。人类面临的内部关系必须妥善处理，因此，人们逐步积

累和自然约定出一系列“人伦秩序”，这就是最初的礼。

其次，礼的产生起源于人类寻求满足自身欲望与实现欲望的条件之间动态平衡的需要。人对欲望的追求是人的本能，人们在追寻实现欲望的过程中，人与人之间难免会发生矛盾和冲突，为了避免这些矛盾和冲突，就需要为“止欲制乱”而制礼。

2. 从具体的仪式上看，礼产生于原始宗教的祭祀活动

原始宗教的祭祀活动是最早也是最简单的以祭天、敬神为主要内容的“礼”。这些祭祀活动在历史发展中逐步完善了相应的规范和制度，正式形成祭祀礼仪。随着人类对自然与社会各种关系认识的逐步深入，仅以祭祀天地、鬼神、祖先为礼，已经不能满足人类日益发展的精神需要和调节日益复杂的现实关系的要求。于是，人们将事神致福活动中的一系列行为，从内容和形式扩展到了各种人际交往活动，从最初的祭祀之礼扩展到社会各个领域的各种各样的礼仪中。

（二）中国礼仪的发展

礼仪在其传承沿袭的过程中不断发生着变革。从历史发展的角度来看，其演变过程可以分四个阶段。

1. 礼仪的起源时期：夏朝以前（公元前 21 世纪前）

在原始社会中晚期（约旧石器时代）出现了早期礼仪的萌芽。整个原始社会是礼仪的萌芽时期，礼仪较为简单和虔诚，还不具有阶级性。这一阶段，礼仪的内容包括：制定了明确血缘关系的婚嫁礼仪，区别部族内部尊卑等级的礼制，为祭天敬神而确定的一些祭典仪式，规定了一些在人们的相互交往中表示礼节和表示恭敬的动作。

2. 礼仪的形成时期：夏、商、西周（公元前 21 世纪—前 771 年）

人类进入奴隶社会，统治阶级为了巩固自己的统治地位把原始的宗教礼仪发展成符合奴隶社会政治需要的礼制，礼被打上了阶级的烙印。在这个阶段，中国第一次形成了比较完整的国家礼仪与制度。如“五礼”就是一整套涉及社会生活各方面的礼仪规范和行为标准。古代的礼制典籍亦多撰修于这一时期，如周代的《周礼》《仪礼》《礼记》就是我国最早的礼仪学专著。在汉以后 2000 多年的历史中，它们一直是国家制定礼仪制度的经典著作，被称为“礼经”。

3. 礼仪的变革时期：春秋战国时期（公元前 770—前 221 年）

这一时期，学术界形成了百家争鸣的局面，以孔子、孟子、荀子为代表的诸子百家对礼教进行了研究和发展，对礼仪的起源、本质和功能进行了系统阐述，第一次在理论上全面而深刻地论述了社会等级秩序划分及其意义。

孔子对礼仪非常重视，把“礼”看作治国、安邦、平定天下的基础。他认为“不知礼，无以立也”，“质胜文则野，文胜质则史。文质彬彬，然后君子”。他要求人们用礼的规范来

约束自己的行为，要做到“非礼勿视，非礼勿听，非礼勿言，非礼勿动”。倡导“仁者爱人”，强调人与人之间要有同情心，要相互关心，彼此尊重。

孟子把“礼”解释为对尊长和宾客严肃而有礼貌，即“恭敬之心，礼也”，并把“礼”看作人的善性的发端之一。

荀子把“礼”作为人生哲学思想的核心，把“礼”看作做人的根本目的和最高理想，“礼者，人道之极也”。他认为“礼”既是目标、理想，又是行为过程。

管仲把“礼”看作人生的指导思想和维持国家的第一支柱，认为礼关系到国家的生死存亡。

4. 礼仪的强化时期：秦汉到清末（公元前 221—公元 1911 年）

在我国长达 2000 多年的封建社会里，尽管在不同的朝代，礼仪文化具有不同的社会政治、经济、文化特征，但却有一个共同点，就是一直为统治阶级所利用，礼仪是维护封建社会的等级秩序的工具。这一时期的礼仪的重要特点是尊君抑臣、尊夫抑妇、尊父抑子、尊神抑人。在漫长的历史演变过程中，它逐渐成为妨碍人类个性自由发展、阻挠人类平等交往，窒息思想自由的精神枷锁。

纵观封建社会的礼仪，内容大致有涉及国家政治的礼制和家庭伦理两类。这一时期的礼仪构成中华传统礼仪的主体。

5. 现代礼仪的发展

辛亥革命以后，受西方资产阶级“自由、平等、民主、博爱”等思想的影响，中国的传统礼仪规范、制度，受到强烈冲击。五四新文化运动对腐朽、落后的礼教进行了清算，符合时代要求的礼仪被继承、完善、流传，那些繁文缛节逐渐被抛弃，同时接受了一些国际上通用的礼仪形式。新的礼仪标准、价值观念得到推广和传播。新中国成立后，逐渐确立以平等相处、友好往来、相互帮助、团结友爱为主要原则的具有中国特色的新型社会关系和人际关系。改革开放以来，随着中国与世界的交往日趋频繁，西方一些先进的礼仪、礼节陆续传入我国，同我国的传统礼仪一道融入社会生活的各个方面，构成了社会主义礼仪的基本框架。许多礼仪从内容到形式都在不断变革，现代礼仪进入了全新的发展时期。大量的礼仪书籍相继出版，各行各业的礼仪规范纷纷出台，礼仪讲座、礼仪培训日趋红火，人们学习礼仪知识的热情空前高涨，讲文明、讲礼貌蔚然成风。今后，随着社会的进步、科技的发展和国际交往的增多，礼仪必将得到新的发展和完善。

三、礼仪的功能

（一）教育功能

礼仪是人类社会进步的产物，是传统文化的重要组成部分。礼仪蕴含着丰富的文化内涵，体现着社会的要求与时代精神。礼仪通过评价、劝阻、示范等教育形式纠正人们不正确的行为习惯，指导人们按礼仪规范的要求去协调人际关系，维护社会正常生活。让国民都来接受礼仪教育，可以从整体上提高国民的综合素质。

（二）沟通功能

礼仪行为是一种信息性很强的行为，每一种礼仪行为都表达一种甚至多种信息。在人际交往中，交往双方只有按照礼仪的要求，才能更有效地向交往对象表达自己的尊敬、敬佩、善意和友好，人际交往才可以顺利进行和延续。热情的问候、友善的目光、亲切的微笑、文雅的谈吐、得体的举止等，不仅能唤起人们的沟通欲望，彼此建立起好感和信任，而且可以促成交流的成功，从而有助于事业的发展。

（三）协调功能

在人际交往中，不论体现的是何种关系，维系人与人之间沟通与交往的礼仪，都承担着十分重要的“润滑剂”作用。礼仪的原则和规范约束着人们的动机，指导着人们立身处世的行为方式。如果交往的双方都能够按照礼仪的规范约束自己的言行，不仅可以避免某些不必要的感情对立与矛盾冲突，还有助于建立和加强人与人之间相互尊重、友好合作的新型关系，使人际关系更加和谐，社会秩序更加有序。

（四）塑造功能

礼仪讲究和谐，重视内在美和外在美的统一。礼仪在行为美学方面指导着人们不断地充实和完善自我并潜移默化地熏陶着人们的心灵。人们的谈吐变得越来越文明，人们的服装打扮变得越来越个性，举止仪态越来越优雅，并符合大众的审美原则，体现出时代的特色和精神风貌。

（五）维护功能

礼仪作为社会行为规范，对人们的行为有很强的约束力。在维护社会秩序方面，礼仪起着法律所起不到的作用。社会的发展与稳定，家庭的和谐与安宁，邻里的和谐，同事之间的信任与合作，都依赖于人们共同遵守礼仪的规范与要求。社会上讲礼仪的人越多，社会便越会和谐稳定。

礼仪智库

东西方礼仪的差异

东方礼仪主要指中国、日本、朝鲜、泰国、新加坡等亚洲国家所代表的具有东方民族特点的礼仪文化。西方礼仪主要指流行于欧洲、北美各国的礼仪文化。

东方礼仪与西方礼仪有以下几方面的差异。

1．在对待血缘亲情方面

东方人非常重视家族和血缘关系，“血浓于水”的传统观念根深蒂固，人际关系中最稳定的是血缘关系。

西方人独立意识强，相比较而言，不很重视家庭血缘关系，而更看重利益关系。他们将责任、义务分得很清楚，责任必须尽到，义务则完全取决于实际能力，绝不勉为其难。他们处处强调个人自由，追求个人利益。

2．在表达形式方面

西方礼仪强调实用，表达率直、坦诚。东方人以“让”为礼，凡事都要礼让三分，与西方人相比，常显得谦逊和含蓄。在面对他人夸奖所采取的态度方面，东西方人也不相同。面对他人的夸奖，中国人常常会说“过奖了”“惭愧”“我还差得很远”等字句，表示自己的谦虚；而西方人面对别人真诚的赞美或赞扬，往往会用“谢谢”来表示接受对方的美意。

3．在礼品馈赠方面

在中国，人际交往特别讲究礼数，重视礼尚往来，往往将礼作为人际交往的媒介和桥梁。东方人送礼的名目繁多，除了重要节日互相拜访需要送礼外，平时的婚、丧、嫁、娶、生日、升职、加薪都可以作为送礼的理由。

西方礼仪强调交际务实，在讲究礼貌的前提下力求简洁便利，反对繁文缛节、过分客套造作。西方人一般不轻易送礼给别人，除非相互之间建立了较为稳固的人际关系。在送礼形式上也比东方人简单得多。一般情况下，他们既不送过于贵重的礼品，也不送廉价的物品，但却非常重视礼品的包装，特别讲究礼品的文化格调与艺术品位。

在送礼和接受礼品时，东西方人也存在着差异。西方人送礼时，总是向受礼人直截了当地说，“这是我精心为你挑选的礼物，希望你喜欢”，或者说“这是最好的礼物”之类的话。西方人一般不推辞别人的礼物，接受礼物时先对送礼者表示感谢，接过礼物后总是当面拆看礼物，并对礼物赞扬一番。而东方人则不同，中国人及日本人在送礼时也费尽心思、精心挑选，但在受礼人面前却总是谦虚而恭敬地说“微薄之礼不成敬意，请笑纳”之类的话。东方人在受礼时，通常会客气地推辞一番。接过礼品后，一般不当面拆看礼物，唯恐对方因礼物过轻或不尽如人意而难堪，或显得自己重利轻义，有失礼貌。

4．在对待“老”的态度方面

东西方礼仪在对待人的身份地位和年龄上也有许多观念和表达上的差异。东方礼仪一般是老者、尊者优先，凡事讲究论资排辈。

西方礼仪崇尚自由平等，在礼仪中，等级的强调没有东方礼仪那么突出，而且西方人独立意识强，不愿老，不服老，特别忌讳“老”。

5．在时间观念方面

西方人时间观念强，做事讲究效率。出门常带记事本，记录日程和安排，有约必须提前到达，至少要准时，且不应随意改动。西方人不仅惜时如金，而且常将交往方是否遵守时间当作判断其工作是否负责、是否值得与其合作的重要依据，在他们看来这直接反映了一个人的素质。

遵守时间秩序，养成了西方人严谨的工作作风，办起事来井井有条。西方人工作时间和业余时间区别分明，休假时间不打电话谈论工作，甚至在休假期间断绝非生活范畴的交往。相对来讲，中国人对待时间的态度比较随意，这在西方人看来是不可思议的。

6．在对待隐私权方面

西方礼仪处处强调个人自由（在不违反法律的前提下），将个人的尊严看得神圣不可侵犯。在西方，冒犯对方"私人的"权利是非常失礼的行为。西方人尊重别人的隐私权，同样也要求别人尊重他们的隐私权。

东方人则非常注重共性拥有，强调群体，强调人际关系的和谐，认为邻里间的相互关心和嘘寒问暖是一种富于人情味的表现。

（资料来源：http://www.hndhgl.com/news2.asp? id=849）

第二节　商务礼仪的含义、特征和作用

一、商务礼仪的含义

商务礼仪从本质上说也是一种交际活动，而交际就必须遵循一定的规则和规范，从而形成了商务礼仪。在现今社会中，商务礼仪已经成为商务活动必不可少的交流工具。商务礼仪成为商务人员交际过程中的金钥匙，影响到商务活动的成功与否。

商务礼仪是指人们在从事商品流通的各种经济行为中应当遵循的一系列行为规范。商务礼仪与一般的人际交往礼仪不同，它体现在商务活动的各个环节之中。对于企业来说，从商品采购到销售，从商品销售到售后服务等，每一个环节都与本企业的形象息息相关。因此，企业的每一个成员，如果能够按照商务礼仪的要求去开展工作，对于塑造企业的良好形象，促进商品销售，将会起到十分重要的作用。

商务礼仪是在商务活动过程中，对合作者表示尊重和友好的一系列行为规范，是礼仪在商务活动过程中的具体运用。商务礼仪以礼仪为基础和内容，它与礼仪有着共同的基本原则：尊重、友好、真诚。商务礼仪是在商务活动中，作为指导、协调商务活动中人际关系的行为方式和活动形式，用来约束人们日常商务活动的方方面面。这其中包括仪表礼仪、言谈举止、书信来往、电话沟通等技巧，根据商务活动的场合又可以将其分为办公礼仪、宴请礼仪、专题活动礼仪、涉外礼仪。它广泛涉及社会经济生活的各个方面，并成为社会中全体成员调节相互关系的行为规范，为各国家、各民族、各阶级、各党派、各社会团体以及各阶层人士共同遵守。

顾名思义，商务礼仪是指在人们商务交往中适用的礼仪规范，是在商务交往中，以一定的、约定俗成的程序、方式来表示尊重对方的手段。礼出于俗，俗化为礼。商务礼仪的操作性，就是应该怎么做，不应该怎么做。在商务交往中做到约束自己，尊重他人，才能使人们更轻松愉快地交往。为他人着想不仅是商务交往也是人与人之间正常交往的基本原则。所以说学习并正确地运用商务礼仪既是一个人内在修养和素质的外在表现，又是人际交往中适用的一种艺术、一种交际方式或交际方法，是人际交往中约定俗成的示人以尊重、友好的习惯做法。在人际交往中进行相互沟通就一定要掌握商务礼仪的技巧。从个人的角度来看，掌握一定的商务礼仪有助于提高自身修养，美化自身，并能很有效地促进的社会交往，改善人际关系，还有助于净化社会风气。

二、商务礼仪的特征

在各种商业活动中，商务礼仪具有以下基本特征：规定性、信用性、时机性和文化性等。

（一）规定性

从礼仪的范围看，商务礼仪具有规定性。通过礼仪可以协调组织及人们之间的行为，因而它的适用范围是组织活动和人际交往活动。商务礼仪不同于一般的人际交往礼仪。商务礼仪的适用范围，是指一切与以营利为目的的生产、服务等相关的交易行为。

（二）信用性

从礼仪的内涵看，商务礼仪具有信用性。从事商务活动的双方都有利益上的需要，而不是单方面存在利益需求，因此，在商务活动中，诚实、守信就显得非常重要。所谓“诚实”，即诚心诚意参加商务活动，力求达成协议，而不是夸夸其谈，不着边际，毫无诚意；所谓“守信”，就是言必信，行必果。合同签订之后，一定要履行；如果出了意外，实在不能如期履约，那就应给对方一个满意的结果来弥补，而不应该言而无信，决而不行。

（三）时机性

从礼仪的行为看，商务礼仪具有时机性。商务活动的时机性很强，有时事过境迁，就会失去良机；有时在商务活动中，说话做事恰到好处，问题就会迎刃而解；有时商务从业人员固执不让步，对方也可能被拖垮，从而失去了一次成功的机会。

（四）文化性

从礼仪的性质看，商务礼仪具有文化性。企业组织要展示出自身形象，必须形成良好的企业文化。商务活动虽然是一种经济活动，但文化含量较高。因此，商务人员要体现文明礼貌、谈吐优雅、举止大方的风貌，就必须不断提高自身的文化素质，树立文明的企业形象，在商务活动中文明优雅、有礼有节。

三、商务礼仪的作用

管仲曰："仓廪实而知礼节。"卡耐基说，一个成功的企业，18%需要专业技术，82%需要有效的人际关系的沟通。随着物质生活水平的提高，人们对于精神文明的诉求也越来越高，特别是中国市场经济的发展和加入 WTO 参与国际竞争，迫切地要求我们在对外交往中能够了解到国际惯例，掌握好商务礼仪，从而更加有效地与他人沟通。商务礼仪的运用不但体现了个人的自身素质，也折射出个人所在企业的企业文化水平和企业的管理境界。商务礼仪是一门社会科学，也是一种艺术的运用。

在日常生活和工作中，我们经常会提到商务礼仪，那么，它的作用又是什么呢？总的来说，商务礼仪是在商务活动中体现相互尊重的行为准则。商务礼仪的核心是一种行为的准则，用来约束我们日常商务活动的方方面面。商务礼仪的核心作用是体现人与人之间的相互尊重。我们可以用一种简单的方式来概括商务礼仪，它是商务活动中对人的仪容仪表和言谈举止的普遍要求。其作用主要有以下几点。

（一）塑造个人与企业的良好形象

在日常生活和工作中，人们将形象看得很重要，形象是金。商务礼仪能展示企业的文明程度、管理风格和道德水准，塑造企业形象。良好的企业形象是企业的无形资产，无疑可以为企业带来直接的经济效益。市场竞争最终是人员素质的竞争，商务人员的素质就是商务人员个人修养的表现。教养体现于细节，细节展示素质。所谓"个人素质"就是在商务交往中待人接物的基本表现，如有教养的人在外人面前是不吸烟的，有教养的人在大庭广众之下是不高声讲话的。一个人讲究礼仪，就会在众人面前树立良好的个人形象；一个组织的成员讲究礼仪，就会为自己的组织树立良好的形象，赢得公众的赞誉。现代市场竞争除了产品竞争外，还有形象竞争。一个有良好信誉和形象的企业，容易获得社会各方的信任和支持，就可在激烈的市场竞争中立于不败之地。所以，商务人员时刻注重礼仪，既是个人和组织良好素质的体现，也是树立和巩固良好形象的需要。从某种意义上说，商务礼仪已经成为建立企业文化和现代企业制度的一个重要内容。

案例导入

某省会城市一家三星级饭店的女总经理，衣着得体大方，语言热情适宜。某日，她正在宴请北京来的专家。席间，秘书突然过来说有急事，请她暂时离席去送外宾，可这位女经理迟迟未起身，原来是她的双脚不堪忍受高跟鞋的束缚，出来"解放"了一会儿，突然有了情况，一时找不到"归宿"，这令女经理好不难堪。

（二）规范和调节日常商务行为

礼仪最基本的功能就是规范各种行为。商务礼仪可强化企业的道德要求，树立企业遵纪守法，遵守社会公德的良好形象。在商务交往中，人们相互影响、相互作用、相互合作，如果不遵循一定的规范，双方就缺乏协作的基础。在众多的商务规范中，礼仪规范可以使人明白应该怎样做，不应该怎样做，哪些可以做，哪些不可以做，有利于确定自我形象，尊重他人，赢得友谊。我们知道，道德是精神的东西，只能通过人的言行举止，通过人处理各种关系所遵循的原则与态度表现出来。商务礼仪使企业的规章制度、规范和道德具体化为一些固定的行为模式，从而对它们起到强化作用。企业的各项规章制度既体现了企业的道德观和管理风格，也体现了礼仪的要求，员工在企业制度范围内调整自己的行为，实际上就在固定的商务礼仪中自觉维护和塑造着企业的良好形象。同时礼仪能够调节人际关系，人们在交往时按礼仪规范去做，有助于人们之间互相尊重，建立友好合作的关系，缓和和避免不必要的矛盾和冲突。一般来说，人们受到尊重、礼遇、赞同和帮助就会产生吸引心理，形成友谊关系，反之会产生敌对、抵触、反感甚至憎恶的心理。

礼仪具有很强的凝聚情感的作用。礼仪的重要功能是对人际关系的调解。在现代生活中，人们的相互关系错综复杂，在平静的状态中会突然发生冲突，甚至出现极端行为。礼仪有利于促使冲突各方保持冷静，缓解已经激化的矛盾。如果人们都能够自觉主动地遵守礼仪规范，按照礼仪规范约束自己，就容易使人际间的感情得以沟通，建立起相互尊重、彼此信任、友好合作的关系，进而有利于各种事业的发展。

（三）传递信息、展示价值

礼仪是一种信息，我们可以通过这种信息表达出尊敬、友善、真诚等感情，使别人感到温暖。在商务活动中，恰当的礼仪可以获得对方的好感、信任，进而有助于事业的发展。比如在公司，你的服饰适当与否可能就会影响到你的晋升以及和同事的关系；带客户出去吃饭时你的举止得体与否也许就决定了交易成功与否；又或者，办公室不雅的言行使你失去了一次参加老板家庭宴请的机会。

在商务活动中，商务人员的个人形象并不仅仅代表自己，还代表个人所为之工作的企业。因此，在商务场合当中，商务人员的仪容、仪表、仪态，一切的言行举止都格外重要，每个员工的良好形象，在商务交往对象眼里都是企业良好的形象，而任何一个员工的不良行为，都会破坏整个企业的良好形象。恰当的商务礼仪是企业宣扬企业文化、展示企业风采、增强组织凝聚力的重要手段，对企业的发展起着不可忽视的作用，对个人而言则展示了良好的职业素养和充满魅力的职业人生。

案例导入

小赵眼中的一件小事

一次，某企业公关部职员小赵负责某重要客户的全程接待工作。在将客户接到下榻酒店的途中，客户主动跟小赵闲聊，从闲聊中小赵得知该客户想到酒店安顿好之后，去看望一位住在该市的老同学。下车之后，小赵马上为客户叫好出租车等他下来。当客户见到待命的出租车时，既感激又惊讶，因为他根本没有料到小赵会帮他叫好车等他下来，因此，他很高兴地连声向小赵道谢。后来该客户向小赵的经理提起了小赵所做的事情，并说："这次之所以和你们合作得这么愉快，主要因为小赵的行为加强了我对你们企业的信任。"之后又对坐在旁边的小赵表示了感谢。瞬时，小赵也惊讶了：自己只不过主动为客户做了些力所能及的小事，客户却记在心里。一阵惊讶和喜悦之后，小赵露出了甜甜的笑容。

动起来

商务礼仪项目实训

[实训背景] 今天有一位重要客人来访，他是宏达公司的王总经理。秘书与专职司机到火车站接站并进行自我介绍，接客人到单位并引导他到接待室，请客人就座，上茶，安排好客人后请张总经理出来接见，会谈结束后送客人出来到大厅分手。

[实训要求] 5 人表演，1 人扮演秘书，1 人扮演司机，1 人扮演王总经理，1 人扮演张总经理，1 人监督并在下一环节中进行评价。请写出上面人物的对话内容。

车站场景：

秘书：王总您好！我是张总的秘书小雪，昨天知道您要来公司，我们张总正在公司安排准备工作，所以特意委托我今天来车站接您，不到之处还望王总见谅。

王总：太客气了，来得比较唐突，给你们添麻烦了。

秘书：王总能亲自来访是我们公司的荣幸，路上辛苦了，咱们还是先到公司吧……

司机开右后座车门，并请王总上车，关门……

第三节　商务礼仪的基本原则

自古有言："中国有礼仪之大，故称夏，有服章之美，谓之华。"古代华夏族正是以丰硕的礼仪文化而受到周边其他民族赞誉的。可见礼仪在中华民族的文化中，有着重要的地位。在人际交往及商务活动中，掌握并遵行礼仪原则，就有可能成为待人诚恳、彬彬有礼之人，并受到别人的尊重。在从事各种商业活动、具体遵行商务礼仪时，应遵行以下基本原则。

一、尊敬原则

有人曾把商务礼仪的基本原则概括为"充分地考虑别人的兴趣和感情"。尊敬是礼仪的情感基础。在我们的现实社会中，人与人是平等的，尊重长辈，关心客户，这不但不是自我卑下的行为，反而是一种至高无上的礼仪，说明一个人具有良好的个人素质。"爱人者，人恒爱之；敬人者，人恒敬之。""人敬我一尺，我敬人一丈。""礼"的良性循环就是借助这样的机制而得以生生不息的。尊敬人还要做到入乡随俗，尊重他人的喜好与禁忌。总之，对人尊敬和友善，这是处理人际关系的一项重要原则。

二、真诚原则

真诚是对人对事的一种实事求是的态度，是待人真心真意的友善表现，在人际交往运用礼仪的过程中，务必诚实无欺，言行一致，表里如一。要知道“骗人一次，终身无友”。只有真诚的奉献，才有丰厚的回报，只有真诚方能使双方心心相印，友谊地久天长。

商务人员的礼仪主要是为了树立良好的个人和组织形象，所以礼仪对于商务活动的目的来说，不仅仅在于其形式和手段层面上的意义，同时更应注重从事商务、讲求礼仪的长远效益。只有恪守真诚原则，着眼于将来，通过长期潜移默化的影响，才能获得最终的利益。也就是说商务人员与企业要爱惜其形象与声誉，就不应仅追求礼仪外在形式的完美，更应将其视为商务人员情感的真诚流露与表现。

三、谦和原则

“谦”就是谦虚，“和”就是和善、随和。谦和不仅是一种美德，更是社交成功的重要条件。《荀子·劝学》中曾写道：“礼恭，而后可与言道之方；辞顺，而后可与言道之理；色从，而后可与言道之致。”即是说只有举止、言谈、态度都是谦恭有礼时，才能从别人那里得到教诲。

谦和，在社交场上表现为平易近人、热情大方、善于与人相处、乐于听取他人的意见，显示出虚怀若谷的胸襟，因而对周围的人具有很强的吸引力，有着较强的调整人际关系的能力。

当然，我们此处强调的谦和并不是指过分谦虚、无原则地妥协和退让，更不是妄自菲薄。应当认识到过分的谦虚其实是社交的障碍，尤其是在和西方人的商务交往中，不自信的表现会让对方怀疑你的能力。

四、宽容原则

“宽”即宽待，“容”即相容。宽容就是心胸坦荡、豁达大度，能设身处地地为他人着想，谅解他人的过失，不计较个人得失，有很强的容纳意识和自控能力。中国传统文化历来重视并提倡宽容的道德原则，并把宽以待人视为一种为人处世的基本美德。从事商务活动，也要求宽以待人，在人际纷争问题上保持豁达大度的品格或态度。在商务活动中，出于各自的立场和利益，难免出现误解和冲突。遵循宽容原则，凡事想开一点，眼光放远一点，善解人意、体谅别人，才能正确对待和处理好各种关系与纷争，争取到更长远的利益。

五、适度原则

人际交往中要注意各种不同情况下的社交距离，也就是要善于把握住沟通时的感情尺度。“君子之交淡如水，小人之交甘如醴。”此话不无道理。在人际交往中，沟通和理解是建立良好人际关系的重要条件，但如果不善于把握沟通时的感情尺度，即人际交往缺乏适度的距离，结果会适得其反。如在一般交往中，既要彬彬有礼，又不能低三下四；既要热情大方，又不能轻浮谄谀。所谓“适度”，就是要注意感情适度、谈吐适度、举止适度。只有这样才能真正赢得对方的尊重，达到沟通的目的。

六、自信原则

一个自信的人保持着一种积极主动的心理状态，绝不会在交际活动中畏畏缩缩，生怕哪里礼仪不当会引起对方的不快。因此面对一些意外的情况，他能处变不惊、镇定自若，及时采取相应的措施予以补救，而绝不会手足无措。即使出了一点差错，他也敢于落落大方地向对方表示歉意，求得对方的谅解，从而安然过关。

七、自律原则

通过礼仪教育和强化礼仪训练，做到“严以律己，宽以待人”，可以逐渐在自己的心中树立起高尚的道德信念和行为修养准则，不断提高自我约束、自我克制的能力，并以此严格要求自己，在社会中自觉地按礼仪规范去做，使自己成为一个彬彬有礼、落落大方的人。

八、遵守原则

礼仪规范是为了维护正常的社会生活秩序而形成并存在的，当它以某种形式固定下来时，必将得到人们的认可，这实际上反映了人们的共同利益和要求，所以，每个社会成员都应当自觉遵守。一个人如果违背了礼仪规范，将会受到社会舆论的谴责。

九、平等原则

平等原则是商务礼仪的重要原则，商务交往的根本之处就是交往双方的相互平等和相互尊重。如果人与人之间交往不平等，所有的交际礼节都会成为形式化、机械化、表面化的行为，因此，在商务交往中，虽然要根据不同交往对象采取不同的礼仪方式，但对交往对象人格的尊重，则要求一视同仁、平等待人，不能因为交往对象在年龄、文化、职业、地位、贫富、亲疏等方面的不同而厚此薄彼。

十、从俗原则

由于国家、民族、文化背景的不同，礼仪也有差别。必须坚持入乡随俗的原则，与大多数人的习惯做法保持一致，切勿目中无人，自以为是。

本单元小结

礼仪是一个有着多重含义的概念；礼仪具有规范性、多样性、地域性、时代性、差异性、继承性、变动性、相融性的特征；礼仪大致分为政务礼仪、商务礼仪、服务礼仪、社交礼仪、涉外礼仪五大分支。

商务礼仪是指在人们商务交往中适用的礼仪规范，是在商务交往中以一定的、约定俗成的程序、方式来表示尊重对方的手段；商务礼仪具有规定性、信用性、时机性和文化性的特征；在从事各种商业活动中应遵行的基本原则有：尊敬原则、真诚原则、谦和原则、宽容原则、适度原则、自信原则、自律原则、遵守原则、平等原则、从俗原则。

作业：

一、关键概念

礼仪　商务礼仪

二、思考题

1. 礼仪的发展经历了哪几个阶段?

2. 商务礼仪有哪些特征?

3. 职业技术学院的学生掌握礼仪和礼节的重要意义何在?

4. 商务礼仪教育有哪些社会意义?

三、案例分析

1. 日本有一家叫木村事务所的企业想扩建厂房，他们看中了一块近郊土地意欲购买。同时也有其他几家企业也想购买这块地。为购得这块土地，木村事务所的董事长多次登门，费尽口舌，但土地的所有者——一位倔强的老太太，说什么也不卖。

一个下雪天，老太太进城购物顺便来到木村事务所，她本意想告诉木村先生死了这份心。老太太推门刚要进去，突然犹豫起来，原来屋内整洁干净，而自己脚下的木履沾满雪水，肮脏不堪。正当老人欲进又退之时，一位年轻的女职员出现在老人面前：“欢迎光临!”女职员看到老太太的窘态，马上回屋想为她找一双拖鞋，不巧的是拖鞋正好没有了。女职员便毫不犹豫地把自己的拖鞋脱下来，整齐地放在老人脚前，笑着说：“很抱歉，请穿这个好吗?”老太太犹豫了：她不在乎脚冷?“别客气，请穿吧！我没有什么关系。”等老人换好鞋，女职员才问道：“女士，请问我能为您做些什么?”“哦，我要找木村先生。”老太太说。“他在楼上，我带您去。”女职员就像女儿扶母亲那样，小心翼翼地把老太太扶上楼。老人在踏进木村办公室的一瞬间改变了主意，决定把地卖给木村事务所。那位老人后来告诉木村先生说：“在我漫长的一生里，遇到的大多数人是冷漠的。我也去过其他几家想买我地的公司，他们的接待人员没有一个像你这里的职员对我这么好，你的女职员年纪这么轻，就对人这么善良、体贴，真令我感动。真的，我不缺钱花，我不是为了钱才卖地的。”就这样，一个大企业家倾其全力交涉半年也徒劳无功的事情，竟然因为一个女职员有礼而亲切的举动无意促成了，真是奇妙之极。

问题：

（1）上述案例体现了商务人员应具备的哪些修养?

（2）商务礼仪有哪些作用?

2. 一天，林肯与一位南方的绅士乘坐马车外出，途遇一位年老的黑人摘帽深深地向林肯鞠躬。林肯点头微笑并也摘帽还礼。同行的绅士问道：“为什么你要向他摘帽？”林肯回答说：“因为我不愿意在礼貌上不如任何人。”可见林肯深受美国人民的爱戴是有原因的。1982年美国举行民意测验，请人们在美国历届的 40 位总统中挑选一位“最佳总统”时，名列前茅的就是林肯。

问题：

林肯向年老的黑人脱帽致礼说明了什么?

模块二　商务人员形象塑造

第二单元　商务仪态礼仪

名人名言

从仪态了解人的内心世界、把握人的本来面目，往往具有相当的准确性和可靠性。

——达·芬奇

教学目标

通过本单元学习，学习者达到以下目标：

1. 学习站姿、坐姿、走姿和蹲姿；
2. 掌握正确的手势和表情；
3. 熟悉了解界域。

能力标准

能　力　元　素	能力表现水平描述
站姿、坐姿、走姿、蹲姿	正确运用站姿、坐姿、走姿和蹲姿
	美化仪态
手势和表情	在不同场合能够正确运用各种手势
	让自己有美丽的微笑和和蔼的眼神
界域	在和人交往中恰当地运用合适的界域

引导案例

无声语言

丘吉尔在《第二次世界大战回忆录》一书中记述了这样一件事。德国入侵苏联后不久，苏联外长莫洛托夫秘密访问伦敦，与丘吉尔商谈反法西斯的大计。丘吉尔对莫洛托夫并无好感，说他是个“灰色、冷酷的人”。在一次长谈后，丘吉尔送别莫洛托夫，双方握手告别后，莫洛托夫突然靠近丘吉尔，紧紧握住他的右手臂，双目久久地注视着他，一言不发。这一举动使丘吉尔大为感动。在英、苏两国合作的问题上，莫洛托夫利用肢体语言、表情语言等，给丘吉尔留下十分强烈的印象，以至其终生难忘。

（资料来源：史锋，《商务礼仪》，北京，高等教育出版社，2008）

古语说“站如松，坐如钟，行如风”（见图 2-1），讲的就是人们在日常生活中无论是站、坐还是走都要注意自己的仪态。仪态，又称“体态”，是指人的身体姿态和风度。姿态是身体所表现的样子，风度则是内在气质的外在表现。人的一举手、一投足、一弯腰乃至一颦一笑，并非偶然的、随意的，这些行为举止自成体系，像有声语言那样具有一定的规律，并具有传情达意的功能。人们可以通过自己的仪态向他人传递个人的学识与修养并能够以其交流思想、表达感情。

直　高　　稳　静　　轻　灵

图 2-1　站、坐、行的仪态

第一节　站姿的礼仪

不仅在商务交往中，即使是在人们的日常交往中，站立也是一种最基本的举止。正确规范的站姿能够给人留下挺拔笔直、舒展大方、精力充沛、积极进取、充满自信的良好印象。在风格上，男士应刚毅洒脱，挺拔向上；女士应庄重大方，秀雅优美。

一、站姿的基本要求

正确的站姿应该给人平、直、高的感觉，即人们常说的“站如松”。站姿的基本要求是轻松、自然、优美。站姿的基本要领是：上身挺直，双眼平视；双唇微闭，面带微笑，下颌微收；挺胸收腹，腰直肩平；双臂自然下垂，手指自然弯曲；双腿直立，双膝靠紧。

关于正确的站姿有个口诀叫“一高、三平、四直”：一高，就是身体重心向上；三平，就是头部放平，目光要平视前方，肩部要放平在一条水平线上，不能一肩高一肩低；四直，就是脖颈要直，背要直，腿要直，还有就是头的枕骨、肩胛骨、臀部、小腿肚和后脚跟要在一条直线。

（一）女士最佳站姿——努力营造娴静的韵味

正面看，头正，肩平，身直。双臂自然下垂，两脚跟并拢，脚尖张开约 30 度，身体重心落于双脚正中，也可以用“丁”字步站姿。

侧面看，含颌，挺胸，收腹，直腿，开肩。

（二）男士最佳站姿——站如松

从正面看，头顶、肚脐、并拢的脚跟成一条直线。

从侧面看，耳、肩、膝、脚跟成一条直线。

站立时，两眼正视前方，下颌微微收缩，肩膀平直，挺胸，收腹，膝盖伸直，双手自然垂于裤缝边，脚尖处于同一个水平面上，如图 2-2 所示。脚位通常有三种形式。

（1）两脚跟之间有一拳的距离。

（2）脚跟并拢，脚尖成 45～60 度角。

（3）脚跟之间的距离与肩同宽。

图 2-2　男士站姿

二、规范的站姿

根据手放置的位置不同，规范的站姿主要分为以下三种情况。

（一）侧放式

身体挺直，双眼平视，双腿并拢，脚跟靠紧，脚掌分开呈“V”字形，双手置于身体两侧，自然下垂。此为男女通用的站立姿势。

（二）手背式

身体挺直，双目平视，两脚分开，两脚间距离比肩宽略窄，双手轻握置于身后，右手搭在左手上，贴在臀部。此为男性通用站立姿势，如图 2-3 所示。

图 2-3　手背式站姿

（三）前腹式

前腹式站姿可分为两种：一种是双膝并拢，脚跟靠紧，脚掌分开呈“V”字形；另一种是一脚在前，将脚跟置于另一脚内侧，两脚尖向外略展开，形成一个斜的“丁”字，双手在腹前交叉，右手搭在左手上，贴在腹部。此为女性常用站立姿势。

男士站姿为：身体直立，双脚分开，宽度不能超过肩宽，双手微扣叠放在身前。

三、不雅的站姿

（1）站立时弯腰、弓背、歪脖、斜肩和屈腿。

（2）将手插在裤袋里或交叉在胸前或者依墙靠柜，下意识地做些小动作。

（3）腿脚抖动、双脚叉开距离过大、歪脚站立等。

四、不同场合的站姿

（1）在升国旗、奏国歌、接受奖品、接受接见、致悼词等庄严的仪式场合，应采取严格的标准站姿，而且神情要严肃。

（2）在发表演说、新闻发言、作报告宣传时，为了减少身体对腿的压力，减轻由于较长时间站立双腿的疲倦，可以用双手支撑在讲台上，两腿轮流放松。

（3）主持文艺活动、联欢会时，要让站立姿势更加优美，男士要将后脚跟并拢，双腿也要并拢站立，女士可以站成“丁”字步。站“丁”字步时，上体前倾，腰背挺直，臀微翘，双腿叠合。这种站姿极富女性魅力。

（4）门迎、侍应人员往往站立的时间很长，双腿可以平分站立，双腿分开的距离不宜超过肩宽。双手可以交叉或前握垂放于腹前；也可以背后交叉，右手放到左手的掌心上，但要注意收腹。

（5）礼仪小姐的站立，要比门迎、侍应人员更趋于艺术化，一般可采取立正的姿势或“丁”字步。如双手端执物品时，上臂应靠近身体两侧，但不必夹紧，下颌微收，面含微笑，给人以优美亲切的感觉。

第二节　坐姿的礼仪

优雅的坐姿传递着自信、友好、热情的信息，同时也显示出高雅庄重的良好风范。商界人士的坐姿要符合端庄、文雅、得体、大方的整体要求。

礼仪智库

不满坐是谦恭

在正式的场合或是与上级谈话的时候，一般不要坐满整张椅子，更不能舒舒服服地靠在椅上。正确的坐法是坐满椅子的三分之二处，背部挺直，身体稍向前倾，表示尊重和谦虚。

一、坐姿的基本要求

坐姿，也是一种静态造型。坐姿不正确显得懒散无礼，而端庄优美的坐姿，会给人以文雅、稳重、自然、大方的美感。

（一）女士最佳坐姿——端庄淑雅

挺胸，收腹，保持背部挺直，双肩平正，将重心移至腰部及臀部后缓缓坐下，坐满椅子的三分之二。

双目平视，下颌微收。

双臂自然弯曲，双手掌心向下，右手扣左手，置于腿部。

双脚、双膝自然并拢，双脚尖向正前方或交叠。

女士最佳坐姿如图 2-4 所示。

图 2-4　女士坐姿

（二）男士最佳坐姿——坐如钟

标准式：双目平视，上半身挺直，双肩平正，双膝并拢，双手平放在大腿上或轻轻握拳于双腿上。

前伸式：在标准式的基础上，两小腿前伸一脚的长度。

平行式：双腿分开，与肩同宽，脚尖处在同一直线上，如图 2-5 所示。

图 2-5　男士平行式坐姿

（三）坐姿的基本要点

坐姿的基本要点是轻入座、雅落座、慢离座。

（1）入座：入座要轻而稳，一般是从左侧进左侧出。入座时，轻缓走到座位前转身，右脚后退半步，从容地慢慢坐下。女士入座时，应用双手轻拢裙子，以显示端庄文雅。

（2）在正式场合或有地位较高的人在座时，不能坐满座位，一般只坐座位的三分之二。入座后，坐姿的基本要点是腰背挺直，双目平视，面带微笑，双唇微闭。女士双膝并拢，双脚平行，鞋尖方向一致；男式膝部可分开，距离以一拳左右为宜。女士可将一只手搭在另一只手上，轻放在腿上；男士可双手掌心向下，自然放在膝上或椅子上。

（3）离座：起立时，右脚向后收半步，轻轻地起身，轻稳离座。

二、规范的坐姿

规范的坐姿主要有以下几种。

（一）正坐式

这是正式场合的基本坐姿。女士两腿和双脚并拢，上身挺直坐正，小腿与地面垂直，双手自然放在双腿上；男士双腿双脚可以略微分开，但幅度小于肩宽。

（二）交叉式

上身挺直，双腿并拢，一脚置于另一脚之上，在踝关节处交叉。交叉后的双脚可以内收，亦可略向左侧或右侧斜方。此坐姿适合于坐在主席台上、办公桌后面或汽车上。男士、女士都可以选用。

（三）斜放式

双膝、双腿并拢，上身挺直，两脚同时向左或向右斜放，并且与地面形成 45 度夹角。双手叠放于左腿或右腿上，身体呈“S”形。此坐姿适合于女士穿裙子坐在较低的沙发上。如图 2-6 所示。

图 2-6　斜放式

（四）重叠式

女士双腿可斜放左侧或右侧，与地面呈 45 度夹角，如图 2-7 所示；男士一条腿的小腿垂直于地面，另一条腿搭在它上面，小腿向里收，脚尖向下垂放，如图 2-8 所示。女士穿超短裙时不适合采用此坐姿。

图 2-7 重叠式（女）

图 2-8 重叠式（男）

（五）屈直式

女士大腿并紧，向前伸出一条腿，并将另一条腿屈后，两脚脚掌着地，两脚前后保持在一条直线上。男士可以在正坐式基础上，左脚后收，右脚前伸，两脚前后分开。

动起来

观察生活中人们的坐姿，指出哪些是不符合礼仪要求的。

三、不雅的坐姿

（1）双脚分开宽于肩膀。

（2）双手抱臂，将肘部支于桌子上，双脚交叉搁在椅角上。

（3）跷二郎腿滑进椅子，半躺半靠。这似乎在传递一个信息：你对工作缺乏热忱。参加面试时一定要避免此种坐姿。

（4）将双手压在腿下或夹在两腿之间。

（5）入座时，碰撞椅子发出噪声。

（6）抖脚、脚尖朝天、脚踏其他物品等。

礼仪智库

1. 永远不要让别人看见你的鞋底，坐下后以鞋底示人是极不礼貌的。

2. 与人交谈时的坐姿，可以反映不同的心理状态和待人的态度。深坐即坐的位置靠后，表现出一定的心理优势和充满自信；浅坐即坐的位置靠前，表现出尊重和谦虚，但过分的浅坐，则有自卑和献媚之嫌。

四、有关注意事项

（一）入座时的基本礼仪要求

（1）不抢先入座。当身边有年长者、上级和女士的时候，要让对方先入座。

（2）从左侧入座。正规的入座方位是从椅子的左侧入座。

（3）向周围人致意。不要自顾自地坐下，要礼貌地和周边的人打招呼。

（4）以背部接近座椅。不要用肩部支撑在椅子上，更不要趴向前面。

（5）当男士和女士步入西餐厅时，男士要讲究绅士风度，帮女士拉开椅子，请女士先入座。如果有服务员帮女士拉开座椅，也要等女士入座之后，男士方可入座。

（二）离座时的基本礼仪要求

（1）事先声明。如需离座，要和周边的人说明一下，不要一声不吭地突然走开，会引起别人的误解。

（2）注意次序。要遵守尊者优先的原则。

（3）起身缓慢。离座时要轻缓，切忌因动作过大或者过快发出声响。

（4）从左离开。正如入座方位一样，离座的正确方位也是左侧。

第三节　走姿的礼仪

一、正确的走姿

走姿是一种动态的姿势，属于动态美。人们常用“行如风”来形容轻快自然的步伐。走姿是站姿的延续，以站姿为基础，挺胸抬头，双目平视，面带微笑，双臂自然下垂，掌心向内，自然摆臂（摆幅以 30 度到 35 度为宜），步伐直，步速稳，步幅适当。

（一）女士走姿——永远挺直你的上半身

关键点：走直、走高、走稳。两脚要踏在一条直线上，称“一字步”，步履轻盈，步幅一致，神态端庄、文雅，显示出庄重文雅的温柔之美。

头顶像有一根线拉着的感觉来行走。收腹挺胸，跨步均匀，两脚之间相距一只脚到半只脚的距离。

两手手指自然并拢，前后协调摆动，手臂与身体的夹角一般在10度到15度。

步子大小的变化：根据自己穿着的不同，走路的姿势也需要稍加变化。如果是穿裙子的话，步子可以迈得小一点，优雅地走；如果穿裤子的话，可以迈开步子，飒爽地走。

克服内八字和外八字的诀窍：用夹着一张纸的感觉来走。

（二）男士走姿——行如风

两脚跟交替前进在一线上，两脚尖稍外展，步履稳健大方，显示出刚强雄健的阳刚之美。

“双眼平视臂放松，以胸领动肩轴摆，提髋提膝小腿迈，跟落掌接趾推送。”这一走姿动作的口诀体现了走姿的要领。

二、不雅的走姿

行走时，两脚尖向内或向外歪，即“内八字”脚或“外八字”脚；走路时大摇大摆、上颠下跛、摇头晃脑、手插裤兜或背手而行；行走时脚步过重、声音过响、横冲直撞、与人抢道、阻挡道路等。这些都是不雅的姿势，有损自身形象。

三、不同场合的走姿

（1）参加喜庆活动，步态应轻盈、欢快、有跳跃感，以反映喜悦的心情。

（2）参观吊丧活动，步态要缓慢、沉重、有忧伤感，以反映悲痛的情绪。

（3）参观展览、探望病人，环境静谧，不宜出声响，脚步应轻柔。

（4）进入办公场所，登门拜访，在室内这种特殊场所，脚步应轻而稳。

（5）走入会场、走向话筒、迎向宾客，步伐要稳健、大方，充满热情。

（6）迎接外宾等重大正式场合，脚步要稳健，节奏稍缓。

（7）办事联络，往来于各部门之间，步伐要快捷又稳重，以体现办事者的高效、干练。

（8）陪同来宾参观，要照顾来宾行走速度，并善于引路。

第四节　蹲姿的礼仪

蹲姿是由站姿或走姿变化而来的相对处于静态的体位，是交往中用得不多，但最容易犯错误的姿态。如何蹲得优美、雅观，也是商务人员需要注意的。

一、蹲姿的正确姿势

（一）高低式蹲姿

下蹲时，一只脚在前，另一只脚在后；前脚完全着地，小腿基本上垂直于地面；后脚脚掌着地，脚跟提起；前脚膝盖高于后脚膝盖；臀部向下，身体基本上用后腿支撑。女士下蹲时，要注意两腿要靠近；男士下蹲时两腿间可保持适当距离。如图 2-9 所示。

a）　　　　b）

图 2-9　高低式蹲姿

a）女士蹲姿　b）男士蹲姿

（二）交叉式蹲姿

下蹲时，一脚在前，一脚在后；前小腿垂直于地面，全脚着地；前脚腿在上，后脚腿在下，二者交叉重叠；后脚膝由后下方伸向前脚侧，后脚跟抬起，脚掌着地；两腿前后靠紧，合力支撑身体；上身略向前倾，臀部朝下。交叉式蹲姿通常适用于女性，尤其是穿短裙的女性，它的特点是造型优美典雅。

二、蹲姿注意事项

（1）掌握重心，否则会摇晃不稳，不雅。

（2）下蹲取物时，从身体的侧边去取，就像图 2-10 中的这位女士一样，看上去非常得体。

图 2-10　下蹲取物的正确动作

三、蹲姿禁忌

（1）不要突然下蹲。

（2）不要距人过近。

（3）不要方位失当。

（4）不要毫无遮掩。

（5）不要蹲在椅子上。

（6）不要蹲着休息。

礼仪智库

1. 在公共场合，下蹲时不要双腿平行，这叫“卫生间姿势”，是最不雅观的动作。

2. 物品掉在地上时，不能直着双腿，弯腰去捡，如图 2-11 所示。因为这样会导致臀部翘起，很不雅观，尤其是女性穿裙子时也容易走光。

图 2-11　下蹲取物的错误动作

第五节　手势的礼仪

手势是最有表现力的一种体态语言，俗话说：“心有所思，手有所指。”如果说眼睛是心灵的“窗户”，那么手就是心灵的“触角”，是人的“第二双眼睛”。在商务活动中，恰当地使用手势，有助于语言表达，为交际形象增辉。

每一个手势都向外界传递着一个信息。例如，一个觉得自己的肚腩太大的男士会下意识摸肚腩，意在遮盖自己的大腹便便；一个认为自己大腿过粗的女士会不断整理自己的下装；一个需要别人爱怜的女士会时时抚摸自己的头发；等等。在商务场合，手势宜少不宜多，点到为止即可。

一、手势的使用原则

使用手势的原则是准确、规范和适度。

（一）手势要准确

手势语能反映出复杂的内心世界，人们常用手势来传递各种信息和感情。为避免手势的混乱和歧义，应尽量准确地使用手势，使对方能够明晰、准确、完整地理解自己的用意。

1．持物手势要点

（1）递送、接受物品时要用双手。

（2）等对方拿稳了再接。

（3）递接带尖、带刃等物品，应把尖或刃一面朝向自己，同时提醒对方。

2．展示物品手势要点

（1）无论什么样的展示，角度一定要方便对方观看。

（2）把物品捧到对方面前展示的时候，一般是双手捧住物品，高度在对方胸前的位置。应离对方有一定的距离，动作要平稳缓慢。

（二）手势要规范

在一定的社会背景下，每一个手势如鼓掌的手势、介绍的手势、请的手势等，都有其约定俗成的规范，不能乱加使用，以免产生误解。如鼓掌，右手掌心向下，有节奏地拍击掌心向上的左掌，反过来，则成“鼓倒掌”。

常用的八个手位，如图 2-12 所示。

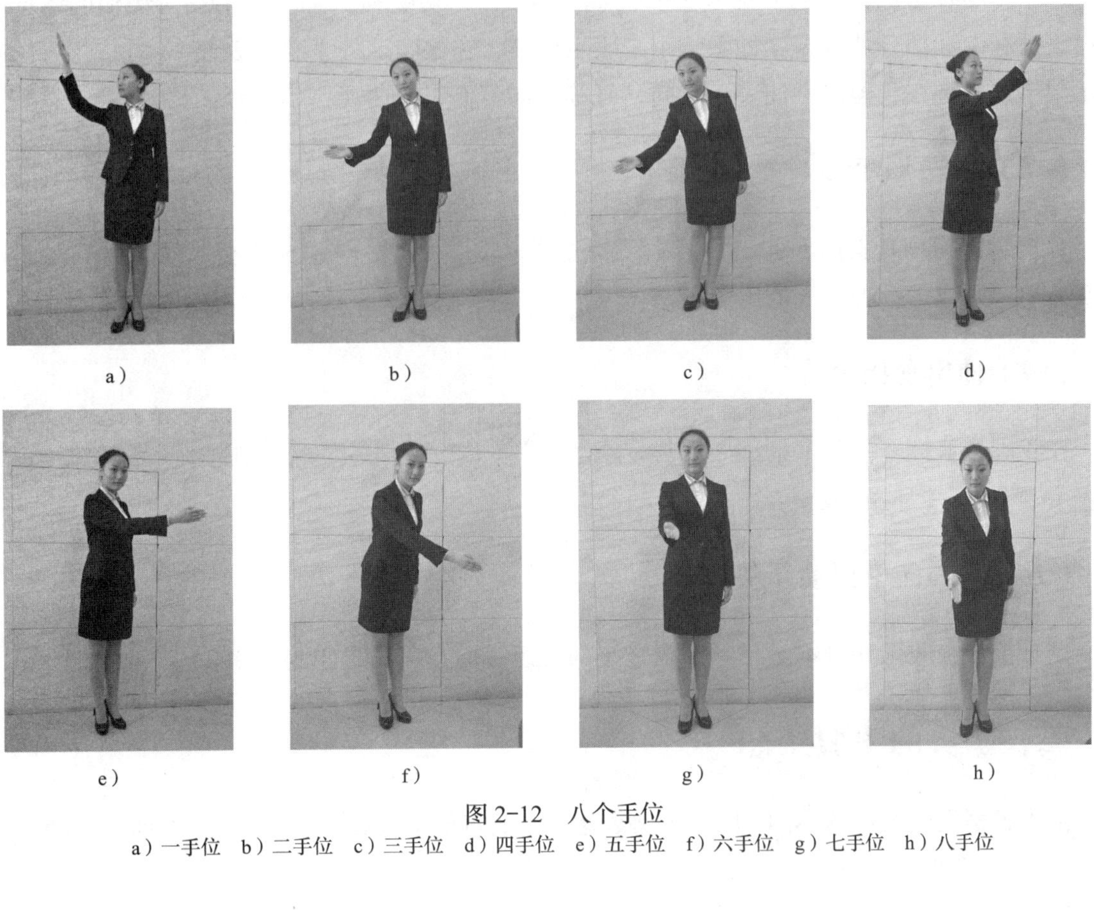

a）　b）　c）　d）

e）　f）　g）　h）

图 2-12　八个手位

a）一手位　b）二手位　c）三手位　d）四手位　e）五手位　f）六手位　g）七手位　h）八手位

（三）手势要适度

与人交谈时，可根据谈话的内容做一定的手势，这样有助于双方的沟通，但手势要简约明快，手位恰当，不可过于繁多，以免喧宾夺主。同时，手势应与口语、面部表情、情感等相协调，否则会给人一种装腔作势的感觉。

二、常见的几种手势含义

（一）"OK"手势

拇指、食指相接连成环状，余下手指自然伸直，掌心向外。在美国，这一手势表示"同意""顺利""很好"等；在法国，表示"零"或"毫无价值"；在日本是"钱"的象征；在巴西则是下流、粗俗的意思。

（二）竖大拇指手势

这个手势在全世界几乎都表示"好""高""妙""一切顺利""非常出色"等类似的信息。但在美国和欧洲部分地区，这种手势用来表示搭车；在德国这种手势代表数字"1"，在日本表示数字"5"；在我国向上伸表示赞同、好等，向下伸表示蔑视、不好等。

（三）"V"形手势

食指、中指分开斜向上伸出，其余三指相握，掌心向外，其语义主要表示"胜利"。若掌心向内，则成为一种骂人的手势。

（四）伸出食指手势

在我国和亚洲一些国家，这一手势表示"一""一个""一次"等；在法国、缅甸等国家则表示"请求""拜托"之意。

（五）掌心向下摆动手势

这一手势在我国和日本是招呼别人过来的意思，而在美国是叫狗过来。

三、手势的主要禁忌

由于各国文化习俗的不同，同一手势表达的含义可能会大相径庭。因此，在商务活动中，忌不懂风俗乱用手势而产生不必要的误解。

（一）不敬的手势

掌心向下挥动手臂，勾动食指或除拇指以外的其他四指招呼别人，或伸出手指指点，或手持物品指示方向等，这些都是失敬于人的手势。

（二）不雅的手势

当众挠头皮、抓耳挠腮、掏耳朵、抠鼻子、剔牙、咬指甲、抹眼屎、搓泥垢、用手指在桌子上乱写乱画等，既不卫生，也不雅观，会给人留下粗俗、缺乏教养的印象。

（三）过度的手势

在商务活动中，手势不宜过多，幅度不宜过大。手舞足蹈，动作夸张，会引起别人的反感。

（四）不稳重的手势

在大庭广众之下，双手乱动、乱摸、乱举，或是折衣角、抬胳膊等动作，既不礼貌，又不稳重。

动起来

生活中有哪些失礼的手势?

第六节　表情的礼仪

表情是仅次于语言的一种交际手段。表情是通过面部的眉、眼、嘴、鼻的动作和脸色的变化表达出来的内心思想感情。在商务活动中，认真的眼神、真诚的微笑，会让人觉得和蔼可亲，值得信赖。

一、目光管理——眼神透露了你的内心世界

俗话说："眼睛是心灵的窗户。"印度诗人泰戈尔说："一旦学会了眼睛的语言，表情的变化将是无穷无尽的。"可见眼睛的表现力是极强的。在我们和别人边交流边相视时，

有人会带给我们舒适的感觉，有人会令我们不安；有人让我们有愉快的感受，有人则令我们难受；有人令我们产生信赖感，有人令我们产生反感。这些感觉的产生都是从眼神开始的。

（一）目光注视的时间

商务人员在交往中，一般与对方目光接触的时间应是和对方相处全部时间的 1/3。对于熟人、故交或对交往对象表示友好、重视，注视对方的时间应长一些，约占彼此相处时间的 1/3 至 2/3。对于不太熟悉的人，不可长时间盯着对方的眼睛，以免引起对方的恐惧和不安。一般而言，每次注视别人眼睛的时间为 3 秒左右，会让人觉得比较舒服和自然。

当然，注视的时间长短还要考虑到文化背景和地方习惯。比如对南欧人，注视对方过久可能会造成冒犯。

（二）目光注视的角度

仰视：头微微抬起，视线向上与对方进行目光接触，表示景仰对方。

俯视：下巴微微低下，视线向下与别人进行目光接触，这是一种轻视对方的表现，会令对方产生不被信任和不被重视的感受。

正视：头摆正，目光平视，面带微笑。这种目光透露出的是坦诚和信任，平等和尊重，既不会令人产生压迫感，也不会令人对你产生怀疑，而且还能树立起自己的专业形象。

（三）目光注视的区域

由于场合的不同、交往对象的不同，目光所及之处和注视区域是有差别的。

公务注视区域：即额头至两眼之间部位。通常是在洽谈业务、磋商问题和贸易谈判时所使用的一种凝视。洽谈业务时，如果注视在这个区域，会显得郑重、严肃、认真，且容易把握住谈话的主动权和控制权。

社交注视区域：即以两眼为上线、嘴为顶角所形成的倒三角区，也就是双眼和嘴之间。这通常是在社交场合使用的一种凝视。在社交场合中，如果注视这个部位，会令人感到舒服，产生一种平等而轻松的感觉，从而营造一种良好的社交气氛。这种目光主要用于茶话会、舞会和各种类型友谊聚会。

亲密注视区域：即双眼到胸部之间的区域。只有亲密的人或伴侣关系才可以看这一区域。

在商务场合，尤其是初次见面，应看对方的肩部以上，而不是进行全方位的扫描。

（四）目光注视技巧和注视禁区

注视技巧："散点柔视"，即应将目光柔和地照在别人的整个脸上，而不是聚焦于对方的眼睛。

注视的禁区：对方的头顶、胸部、腹部、臀部、大腿、脚部、手部。尤其当对方是异性时，要避免注视这些禁区。

二、微笑——世界共通语言

微笑是温馨、亲切的表情。在商务活动中，微笑是商务人员的常规表情。真诚友好的微笑，是商务人员面部表情的基本要求。它不仅在外表上能给人以美感，而且可以真实地表达出热情和友善。因此，微笑常常被比作人际交往的润滑剂。

礼仪智库

希尔顿："你今天对客人微笑了没有？"

康拉德 • 希尔顿（Conrad Hilton，1887—1979）是美国旅馆业巨头，人称"旅店帝王"。在不到 90 年的时间里，他把 1 家饭店扩展到 100 多家，使希尔顿遍布世界五大洲的各大城市，成为全球最大规模的饭店之一，资产发展为数十亿美元。

希尔顿经营酒店的座右铭是："你今天对客人微笑了吗？"

1930 年是美国经济萧条最严重的一年，全美国的旅馆倒闭了 80%。希尔顿的旅馆也一家接着一家出现亏损，一度负债达 50 万美元，但希尔顿并不灰心，他召集每一家旅馆的员工向他们特别交代并呼吁："目前正值旅馆亏空靠借债度日的非常时期，我决定强渡难关。一旦美国经济恐慌时期过去，我们希尔顿旅馆很快就能云开雾散。因此，我请各位记住，希尔顿的礼仪万万不能忘。无论旅馆本身遭遇的困难如何，希尔顿旅馆服务员脸上的微笑永远是属于顾客的。"

事实上，在其他旅馆纷纷倒闭而只剩下 20%的旅馆中，只有希尔顿旅馆服务员的微笑是最美好的。经济萧条刚过，希尔顿旅馆系统就领先进入了新的繁荣期，跨入了经营的黄金时代。

有感而发：

希尔顿说过："我宁愿住进虽然只有残旧地毯却处处见到微笑的旅馆，也不愿走进只有一流设备而不见微笑的地方……"正是凭着微笑这把"利剑"，希尔顿的饭店征服了客人，征服了世界。可见，微笑的价值是无限的，微笑可以增加利润，微笑更能创造成功和奇迹。

（一）微笑的根源

《礼记·祭义》中说："孝子之有深爱者必有和气，有和气者必有愉色，有愉色者必有婉容。"这句话的意思是有爱才能有发自内心的、让人愉悦的微笑。所以说现实生活中无论何时、无论何地、不管发生什么，一个人只要对他人充满爱、关心和理解，都能展现出动人的微笑。

（二）微笑的作用

笑是"因感喜悦而开怀"（《辞海》）。微笑是我们精神状态的最佳写照，是人与人之间的最短距离。表情中最吸引人的就是亲和的笑容。行动比语言更具说服力，一个亲切的微笑正告诉别人：我喜欢你，你使我愉快，我真高兴见到你。

给对方一个笑容就是给自己一个好心情。

（1）两人初次见面，微笑可以拉近双方的心理距离，同事间见面点头微笑，显得和谐、融洽。

（2）服务员、营业员对顾客微微一笑，表现的是服务态度的热情和主动；商务人员在业务洽谈中的微笑，显得潇洒大方，不卑不亢。

（3）当遇到别人与自己争执的时候，不温不火的微笑既能缓解对方的紧逼势头，又能为寻找应对办法赢得时间。

（4）当遇到一些不好回答的问题时，轻轻一笑不作回答，更显出微笑特殊的功能。

（三）微笑的原则

1．微笑真诚

真正的微笑应是发自内心，渗透着自己的情感。只有表里如一、真诚友善的微笑，才能制造明朗而富有人情味的生意气氛。发自内心的真诚笑容应是笑到、口到、眼到、心到、意到、神到、情到。

2．微笑适度

微笑虽然是人们交往中最有吸引力、最有价值的面部表情，但也不能随心所欲，想怎么笑就怎么笑，不加节制。笑得得体，笑得适度，才能充分表达友善、诚信、和蔼、融洽等美好的情感。

3．微笑适宜

微笑是"世界通用语言"，但微笑也要讲究场合。赞美别人时，应该微笑，而批评别人时，则不宜微笑；喜庆的场合，应当微笑，而特别严肃的场合，则不宜微笑。总之，微笑要适宜。

（四）微笑的要点

双唇后扯，嘴角上提，同时带动眼部周围肌肉的收缩。要点是让眼睛也要笑。

动起来

锻炼笑肌，可为笑肌不会因长时间微笑而酸痛打下基础，具体步骤如下。

（1）嘴张开，发出“啊”声，嘴开口度要容下三根并排着的手指。

（2）有意识地注意运动自己嘴边的肌肉，发“a，o，e，u”音，反复数次。

（3）闭上嘴，鼓起腮帮子，嘴左右移动。

（4）闭上嘴，将两颊向内吸，嘴角扁平再变尖，这样反复数次。

（5）嘴半开，下颚努力地左右移动数次。

（6）鼻子使劲上下运动数次。

第七节　界　　域

一、界域的概念

界域，也称“空间语言”或“人际距离”，指交往中的相互距离。界域语是交际者之间以空间距离所传递的信息，它是人际交往中一种特殊的无声语言。

作为人们活动交往中所需空间的个人界域之大小，与民族、文化、场合、对象、性别、年龄、性格、城乡等因素有关。如性格内向者的空间需求比性格外向者的空间需求要大，北美人比南美人的空间范围要大，中国人则比欧洲人要小很多。

每个人都有一个属于自己的有形或无形的空间，而且会尽量地维持这个空间，一旦有人靠得太近就会觉得不舒服或不安全，甚至会恼怒。在商务交往中，一个人是否受欢迎，主要看一个人如何尊重他人的空间，以及对属于个人空间的处置方法。

二、位置界域

位置界域是指交往者所处位置的角度及所体现的情感意义，如图 2-13 所示。

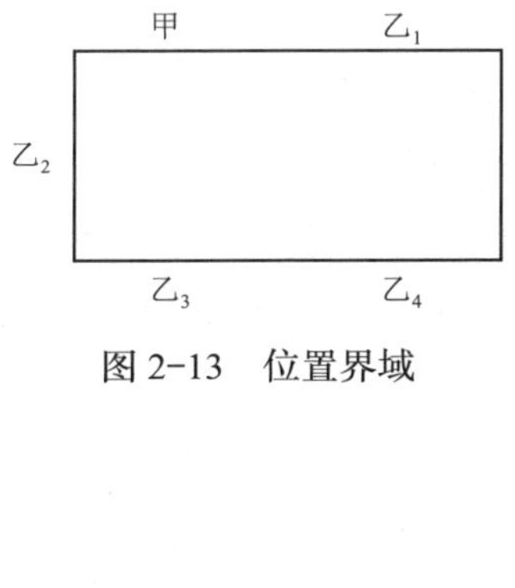

图 2-13　位置界域

如果甲是你自己的话，则乙$_1$是友好位置、乙$_2$是社交位置、乙$_3$是竞争位置、乙$_4$是公共位置。

友好位置适合于两人之间的谈心，体现一种亲密与信任，显示出双方的亲密、平等关系，往往在夫妻间及亲朋好友间使用，亦用于员工谈心、征求公众意见等。

社交位置体现的是一种友好、诚挚的氛围，多用于与客户谈生意、找领导汇报工作等。因为，该位置利于观察对方的体语变化，易于调整话题。

竞争位置表现的是一种防范性的氛围。一般适合双方的正式交谈，特别是双方的谈判，不可在商讨、讨论或商议性质的会议上使用。

公共位置是双方无沟通需要、彼此独立的位置，一般可体现在公共场所等。

三、界域区域

界域区域是指交际者之间的空间长度及所体现的意义。一般而言，人与人之间的亲密程度与双方的空间距离成正比。美国人类学家和心理学家爱德华·T. 霍尔通过大量实例分析得出，身体范围和人际交往亲密程度分为四种区域，这就是社交中的界域语。

（一）亲密区域

亲密区域（0～46 cm）又称“亲密空间”。其语义为“亲切、热烈、亲密”，只有关系亲密的人才可能进入这一空间，如夫妻、父母、子女、恋人、亲友等。亲密区域又可分为两个区间，其中 0～15 cm 为近位亲密距离，常用于恋人或者夫妻之间，表达亲密无间的感情色彩；15～46 cm 为远位亲密距离，是父母与子女之间、兄弟间、姐妹间以及非常亲密的朋友间的交往距离，是一个可以肩并肩、手挽手、说悄悄话的空间。

（二）个人区域

个人区域（46～120 cm）又称“身体区域”，其语义为“亲切、友好”，属于一般熟人交往的空间，在社交场合往往适合于简要会晤、促膝谈心或握手等。个人区域可以分为两个区间，46～75 cm 为近位个人区域，可与亲友亲切握手，友好交谈；75～120 cm 为远位个人区域，任何朋友、熟人都可自由进入这一空间。

（三）社交区域

社交区域（120～360 cm），其语义为“严肃、庄重”。这个距离已超出了亲友和熟人的范畴，是一种理解性的社交关系距离。社交区域可以分为两个区间，120～210 cm 为近位社交区域，适合于社交活动和办公环境中处理业务等；210～360 cm 为远位社交区域，适合于比较正式、庄重、严肃的社交活动，如在谈判、会见客人、工作招聘时的面谈等。

（四）公共区域

公共区域（360 cm 以上）又称“大众界域”，其语义为“自由、开放”，是人们在较大的公共场所保持的距离，是一切人都可以自由出入的空间距离。公共区域适合于大型报告会、演讲会、迎接旅客、小型活动等。

本单元小结

中国有句古话，大家都耳熟能详：“站如松，坐如钟，行如风，卧如弓。”这句话表现了自古以来人们对正确体态的一种认识。本章主要介绍了商务人员的仪态礼仪，包括站姿、坐姿、走姿、蹲姿、手势及表情的礼仪规范，还介绍了界域的概念。商务人员要掌握并正确运用各类体态语的礼仪规范，及时矫正不良的姿态。

作业：

一、关键概念

站姿　坐姿　走姿　界域

二、思考题

1. 如何在商务活动中正确使用表情和手势？

2. 简述站姿、坐姿、走姿等礼仪规范。

三、案例分析

一名刚毕业的高职学生，成绩优秀，在实习过程中老师也给出了很高的评价，但他先后到 20 多家单位面试却一无所获。究其原因，是他面试时从不主动向考官打招呼，交谈中眼神不敢正视对方，回答问题时常习惯性地挠头，一紧张还咬指甲，站立时弯腰驼背脚打拍子，坐下后喜欢跷二郎腿晃动脚。考官普遍认为他没有管理人员应具备的能力。

分析讨论：为什么考官普遍认为他没有管理人员应具备的能力？

四、实训题

1. 实训目的：能够有针对性地美化自己的仪态。

2. 实训内容。

（1）3 分钟练就优雅姿势。

一个优美的姿势就能为你赢得高分，背靠墙壁，让我们一起尝试打造理想的姿势。

头、肩膀、臀部、小腿肚、脚后跟都紧贴墙壁站立。

腰部与墙壁保持一个拳头的距离。上半身保持挺直，头部向上伸展，想象着头顶上好像有一根线在将你往上拉。

收腹，挺胸，落肩，下巴微收，眼睛看前方，上臂略向上抬起并夹紧身体。

可在墙壁上挂个气球，每当挺胸抬头的时候，头顶刚好能碰到它。

（2）眼神训练。

用张 A4 纸遮住眼睛以下部位，观察出现几种表情时眼神的变化：开心时，生气时，被投诉时，觉得无聊时。看看眼睛是否有笑意，哪种眼神是让别人看上去最真诚舒适的。

眼部肌肉锻炼：闭上眼睛，静下心来后再突然睁开眼睛，眼珠上下左右转动，反复几次。眉毛和眼睛一起尽量向上、向下运动。

效果：锻炼眼部肌肉，让眼睛更有精神。

第三单元　商务仪容礼仪

名人名言

世界上没有难看的女人，只有不懂得如何把自己打扮得体的女人。

——靳羽西

教学目标

通过本单元学习，学习者达到以下目标：

1. 了解健康仪容的内容、基本要素和标准；
2. 通过学习认识到健康仪容的重要作用；
3. 明确化妆的目的、效果，懂得根据不同的场合选择不同的妆容；
4. 掌握化妆技巧；
5. 了解自己的皮肤类型，能正确选择适合自己的护肤品；
6. 熟悉不同的脸型、身材和气质及所适合的发型；
7. 培养正确的审美观。

能力标准

能力元素	能力表现水平描述
熟悉健康的仪容礼仪	了解健康仪容礼仪的基本要素
	通过学习认识到健康仪容的重要作用
	根据健康仪容的主要特征判断自己的仪容是否健康
化妆技巧和注意事项	请一同学做模特，老师对化妆步骤边讲解边示范；也可用专业美容师录制的化妆影碟，边放边讲解
	了解皮肤类型并判断自己的皮肤类型，然后说给同桌的同学听，并说出理由
	消除学生选择护肤品的误区，学会正确选择护肤品
头发的基本护理方法和发型设计	了解自己的脸型、身材和气质以及发型
	能够根据自己的具体条件找出适合自己的最佳发型

引导案例

小洁的应聘会成功吗？

某公司招聘文秘人员，由于待遇优厚，应聘者如云。在这些应聘者中，中文系毕业的小洁可以说是最优秀的。大学四年，小洁在各类刊物上发表了 3 万字的作品，有小说、诗歌、散文、评论、政论等，还为 6 家公司策划过周年庆典，语言表达也极为流利，书法也堪称佳作。小洁五官端正，身材高挑、匀称。面试时，招聘者拿着她的材料等她进来。

小洁穿着迷你裙，露出大腿，上身穿着露脐装，嘴上涂着鲜红的唇膏，轻盈地走到座位前，不请自坐，随后跷起了二郎腿，笑眯眯地等着问话。孰料，三位招聘者互相交换了一下眼色，主考官说："小姐，请回去等通知吧。"小洁喜形于色，说了一声"好"后就挎起小包飞跑出门。

请同学们思考一下，小洁的应聘会成功吗？为什么？

第一节 健康的仪容礼仪

一、仪容礼仪的含义

仪容即容貌，通常是指人的外观、外貌，由发型、面容以及人体所有未被服饰遮掩的肌肤所构成，是个人仪表的基本要素。保持清洁是最基本、最简单、最普遍的美容。男士要注意细部的整洁，如眼部、鼻腔、口腔、胡须、指甲等。职业女性，尤其是社交场合的女士，通常要化妆。在某些场合，适当的化妆是一种礼貌，也是自尊、尊人的体现。妆的浓淡要根据不同的时间和场合来选择。在平时，以化淡妆为宜，注重自然和谐，不宜浓妆艳抹、香气袭人；参加晚会、舞会等社交活动时，则应适当化浓妆。

在人际交往中，每个人的仪容都会引起交往对象的特别关注，并将影响到对方对自己的整体评价。仪容礼仪包括个人卫生礼仪、举止礼仪、美容美发礼仪、服饰礼仪，是为维系社会正常生活而要求人们共同遵守的最起码的道德规范，它是人们在长期共同生活和相互交往中逐渐形成，并且以风俗、习惯和传统等方式固定下来的。

仪容礼仪有以下要求。

首先，是要求仪容的自然美。它是指人的先天条件好，天生丽质。尽管以貌取人是不对的，但先天美好的相貌，无疑会令人赏心悦目，感觉愉快。

其次，是要求仪容的修饰美。它是指依照规范与个人条件，对仪容进行必要的修饰，扬其长，避其短，设计、塑造出美好的个人形象。

最后，是要求仪容的内在美。它是指通过努力学习，不断提高个人的文化、艺术素养和思想、道德水准，培养出自己高雅的气质与美好的心灵，使自己秀外慧中，表里如一。

真正意义上的仪容美应当是上述三个方面的高度统一，忽略其中任何一个方面，都会使仪容美失之偏颇。

在这三者之中，仪容的内在美是最高的境界，仪容的自然美是人们的心愿，而仪容的修饰美则是仪容礼仪关注的重点。

要做到仪容修饰美，自然要注意修饰仪容。修饰仪容的基本规则是美观、整洁、卫生、得体。

二、健康仪容礼仪的基本要素、标准及作用

（一）健康仪容礼仪的基本要素

仪容美的基本要素是貌美、发美、肌肤美，主要要求整洁干净。貌美是指人的五官构成彼此和谐并富于表情；发美使人英俊潇洒，容光焕发；肌肤美使人充满生命的活力，给人以健康自然、富有个性的深刻印象。但每个人的仪容是天生的，长相如何不是至关重要的，关键是心灵美。从心理学上讲每一个人都应该接纳自己，接纳别人。

（二）健康仪容礼仪的标准

健康仪容礼仪总的标准为：整齐清洁，自然，大方得体，神采奕奕，充满活力。

1．女士健康仪容

（1）手的清洁和修饰。

手被称为人的“第二张名片”。如同脸一样，手是显现衰老的主要部分。在日常生活和工作中，无论是献茶、敬酒，还是握手、递名片、签字等，双手都会被人关注到。一双保养良好、干净的手，会给人以美感；而一双粗糙、看起来不干净的手，往往会影响别人对你的印象，使人产生你对生活不注重品质、不讲究细节的感觉。

双手要保持干净。与脸相比，双手要洗得更勤一些。用餐之前，接触食物或精密仪器之前，要洗手；拿过脏东西，去过洗手间，吸烟或从外面回到家之后，要洗手。应时刻保持双手的滋润。双手粗糙、长疮、皲裂等都应该尽力避免。工作再忙都不能成为怠慢自己双手的借口。

不留长指甲。除一些艺术行业外，其他行业的职场人士最好不要留长指甲。留长指甲与人握手有碍观瞻，而且指甲缝里还会藏污纳垢，让人感觉手很脏；工作中，写字或敲击键盘时也会不便。

特别提醒：服务行业的工作人员，指甲长度的标准是与指尖齐平，最长不超过 2 mm。

指甲油的选择。一般的职场女性可以涂抹无色和单色指甲油，但不应涂过于鲜艳的颜色（艺术行业除外），更不可为了美观和时尚在指甲上涂抹彩色指甲油或进行艺术彩绘。手上的指甲油忌残缺不全。指甲油的残缺暗示你比较懒惰，不注重生活细节和品质。

动起来

一天，黄先生与两位好友小聚，来到某知名酒店。接待他们的是一位五官清秀的服务员，虽然她的接待服务工作做得很好，可是她面无血色，显得无精打采。黄先生一看到她就觉得心情欠佳，仔细留意才发现，这位服务员没有化工作淡妆，在餐厅昏黄的灯光下显得病态十足。上菜时，黄先生突然看到传菜员涂的指甲油缺了一块，他的第一个想法就是“不知是不是掉到我的菜里了”。

但为了不惊扰其他客人用餐，黄先生没有将他的怀疑说出来。用餐结束后，黄先生唤柜台内服务员结账，而服务员却一直对着反光玻璃墙面修饰自己的妆容，丝毫没注意到客人的需要。自此以后，黄先生再也没有去过这家酒店。

讨论题：

（1）请指出案例中服务员在仪容上存在的问题。

（2）本案例对你有哪些启示？

（2）避免腋下“走光”。

在夏季，职场人员最好不穿无袖外衣，以免露出腋毛。腋下“走光”在他人眼中是极不美观的，尤其是女性更应注意。在某些特殊场合，比如晚宴、酒会，需要穿无袖外衣或礼服时，应注意剃除腋毛。

（3）脚的清洁和修饰。

在人际交往中，人们常常有“远看头，近看脚”的习惯，虽然脚部只是一个人职业形象的一小部分，却是整体形象的一个亮点。对脚的清洁和修饰主要应做好以下几个方面。

1）勤于洗脚。人在行走时，脚最容易出汗，如果每天不认真清洗脚部，就很难有清洁可言了。勤于洗脚，不仅是礼仪的需要，也是健康的需要。

2）勤换袜子。为了避免脚部异味，还应该勤换袜子，尽量做到每天一换，不穿有异味的袜子。穿着被染色的袜子是不礼貌的。

3）勤换鞋子。必须勤换鞋子，避免长时间穿着使鞋内产生异味。平时还须注意鞋子保洁的问题。在穿鞋前，务必要细心清洁好鞋面、鞋跟、鞋底等处，使其一尘不染。

手和脚的护理方法如表 3-1 所示。

表 3-1　手、脚的护理方法

手和脚的护理		护理的方法
手的护理	手部按摩	温水净手→在手上擦面霜或按摩霜→两手对搓按摩，也可在温水中进行按摩
	手部运动	将拇指放在四指和手掌内，紧握成拳，再骤然放开
	手部防晒	外出时涂抹防晒油
脚的护理	脚部清洁	洗脚时要将脚后跟、脚掌、脚趾缝等彻底洗干净。如果足部皮肤干裂，可在洗脚后用橄榄油涂抹双脚，然后套个塑料袋，浸在热水中
	脚部按摩	双脚在温水中浸泡几分钟→手指上擦按摩霜→用手的大拇指和食指捏脚趾的根部→用打圆圈的动作按摩脚趾间的部分→手握拳，用指关节缓慢、有节奏地从脚拇趾底部肉球开始，按摩到脚心处→用大拇指和食指轻轻上下捏脚后跟骨→脚尖向下做弯曲动作→擦干双脚→擦爽身粉

（4）身体气味。

在职场中，保持身体的气味清新、洁净，是基本的礼仪规范。这样，不至于让人敬而远之、退避三舍。口腔要清洁，吃完工作餐后，要及时清除口腔异味、食物残渣。千万不要因为一时疏忽，牙齿上粘着菜叶就去商务接待，这样会让双方都很尴尬。如果要经常接待客户，一定要注意以下几点。

1）若有口腔炎、胃炎、胃溃疡、咽喉分泌物过多、鼻窦分泌物倒流等健康问题，口腔就很容易散发出难闻的口气。经常吸烟、喝酒，或是嗜食海鲜，吃过洋葱、大蒜、咖喱等刺激性食物之后，口腔会有特别的味道。不好的口腔气味不仅仅说明你的个人卫生不够好，也会让周围的人感到不舒服。

参加社交或商务活动，不要疏忽了以下的细节。第一，在参加重要活动之前，尽量避免吃洋葱、大蒜和韭菜等食物。如果吃了这些食物，一定要用漱口水或口香糖来去除异味，最便捷的方法是用口喷来去除气味（最好随身携带小型装口喷）。第二，职场人士经常喝咖啡、茶，每次喝完以后要漱口，保持口气的清新。第三，在临睡前刷牙时，把舌苔清洁一下，也可以用小汤匙轻轻刮一下，因为舌苔是细菌生长的地方，清洁舌苔可以保持健康、清新的口气。

2）人体出汗时，鼻翼、腋下、头部等处的汗腺会产生某种气味。还有体味的问题，比如腋臭，尤其是夏天，如不勤洗澡，会使体味更加严重，有时会让周围的人无法忍受。另外，吃肉多的人，因体质多呈酸性，致使体液逐渐酸化，在汗腺发达的地方，如腋下，更容易散发出异味。当一个人心情郁闷、精神压力大时，正常的内分泌功能受到影响，也会产生或加重体味。腋下的异味会毁掉一个人在职场中的良好形象。在中国，绝大部分人对这种气味都很敏感，无论你多么有才能，都不会成为受欢迎的人。缓解腋下气味的最佳方式有：第一，条件允许的话，每天上班前最好淋浴一下；第二，使用一些去除异味的产品，如香水、防腋臭香水、防出汗的香体走珠等，或者到正规医院动手术去除。

2．男士健康仪容

注重仪容不是女士的专利，男士也是非常注重个人仪容的，这也是职场男士提升外在气质的手段之一。除在某些方面和女士的仪容标准一样外，男士的仪容标准还有以下一些。

（1）头发。

职场男士的头发不宜过长，要定期修剪。职场男士一般都会选择短发，这样显得专业、干练。如果从事的是艺术性质的工作，想要与众不同是可以理解的，留什么样的发型就另当别论。当然，一定要干净、整齐，这是礼貌的表现。

头发要常洗。头发很容易产生异味，因此要注意保持干净、清爽，不能有头屑。如果有头屑，无论是什么身份，都会让形象大打折扣。

（2）唇部。

因为唇部没有汗腺，所以很容易干裂。与他人近距离交流时，嘴唇干裂也是很不礼貌的。

要保持嘴唇的滋润，可以使用润唇膏防裂。男士可选择无色、滋润型唇膏，只要轻抹一点，让唇部有滋润度就行，不能抹得满嘴都油乎乎的，以免弄巧成拙。可以在公文包内放一支润唇膏在必要时使用。

（3）手和指甲。

不像女性有擦护手霜的习惯，许多男性并没有擦护手霜的习惯，而且他们认为护手霜只是女性才用的东西，其实这是个误区。一双粗糙、干巴巴的手，与他人相握，都会给对方留下不好的印象。男士的手指甲一定要经常修剪，保持清洁，指甲内不能有污垢。现在有很多男士修甲，这是聪明的做法。细节体现生活品位，男性更是如此。经常看到有很多职场男士也留长指甲，甚至有人专留小指甲，用来抠耳朵、挖鼻孔……这种行为严重影响男士的职场形象。

（4）皮肤。

由于生理原因，男士的皮肤比较粗糙，毛孔大，容易老化。男士日常活动量大，平时分泌的汗液和油脂较多，容易使灰尘、污垢聚集，堵塞毛孔，从而引起各种各样的皮肤病和出现体味过重的情况。因此，男士更应该做美容护理。虽说不像女士那样有较为复杂的护肤程序，但拥有健康的肤质，也是一种生活品质的体现。所以，男士也可以用护肤品。当然，一定要把握一个度，否则，不但没有起到提升的效果反而适得其反。

（5）身体。

人无论到了哪个年龄段，一定要使自己的身体经常运动起来。爱惜身体的男士，都会经常锻炼，这不但使身体健康，而且充满活力的身体外形会增添个人魅力。同时还要注意，在工作场合，男士的腿毛不要外露。很多男士往往疏忽这一点，而这容易让人生厌。

（6）味道。

男士打扮的最后一个步骤是他的气味。可以在刮完胡子后，使用男用香水或须后水。使用香水不仅仅是女性的专利，男士同样可以。男士可以选择含有淡淡烟草味道的香水，这样会提升个人魅力。

动起来

阿美和阿娟是一所美容学校的学生，初学化妆时对他人的妆容非常感兴趣，走在大街上，总爱观察别人的妆容，因此发现了一道道奇特的风景线。

一位中年妇女没有做其他化妆，光涂了一个嘴唇，而且涂的是那种很红很艳的唇膏，只突出了一张嘴；一位女士的妆容看起来真的很漂亮，只可惜脖子却马虎了，在脸庞轮廓上有明显的分界线，像戴了面具一样；还有的女士用粗的黑色眼线将眼睛轮廓包围起来，像个大括号，看上去特别生硬、不自然；一位很漂亮的女士身穿蓝色调的时装，却画着橘红色的唇……

讨论题：

请帮助阿美和阿娟分析一下，针对以上几种情形，化妆时应注意哪些问题？

（三）仪容礼仪的作用

仪容礼仪对人们的形象起到自我标识、修饰弥补和包装外表的作用。人的形象是内在气质和外在形象的结合，具有完美形象的人不仅应该有美好的内心，而且也应该有美好的外表。如果我们把一个人的思想感情、性格品质、心理状态、道德情操、文化修养看作一个人的内在美的话，那么仪容则从一个侧面反映出人的思想修养、精神气质，甚至反映社会文明的发展水平。

心灵美与仪容美不是对立的，而是不可分割的，它们只有互为表里，相得益彰，才是完善的美。诚然，人对自己的长相虽然无法选择，但是可以通过外在手段来弥补，仪容所强调的就是这种必要的弥补，即人们可以通过对仪容的适度修饰，对表情和姿态的合理选择，使自己的仪表给人以审美上的愉悦。

仪容礼仪对人们参与社交的作用是不可轻视的，它在很大程度上影响着一个人社交活动的效果。心理学研究表明，人们比较重视与不相识的人第一次见面后所形成的直观感觉，而这种感觉直接影响到交往的继续进行。因此，端庄、整洁、美好的仪容，可以使人产生好感，留下深刻而美好的首次印象，从而为交际活动打下基础。

第二节　商务人员化妆的原则和礼节

一、商务人员化妆的原则

生活中人们的仪表非常重要，它反映出一个人的精神状态和礼仪素养，是人们交往中的“第一形象”。天生丽质、风仪秀整的人毕竟是少数，然而我们却可以靠化妆修饰、发式造型、着装佩饰等手段，弥补和掩盖在容貌、形体等方面的不足，并在视觉上把自身较美的方面展露、衬托和强调出来，使形象得以美化。成功的仪表修饰一般应遵循以下原则。

（一）适体性原则

适体性原则要求仪表修饰与个体自身的性别、年龄、容貌、肤色、身材、体型、个性、气质及职业身份等相适宜和相协调。

（二）TPO 原则

TPO 原则即 Time（时间）、Place（地点）、Object（场合）原则，要求仪表修饰因时间、地点、场合的变化而相应变化，使仪表与时间、环境氛围、特定场合相协调。

（三）整体性原则

整体性原则要求仪表修饰先着眼于人的整体，再考虑各个局部的修饰，促成修饰与人自身的诸多因素之间协调一致，浑然一体，打造出整体风采。

（四）适度性原则

适度性原则要求仪表修饰无论是在修饰程度，还是在饰品数量和修饰技巧上，都应把握分寸，自然适度。要追求虽刻意雕琢而又不露痕迹的效果。

（五）扬长避短

突出美化自己脸上富有美感之处，掩饰面部的不足，以达到化妆的最佳效果。

（六）妆容适宜

一般来说，化妆有晨妆、晚妆、上班妆、社交妆、舞会妆等多种形式，它们的浓淡程度存在着差别。因此，妆的浓淡要根据不同的时间和场合来选择。如工作妆要简约、清丽、素雅，而舞会妆则可浓艳。

（七）化妆避人

不要在公共场合化妆。化妆的结果是美的，但是化妆的过程实在不怎么雅观。化妆或补妆应该遵循修饰避人的原则，选择无人的地方，如化妆间、洗手间等，切忌在他人面前肆无忌惮地化妆或补妆。一般情况下，女士在用餐、饮水、出汗等之后应及时为自己补妆。

二、商务人员的化妆礼仪

人与人之间第一次见面形成的第一印象，即“首因效应”在整个交往中的作用达75%以上。所以，在社会交往中，每个人的外在的仪容仪表很重要。当然，每个人的仪容受两方面因素影响，既有自然形成的，也有通过后天的修饰和保养形成的。

俗话说：“三分长相，七分打扮。”这句话不无道理。人的容貌是父母给予的，五官、皮肤的美感相对定型，有的天生丽质，有的存在缺陷，这就需要我们懂得一些美容常识，通过保养、修饰，扬长避短，有效地弥补自身的缺陷和不足。

（一）商务女性化妆技巧

想争取更多的发展空间，除了工作成绩要得到大家的认可外，良好的妆容也能增色不少。化妆可以掩盖缺点，展现良好的精神风貌，使人显得沉稳而干练，加深别人对你的印象，使你更容易在职场崭露头角。

作为职业女性，必须时刻以最佳、最饱满的精神状态出现在上司和同事面前，一时的皮肤暗陈、双目暗淡就能破坏你在同事和对手心目中的美好印象。因此，如何才能打造出端庄大方、漂亮简练的职业妆容，是每一位职业女性都应该学习的。

1．眼线

眼线可以很容易就把眼睛加大。亚洲女性眼睛较小，画眼线就显得特别重要，可选用黑色、黑灰、深棕色的眼线液或眼线笔。记住，画眼线时，要贴着睫毛根画，不能和睫毛根有距离，否则效果是相反的。工作的时候，一双充满神采的眼睛会为自己增色不少。

2．口红

口红是职业女性最常用的化妆品，因为口红可以弥补憔悴的脸色，所以许多女性即便平时不怎么化妆，手提袋里也会有一支口红。但不是所有颜色的口红涂在嘴唇上都是漂亮的，因为人们的嘴唇颜色有深有浅，选择的妆色也是不一样的。当然，对于许多中国女性来说，挑一支使自己看起来皮肤白一些，牙齿白一些，眼睛亮一些的口红最好。最重要的，还是要根据你每天的整体妆色来选择口红。通常，粉色系、橙色系的口红在办公室里很受欢迎，而各种暗沉系的红色与紫色以及亮光口红就不太适合办公室的工作氛围。

3．睫毛膏

白天工作时，职场女性用黑色睫毛膏为宜。涂抹时，睫毛要自然、干净、清晰，不能糊成一团。最重要的一点是涂完上眼睫毛，一定要涂下眼睫毛，否则只涂上不涂下，肯定没有美感。这也是很多女性容易忽视的地方。如果用睫毛液强调眼睛中央的睫毛，会给人一种聪慧、灵动而有修养的感觉；如果强调眼睛尾部的睫毛，则可营造出深邃、有质感的眼神。

4．眼影

西方女性的眼睛是凹形轮廓，而东方女性的眼睛刚好相反。对眼睛比较肿的东方女性来说，选择正确的眼影颜色和学习正确的化妆方法一样重要。对于初学化妆的职场女性来说，三色眼影（白色、浅咖色、深咖色）即能满足所有化妆的需要。

5．腮红

对于没有色泽的脸庞，用些腮红可以增加脸部的色彩。但不同的脸型，涂腮红的位置有些区别：椭圆形脸，腮红应涂在颊骨最高处，再向后向上涂开；圆形脸，腮红应从颊骨一直延伸到下颚；方形脸，腮红应从眼部平行下降。

6．眉形

完美的眉形可以使一个人的五官更具美感。如果你的眉形还不太完美，最好的选择就是用修眉刀具修剪出比较清晰的眉形，这样显得能干而精明，让你的脸瞬间焕发出神采。

7．头发

完美形象从“头”开始。选择得体适度的发型可以表现出一个人的良好仪容。

头发要干净。头发是一个人脸面之中的脸面，在办公室，成天头发乱糟糟的，几天不洗散发出油味，头屑在肩膀上随处可见，这些是最容易毁掉一个人形象的。

发型得体。职场人士选择发型，除个人偏好之外，从社交礼仪和审美的角度看，最重要的是要考虑发质、脸型、胖瘦、年纪、着装、配饰、性格，关键是职业，对于这些，切不可掉以轻心。发型在一定程度上与个人身高有关。以女士留长发为例，头发的长度就应与身高成正比。一位矮个女士若长发过腰，会使自己显得更矮。发型还要与体形协调。发型的选择得当与否，会对体形的整体产生极大的影响。比如脖颈粗短的人，适宜选择高而短的发型；而脖颈细长者，宜选择齐颈搭肩、舒展或外翘的发型。体形瘦高的人，适宜留长发；而体形矮胖者，适宜选择有层次的短发。

8．化妆色彩

化妆前，一定要想想今天穿什么颜色的衣服，因为化妆是为了搭配服饰，平衡、和谐才是最美的。所以，每个人脸部的皮肤色调、头发颜色、黑色的眼睛之间的关系，决定了化妆品与衣服的颜色。比如穿橘红色、黄色、咖啡色、绿色的衣服，应该用橘红色系的口红；穿蓝色、粉红色、水蓝色、紫色、酒红色、银色的衣服，应该用粉红色系的口红；穿中性颜色的衣服，如黑、白、深蓝、深咖啡、古铜、金色等，什么色系的口红都可以搭配。穿的衣服有很多不同的红色，那么就找出最深或最耀眼的红色为主导色，然后配上相应的口红；穿的是花色，选出占主导色调或最接近脖子和脸的颜色，然后配上相应的口红；穿桃红色的衣服（桃红色其实一半是粉，一半是橘），那么就用粉红和橘红的混合色口红。

9．表情

在工作中，再漂亮的妆容，如果配上一副单调、无变化的表情，也会让周围的人觉得有些不协调。一个完美的办公室妆容，并不会花费你太多的时间，相反，可以带给你一天的好心情，加上完美、亲切的微笑，得到的是上司、同事们的信任，似乎工作上的一切困难都难不倒你，会让你永远都容光焕发。

10．香水

法国著名设计师香奈儿曾说过这样一句话："香水是服饰的最后搭配。"对于中国女性来说，与西方女性相比，应该选用一些清淡型香水，这样更适合身体的味道。西方女性体味比中国女性浓厚，因此使用的香水味也较为浓厚。

香水的使用。味浓型香水适合在秋季、冬季和晚上使用，清淡型香水则适合在夏季和白天使用。香水一般在出门前半个小时喷上最好。

喷香水的部位。第一选择，可以喷在手腕内侧有脉动的部位。香水分子随着脉搏的跳动，味道会均匀散发出来。第二选择，可以喷在耳根后动脉处。目的是控制头部散发的气味。第三选择，喷在胸前动脉处。目的是控制从领口散发出来的体味。

喷香水的方式。第一种方式，把香水喷在上述的身体部位，不能喷得太多，当别人与你擦肩而过时，能闻到你身上散发淡淡的香水味道即可。那种距离三米开外，就能闻到浓浓的香水味的用法并不可取。第二种方式，把香水喷在你的头顶上空，让香水分子落在自己的身上，这种方式可以让香水的味道均匀散发，香味持久。

（二）商务女性化妆注意事项

俗话说："只有懒女人，没有丑女人。"这句话在职场的正确理解就是"漂亮"也反映了职业女性对事业的追求与努力程度。

一个在事业上追求上进、注重细节的人，自然会合理着装、得体装扮、谨慎言行，这些都会提高一个人的"漂亮"得分。"漂亮"如果代表人的追求与努力程度，那么与收入正相关也就不奇怪了。"漂亮"的重中之重就是"面子"问题，主要就是护肤与化妆，在这两方面需要注意以下几点。

（1）即使收入不高，也要为自己买一两套高档的护肤品，既是爱自己，也是对自己的一种激励。中国女性最重要的护肤诉求是美白，可结合自己的实际情况，适当向这个方向靠拢。

（2）办公室环境封闭、通风差且粉尘、灰尘、辐射多，要注意使用隔离产品、补水产品，喷雾与护手霜是办公室必备。

（3）化妆是否必要，要看办公室的其他人怎么做的。对于职业女性来说，"漂亮"是个相对概念，重要的是表现出干练、稳重，适当化淡妆，用接近肤色的粉底和滋润型的唇彩，一般是不会出错的。妆容过分，引起大多数人的侧目就得不偿失了。

（4）手袋里的必要装备——面巾纸、化妆小包、化妆镜——可以用来在重要活动，如会议、见老板、见客户之前检查一下自己的状态；如果是长发，要准备备用的发圈，防止头发散乱。

（5）经常照镜子，审视自己的表情。适当化妆可以改变肤色，掩饰疲惫，但如果表情僵硬，难免被盖上"女强人"的印记，让人避之不及。长时间高压力的工作难免使人心情沮丧，面对镜子多练习微笑，可以使自己的表情显得轻松、自信、亲和。

对于职业女性来说，"面子"最重要的是容光焕发，一张"漂亮"的面孔，不仅使自己心情好，也能够融洽与同事的关系。容光焕发显示出能够驾驭工作的能力，表明即使高强度的工作也不能把你难倒，这会使你得到上司和同事的一致认可。

礼仪智库

女性化妆的"十不宜"

（1）面部不宜搽香水。搽了香水的部位，经太阳光线照射会引起化学变化，产生红肿刺痛，严重的还会发展成为皮炎。

（2）不宜拔眉毛。拔眉毛会给人一种光秃的造型感。从医学观点看，拔眉毛不仅会损害生理功能，而且会因毛囊破坏和化妆涂料的刺激导致局部感染。

（3）不宜多用口红。口红中的油脂能渗入人体皮肤，而且有吸附空气中的尘埃、各种金属分子和病原微生物等副作用。通过唾液的分解，各种有害的病菌就可乘机进入口腔，容易引起口唇过敏症。

（4）不宜用一种粉底。粉底的颜色比脸部的肤色过深或过浅都会破坏你的容貌，因此，应该多备几种粉底，随四季肤色的改变而不断调整。

（5）不宜重涂眼影粉。天热时流汗较多，汗水会将眼影冲入眼内，损害视觉器官，如再用手揉，更易将细菌带入眼内，染上沙眼或红眼病。

（6）不宜把面膜涂在眉毛和睫毛上。面膜粘在眉毛和睫毛上，除去时容易将眉毛和睫毛一起拔掉。

（7）不宜将脸抹得白里透青。若脸上使用油脂化妆品，再搽上一层香粉，使之白里透青，阳光中的紫外线就无法被吸收，影响体内维生素 D 的产生。

（8）不宜用他人化妆品。化妆品可能成为疾病的传染媒介，因此，不要乱用他人化妆品，也不要将自己用过的化妆品随意借给别人。

（9）磨面时手指用力不宜过大。天热时人体毛孔放大，表皮较嫩，磨面用力过大，皮肤被磨面膏中的颗粒损伤，再经风吹日晒，反而会变得更粗糙。

（10）不宜不断补粉。

（资料来源：《百姓生活》2008 年 4 期）

（三）商务人员的发型修饰

发型对商务人士的个人形象，有着重要的、不可替代的作用。有鉴于此，作为一位成功的商务人士系统地学习一些美发的礼仪是极为必要的。

美发，一般是指对人们的头发所进行的护理与修饰。其目的在于，使头发更加美观大方，并且适合自身的特点，提升个人形象。而美发礼仪指的就是有关人们头发护理与修饰的礼仪规范。美发礼仪是装束礼仪中不可或缺的一个重要的组成部分。在正常情况之下，人们观察一个人往往是从“头”开始的。位居于头顶之处的头发，自然不会被错过，而且还经常会给他人留下十分深刻的印象。因此，有一位商务礼仪学者就指出：“每当人们与一位商务人员陌路相逢时，最注意对方的，大都是其发型、化妆、着装等几点。正因为如此，一名商务人员假如不想使本人形象受损，就不能够在外出应酬时不重视上述各点。”

从可操作的角度来讲，美发礼仪主要分为护发礼仪与做发礼仪这两个有机组成部分。前者主要与头发的护理有关，后者则是重点关注头发的修饰问题。任何一名商界人士如果不打算使自己“头上失礼”的话，对护发礼仪与做发礼仪均应认真地学习和遵守。

1．护法礼仪

护发礼仪的基本要求是：商务人员的头发必须经常地保持健康、秀美、干净、清爽、卫生、整齐的状态。要真正达到以上要求，就必须在头发的洗涤、梳理、养护等几个方面多加注意。

首先，要重视头发的清洗。健康人的头皮会随时产生分泌物。头发会不断地吸附这些分泌物及灰尘，并与人体的汗液混杂在一起，甚至产生难闻的气味。这类情况一旦出现，无疑便会影响到头部的外观。设想一下，若是一名商务人员的头发看上去脏兮兮的，甚至成缕成片地黏在一起，何人会对他产生好感?

案例导入

公交人员统一服装，规定发型

为了推行航空式服务理念，北京八方达公交公司制定了标准。在仪表方面，要求司乘人员穿戴统一，对发型、发色、衣饰，甚至小到指甲的长度都有严格的规定。售票员的空乘式发夹、制服和领结都是统一的，司机的服装也有统一要求。

（资料来源：http://www.bj.xinhuanet.com/bjfs/2009-09/21/content_17764167.htm）

保持头发干净、清洁的基本方法是，要按时对头发进行认真的清洗。洗头发最好是每日一次，并且贵在坚持。即使一时难以做到，也不宜拖得过久。洗头发是为了去除附着在上面的分泌物、灰尘，消除头屑，防止异味，使头发柔顺。此外，洗头发还有助于保养头发。要洗好头发，有如下三点必须注意。①要注意洗发剂的使用。目前，人们洗头时大都会采用一些洗发剂。选用的洗发剂除了要适合自己的发质外，还要去污性强、营养柔顺头发、刺激性小、易于清洗。洗头时一定要将洗发剂清洗干净。②要注意水的选择。洗头发宜用 40 ℃左右的温水。水温过低或过高，都对头发有害而无益。尤其要注意水质，各种矿泉水，包括含碱或含酸过多的矿泉水，均不宜用来洗头。③要注意使头发自然晾干。洗头之后，最好令其自然晾干。此种做法最有益保护头发。若打算令头发迅速变干，可以用电吹风将头发吹干，但温度不宜过高，否则会损伤头发。

其次，要重视头发的梳理。要使一个人的头发看上去整洁秀美、清爽悦目，将其认真梳理整齐，令其柔软顺畅是极为重要的。不论从哪一方面来讲，在正常情况下，一个人的头发蓬乱如草，凌乱不堪，都会让他人难以接受。正因为如此，每一名商界人士都必须将把自己的头发梳理整齐视作自己每天应认真操练并经常自查的一项基本功。商务人员在梳理头发时必要注意以下三点。①要选择适当的工具。梳理头发，不宜直接使用手指抓挠，而应当选用专用的头梳、头刷等梳理工具，它们不会伤及头发和头皮。外出上班时，商务人员最好随身携带一把发梳，以备不时之用。②要掌握梳理的技巧。梳理头发不但是为了将其理顺，使之成型，而且也是为了促进头部的血液循环与皮脂分泌，提高头发与头皮的生理机能。因此掌握头发的梳理技巧是非常必要的。例如，梳头时用力要适度，用力不宜过重过猛；梳子与头发可形成一定的角度，以使头发的形状起伏变化；梳子应向某一个方向同向运动，不宜一再循环往复；等等。③要避免当众梳理头发。梳头是一种私人性质的活动。他人所了解的应当是其结果，而不是其过程。如果在外人面前梳理自己的头发，使残发、发屑纷纷飘落的情景尽落他人的眼底，这是极不明智的。

最后，要重视头发的养护。身为炎黄子孙，绝大多数中国人都具有“黑头发、黑眼睛、黄皮肤”等共同的种族特征。按照常人的审美标准，每一个人都理当拥有一头浓密的乌发。可是，这并非人人都能够办得到。商务人员如果要想做到这一点，就必须重视头发的养护问题。

养护头发之中的“护”，指的是头发的保护。要保护好头发，就要有意识地使之免于接触强碱或强酸性物质，并尽量防止头发长时间受到曝晒。使用洗发剂会使头发的养分受到一定的损失，致使其干燥、分叉、断裂，甚至脱落。为此，可在洗头之后，酌情地采用适量的护发剂。此外，一些质量上好的发乳、发露、发油、发胶以及生发水、亮发蜡等，只要使用得法，也会产生一定的护发作用。

养护头发中的“养”，则指的是头发的营养。如果说“护”是治标之法，那么“养”则重在治本。真正要养护好头发，关键还是要从营养的调理与补充等方面着手。一般认为，辛辣刺激之物，若食用过量，将有损于头发。烟、酒对头发的危害则尤为严重。如欲减少发屑，应少吃油性大的食物，多吃含碘丰富的食品。欲使头发乌黑发亮，则适宜多吃蛋白质和富含维生素、微量元素的食物，尤其是要多吃核桃一类的坚果或黑芝麻一类的“黑色食品”。

头发常见问题及护理方法如表 3-2 所示。

表 3-2　头发常见问题及护理方法

头发的问题	护 理 方 法
头发早白	常吃含铜、铁等微量元素的食物，如西红柿、芥菜、土豆、动物肝脏、黄豆、葵花籽、黑芝麻等
脱发	不过度疲劳、熬夜，多喝开水，多摄取新鲜的蔬菜和氨基酸、微量元素丰富的食物，如花生、黄豆、海带、水果等
头发枯燥、变黄	消除疲劳，适当减少盐和脂肪的摄人量，增加碘、钙和铁的摄人
头屑过多	用一些抑制分泌的药物，注意清洗头发的方式
头发分叉	将分叉的地方剪掉，再在头皮上及发梢处抹上发蜡，用油性洗发水连续清洗 3～4 次
夏季护发	游泳后及时清洗，并用护发素保护头发

2．做发礼仪

做发礼仪涉及的主要是有关头发的修剪、造型等方面的问题。对商务人员来讲，做发礼仪的基本要求是：经过修饰之后的头发，必须以庄重、简约、典雅、大方为主导风格。不论是修剪头发，还是为其选择一定的造型，商界人士都必须严格遵守这一要求。

头发的修剪，俗称“理发”。它是指对头发进行适当修整，并以将其剪短一定程度为主要特征。在正常情况下，每个人的头发会不断地进行新陈代谢，生长不已。因此，每到一定的时间，人们就必须理发。

在修剪头发方面，商务人员应注意以下三点。

第一，头发长度。实际上，对于商务人员头发的标准长度，已有成规在先。一般的要求是：既不宜理成光头，也不宜将头发留得过长。为了显示出商务人员的精明干练，同时也是为了方便其工作，通常提倡商务人员将头发剪短。在商界男士中，“长发男儿”是不受欢迎的。不仅如此，在理短发时，还必须做到：头发前不覆额，侧不掩耳，后不及领，并且面不留须。在商界女士中，提倡剪短发，并且一般要求在工作岗位上头发长度不宜超过肩部，更不允许将自己的一头秀发随意披散开来。那样做尽管会使自己的“女人味”倍增，但却是商务交往中所不允许的。不是说商界女士在工作中绝对不可以留披肩发，而是建议她们最好对其稍加处理，例如暂时将其盘起来，或者束起来。

第二，定期理发。根据头发生长的一般规律，常人在每半个月左右理一次头发是最为恰当的，最长不宜超过一个月。如果经年累月不理发，个人的形象必将大打折扣。有些特殊的场合，例如参加重要的庆典、宴会时，为显示自己的重视，特意理一次发也是非常必要的。

第三，慎选理发方式。具体说来，理发又分为剪、刮、洗、染、吹、烫等各种不同的方式。商务人员对其中一些具体方式可以根据个人爱好，进行自由选择。而对其中的另外一些具体方式，则需要三思而行。比方说，商界人士在理发时，如果打算把自己的头发染得更黑一些，是比较正常的。因为它既是人之常情，也符合中国人传统的审美习惯。然而若是执意把自己的黑头发染成黄、红、绿、蓝等颜色，甚至将其染成数色并存的彩色，则与自己的身份未免不相符。

头发的造型，通常称为“发型”，有时也叫作“发式”。一个人在美发的时候，他首先所要面对的问题就是如何选择自己的发型。将发型称为美发的关键环节，一点都不会过分。在实际生活中，商务人员必须认识到：发型不仅反映着自己的个人修养与艺术品位，而且还是自己个人形象的核心组成部分之一。在为自己选择发型时，除了考虑个人品位和流行时尚以外，还往往必须结合本人的性别、年龄、发质、脸形、身材、职业等因素重点加以考虑。

第一，需要考虑性别。在日常生活中，发型一向被作为区分男女性别的重要标志之一。虽然近几年来，发型的选择逐渐呈现出多元化的倾向，明星和时尚青年在选择自己的发型时，纷纷地“敢为天下先”：成年男子要么留披肩发，要么梳起小辫儿；妙龄少女则或者理板寸，或者剃光头……此类做法甚至蔚然成风，但是素来以恪守传统而著称的商务人员依旧不为所动、不去效仿。以发型而分男女，在商界依旧是一种人人必须遵守的惯例。

第二，需要考虑年龄。商务人员在选择发型时，必须客观地正视自己年龄的实际状况。切勿“以不变应万变”，从而使自己的发型与自己的年龄相去甚远。举例来说，一位青年女性若是将自己的头发梳成“马尾式”或是编成一条辫子，可显现自己的青春活力，可若是一名人过中年的女士做出这种选择的话，则有“冒充少女”之嫌，还会因与其年龄极不协调而引起他人侧目。

第三，需要考虑发质。发质，一般是指头发的性质。选择发型之前，必须要首先了解自己的发质。中国人的发质通常被分成硬发、绵发、沙发、卷发四种类型。不同的发质特点不同，发型的选择也应与发质特点相适合。其一，硬发，它的特点是头发又粗又硬，浓密并富有弹性。尽管可被用来塑造多种发型，但往往因其粗而茂密，所以在塑造发型时应重点对其“删繁就简”。其二，绵发，俗称“软发”。其特点是头发既软又细，不很浓密，弹性也不大。它在造型上难度较大，尤其不宜塑造外观平直的发型，但却适于展示头发弯曲之美。例如，这种发质的女士若选择“波浪式”发型，往往效果绝佳。其三，沙发。它的主要特点是头发干涩稀疏，灰暗无光，并且常呈蓬乱之状。由于此类发质缺陷较多，使头发的直观效果不好，故切勿将这类头发塑造成中、长类型的发型。其四，卷发，俗称“自来卷”，主要特点是长短不一，但却自然地呈现出弯曲之态。这种具有天然之美的发质，几乎可以塑造任何发型。

第四，需要考虑脸形。人的头发从头顶下垂到脸旁，因而发型与脸形相辅相成。选择恰当的发型，既可以为自己的脸形扬长避短，更可以体现发型与脸形的和谐之美。具体来讲，不同脸形的人在为自己选择发型时，往往会有一些不同的要求。圆脸形的人，五官集中，额头与下巴偏短，双颊饱满，可选择垂直向下的发型。顶发若适当丰隆，可使脸形显长。宜侧分头缝，以不对称的发量与形状来减弱脸形扁平的特征。面颊两侧不宜隆发，不宜留发帘。方脸形的人，面部短阔，两腮突出，轮廓较为平直。在为其设计发型时，应重点侧重于以圆破方，以发型来增长脸形。可采用不对称的发缝、翻翘的发帘来增加发式变化，并尽量增多顶发。但勿理寸头，耳旁头发不宜变化过大。额头不宜暴露，不宜采用整齐平整的发廓线。长脸形的人，往往会给人以古典感，脸形较美。为其设计发型时，应重在抑“长”。可适当地保留发帘，在两侧增多发容量，削出发式的层次感，顶发不可高隆，垂发不宜笔直。“由”字形脸的人，额窄而腮宽，俗称“三角形脸”。在设计发型时，应力求上厚下薄，顶发丰隆。双耳之上的头发可令其宽厚，双耳之下的头发，则可限制其发量，前额不显露在外。“甲”字形脸的人，额宽而颚窄，俗称“倒三角形脸”。在做发时，宜选短发型，并露出前额。双耳以下发容量宜适当增多，但切勿过于丰隆或垂直。选择不对称式的发型，效果通常不错。六角形脸的人，主要特征是颧骨突出。做发时，应避免直发型，并注意遮掩颧骨。在做短发时，要强化头发的柔美，并挡住太阳穴；做长发时，则应以“波浪式”为主，发廓应轻松丰满。

第五，需要考虑身材。身材有高、矮、胖、瘦之别。身材不同的人，在选择发型时，往往会有许多不同的考虑。一般说来，身材高大者，在发型方面往往可以有比较多的选择，可以做直短发，甚至可以理寸头，也可以长发披肩，或是做成“波浪式”。由于身材方面的优势，他们所做的发型多会令其敏捷、精神，而无笨重、迟钝之感。身材矮小者，在选择发型时往往会受到一定的限制。聪明一些的话，最好是为自己选择短发型，以便利用人的视觉偏差使自己“显高”，千万不要做长发型，尤其是女士们不要做长过腰部的披肩发，否则只会令自己显得更加矮小。身材高而瘦者，可适当地利用某些发型，如直发、长发或“波浪式”卷发，让自己显得丰盈一些。不要总是将头发弄得“孤苦伶仃”，愈见其瘦。身材矮而胖者，一般不宜留长发，更不应该将头发弄得蓬松丰厚。有可能的话，应留短发型，并且最好露出双耳来。这样一来，不但可使自己看上去更高一些，而且也可以使自己胖得不过分明显。

第六，需要考虑职业。商界的从业人员要庄重和保守。这一基本要求，在商界人士考虑自己的发型时，也必须得以贯彻落实。平心而论，社会上流行的一些新潮发型，如“朋克式”“莫西干式”“梦幻式”“爆炸式”“多穗式”“迷乱式”“仿蛇式”等，或是华丽美艳，或是出奇制胜，对于他人都有着极强的吸引力，然而对于商务人员来说却是不适合的。如果商务人员在正式场合以这一类的前卫发型亮相，只会被人认为是不守本分、缺乏主见之辈，而绝对不会为自己赢得好评。

在设计与选择发型时，商务人员若能对以上几个方面的问题通盘考虑，则必然会使自己的发型既符合惯例，也易于得到他人的认可。

最后，需要注意，商务人员不管为自己选定何种发型，在工作岗位上都绝对不允许在头发上滥加装饰物。男士不宜使用任何发饰。女士在有必要使用发卡、发绳、发带或发箍时，应使之朴实无华。其色彩宜为蓝、灰、棕、黑，并且不带任何花饰。绝不要在工作岗位上佩带彩色、艳色或带有卡通、动物、花卉图案的发饰。在一般情况下，不宜使用彩色发胶、发膏。

本单元小结

仪容即容貌，通常是指人的外观、外貌，由发型、面容以及人体所有未被服饰遮掩的肌肤所构成，是个人仪表的基本要素。保持清洁是最基本、最简单、最普遍的美容。仪容美的基本要素是貌美、发美、肌肤美，主要要求整洁干净。成功的仪表修饰一般应遵循以下的原则：适体性原则、TPO 原则、整体性原则、适度性原则、扬长避短、妆容适宜、化妆避人。

作业：

一、关键概念

仪容　仪容礼仪　仪容美

二、思考题

1. 为你和你的好友分别设计一个适合应聘的发型。

2. 到当地一家专业理发店，了解或亲自感受洗发、护发、发型设计的相关知识。

3. 说说你在美容化妆方面以前存在着哪些误区。

4. 对照镜子练习面部肌肤的基本护理和特殊护理方法。

5. 根据同学的脸部特点，在老师的指导下，进行简单的化妆（工作妆）练习。

6. 上网查查化妆的种类及其适合的场合。

7. 如何防止手部粗糙?

8. 如何消除脚臭?

9. 同桌两人互相练习手部按摩。

10. 练习修剪、修饰手指甲。

三、案例分析

1. 1960 年 9 月，尼克松和肯尼迪在全美的电视观众面前举行了他们竞选总统的第一次辩论。当时，这两个人的名望和才能大体相当，可谓棋逢对手。但大多数评论员预料，尼克松素以经验丰富的“电视演员”著称，可以击败比他缺乏电视演讲经验的肯尼迪。但事实却并非如此。肯尼迪事先进行了练习和彩排，还专门跑到海滩晒太阳，养精蓄锐。结果，他在屏幕上出现时，精神焕发，满面红光，挥洒自如。而尼克松没听从电视导演的规劝，加之那一阵他十分劳累，更失策的是面部化妆用了深色的粉，因而在屏幕上显得精神疲惫，表情痛苦，声嘶力竭。正是仪容仪表上的差异和对比，帮助肯尼迪取胜，使竞选的结果出人意料。

问题：

请分析肯尼迪成功的“秘诀”和尼克松失败的原因。

2. 日本松下电器产业株式会社创始人松下幸之助到银座的一家理发厅去理发。理发师对他说：“你毫不重视自己的容貌修饰，就好像把产品弄脏一样，你作为公司代表都如此，产品还会有销路吗？”一席话说得他无言以对，此后他接受了理发师的建议，十分注意自己的仪表，甚至到高档的理发厅理发。

问题：

请分析松下幸之助事业成功的原因。

四、实训题

按照组别，由组长带领，按照本次课所学礼仪知识，对其他组的每个组员进行仪容检查。检查部位如下。

组别：

组员	面容	毛发	唇部	牙齿	鼻部	耳朵	眼睛	发型	腿部	手臂	建议

1. 在指定时间内完成仪容检查。

2. 每组派代表对所检查的组进行总结性发言，并说明组别、组员。选出仪容最好的学生进行点评。

3. 各组仪容最好的学生，竞争“最佳卫生标兵”。

4. 从全班选出最佳男/女生卫生标兵，为本组加分。

第四单元　商务服饰礼仪

名人名言

一个人的穿着打扮，就是他的教养、品位、地位的最真实的写照。

——莎士比亚

教学目标

通过本单元学习，学习者达到以下目标：

1. 熟悉商务人员着装的基本原则；
2. 掌握服饰礼仪和技巧；
3. 熟悉商务人员必备的饰物。

能力标准

能力元素	能力表现水平描述
商务人员着装原则	掌握着装的TPO原则
	能够根据着装的色彩协调原则，进行服装搭配
	根据着装的体型协调原则，选择适合自己的服装
服饰礼仪和技巧	掌握服装类型
	掌握着装礼仪与技巧选择
	根据职业场合着装规范，进行正确展示
饰物的佩戴	饰物佩戴的原则
	饰物佩戴的艺术

引导案例

如此装扮

在某省级电视台一次晚间摇奖节目中，当主持人宣布“请特邀嘉宾××企业的老总为我们开奖”时，一位四十多岁的男人冲上舞台。他上身穿黑色衬衣，系着一条五颜六色、让人眼花缭乱的领带，下身穿蓝色牛仔裤，手戴一块金表，脚穿白色的名牌运动鞋，一只胳膊下还夹着公文包。

企业老总的这种形象，立刻被全国几亿观众看到，这对企业会有什么样的影响？

简评：

服装问题已不再只是个人喜好的表现，服装的类型、款式、色彩、搭配和着装技巧在不同场合有着不同的礼仪要求，在我们的日常交往中起着非同小可的作用，如果穿得不好、搭配不当不仅会惹人笑话，甚至会让我们失去人生重要的机遇。

（资料来源：田芳、李乐群、易涤尘，《商务礼仪基础与实训教程》，北京，中国传媒大学出版社，2009）

伟大的英国作家莎士比亚曾经说过："一个人的穿着打扮，就是他的教养、品位、地位的最真实的写照。"在日常工作中和交往中，着装不仅要符合时间、地点和场合的要求，而且需要注意色彩协调，这样才能产生和谐的审美效果，否则不但容易使人反感，而且自己对相关的事或物的品位都会被怀疑，造成他人心理上的疏远。

第一节　着装的基本原则

服饰是对人们穿着的衣服和佩戴的饰品的总称，俗话说，"人靠衣装，马靠鞍"，"三分长相，七分打扮"，可见服饰在我们生活中起着非常重要的作用。在人际交往中服饰的功能很多，除了遮风避雨的功能外，它还有美化形体，修饰不足，展现风貌，体现个人身份、地位的功能。对于商界人士来说服饰更是起着不容忽视的作用，是形成良好第一印象，体现个人魅力的首要因素。所以，学习服饰礼仪、遵守服饰礼仪，是商务活动取得成功的一个前提。

商务人士要经常和客户会面，拜访企业。这时的穿着打扮就不能以自己为中心，而要考虑到公司的形象。要成功地进行商务交往，整洁、高雅的着装会增添你的翩翩风度，给人以信任感，更重要的是代表了企业的外在形象。

一、服饰及其功能

服饰是人形体的外延，由服装本体及其延伸饰物所构成。服饰是一门艺术，服饰是一种无声的语言，表达着一个人的品格、品位、审美情趣及生活态度。意大利著名演员索菲亚·罗兰说过："你的衣服往往表明你是哪一类人物，它们代表着你的个性。一个和你会面的人往往自觉不自觉地根据你的衣着来判断你的为人。"

在人际交往中，服装被称为"第二肌肤"。它既具有保护人体、防暑御寒的实用功能，也有美化人体、展示个性的审美功能，还有体现社会地位、社会角色、身份差异的社会功能。

动起来

举例说明服饰可以表现人格。

二、着装的 TPO 原则

TPO 是英文 Time，Place，Object 三个词首字母的缩写。T 代表时间，P 代表地点，O 代表场合。

着装的 TPO 原则是世界通行的着装打扮最基本的原则。它要求人们的服饰应以和谐为美，给人留下良好的印象。要求我们在着装过程中，在选择服装、考虑具体款式时，首先应力求使自己的着装及其具体款式与时间、地点、场合协调一致，和谐般配。

（一）时间原则

时间既涵盖了一天的早、中、晚三个阶段，也包括春、夏、秋、冬的季节更替以及人生的不同年龄阶段。时间原则要求着装要做到“随时更衣”。

首先，着装应顺从昼夜的变化。清晨是人们在家中盥洗、用餐或外出跑步、做操健身的时间，此时可以选择运动服、休闲服，着装要求方便、随意、轻松。日间是工作的时间，着装应根据工作特点和性质，以服务大众、庄重大方、整洁得体为原则。如果安排有商务活动或社交活动，身着一套端庄典雅的职业装是最合适的。晚间，宴请、舞会、音乐会之类的社会活动居多，人们的交往距离相对缩小，服饰给予人们视觉和心理上的感受程度相对增强。此时穿着应该讲究一些，以晚礼服为宜，以形成高雅、大方的形象。

其次，着装应符合年龄特点。老年人的着装应当朴素，中年人应当稳重，青年人应当活泼。例如，一条色彩艳丽的超短裙穿在少女身上会显得靓丽活泼，而穿在中老年妇女身上则不适合。

（二）地点原则

置身室内或室外，驻足于五星级酒店或公园，身处公司或家中，前往歌剧院欣赏歌剧或去踏青，服装的款式应符合地点的变化，切不可“以不变应万变”。

着装因地方、位置的不同而有所区别。特定的环境应该搭配与之相适应、协调的服饰，以保持自身与其所处的环境的和谐一致。例如，同样穿着一身笔挺的西装，参加商务谈判会让人感觉庄重干练，而在绿草如茵的运动场上参加球赛则会因环境与服饰的不协调而显得不合时宜。

（三）场合原则

不同场合有不同的服饰要求，只有与特定场合的气氛相一致，才能产生和谐的审美效果，实现人景融洽的最佳效果。场合原则是人们约定俗成的惯例，具有深厚的社会基础和人文意义。服饰所蕴含的信息内容必须与特定场合气氛相吻合。例如，拜访顾客，参加高层会议、论坛等，应着正装或者商务便装；听音乐会或看芭蕾舞，着装应庄重；出席正式宴会时应着礼服；去郊游时，着装应轻便舒适，便于活动。

职业生活是人生中主要的组成部分，由于职业的不同，着装时还有一些特别的要求和需要。广告代理商的着装要比银行或律师事务所的工作人员随便；服装厂的经理可以穿得时尚，以暗示其工厂的潜力；银行经理则要以简朴、整洁的服饰赢得顾客的信任。每个人都为了本身职业上的利益而使自己性格的某个方面比其他方面突出，并为这一目的选择并穿着符合自己特性的服饰。

社交活动对于服饰的限制较为严格，尤其是一些特殊的社交活动，着装的某种限制几乎是不容更改的。如参加婚礼，全套素白的衣服绝不应该穿出来；而参加葬礼，你只能在黑、深灰等几种暗色调的颜色中选择。只有注意到了这些方面，才能达到预期的效果。

动起来

思考：结合 TPO 原则，说说你的着装符合礼仪规范吗？再对比周围的同学说一说。

三、着装的色彩协调原则

色彩为服饰的第一要素，服饰的色彩协调原则是指衣服的颜色、衣服和配饰、衣服和肤色等的协调，也包括和其他方面如季节的协调，比如夏季衣服的颜色多淡雅，冬季衣服的颜色要深些。

色彩的使用上要注意与身材和职业相协调。身材方面，身材较胖的人，可以选择明度低的、深色的或者暗色的衣服，比如灰色、深蓝色和黑色等，因为这些色彩有收缩感；身材较瘦的人，可以选择明度高的颜色，比如白色与黄色，或者是浅色调的衣服，因为这些色彩有扩展感，可以使人显得丰腴。职业方面，暖色，比如红色、黄色和橙色等给人以热情、自信、开朗的抽象感觉，对于经常和人打交道的职业比较适合，比如推销员、公关人员等；冷色，比如黑色、咖啡色、深蓝色等，给人以严肃、认真、理性的感觉，适合从事管理、金融、法律等职业的人。另外，还要注意出席的场合越正式衣服的颜色应越深。

四、着装的体型协调原则

人的体型千差万别，在着装时要特别注意服装色彩、款式和体型的协调。如果这方面协调好了，可弥补体型的不足，装扮出优美的体型来。其基本原理是，通过着装给人造成一种错觉，掩饰不足，突出长处。这种装扮，除了色彩以外，最重要的是利用线条。线条对体型具有一定的修正作用：垂直线增加高度，水平线增加宽度，斜线（视角度而定）显得身体更为修长或魁伟，而曲线可适当增加宽度。

衣服的结构和设计线条可以使身体的比例发生变化，产生匀称的效果。人体上身和下身的均衡比例一般为三比五，即上身是三个头的长度，下身是五个头的长度。这种匀称的上下身比例可以通过水平线来“分割”“制造”。上衣的下摆、袖口、腰围、领口（高领、窄领和珠宝式衣领），鞋子上的踝带，裤脚，褶边和衣服的结构线条（中腰、下摆、底边）都是水平线。织物的图案设计（条纹或水平线花样）以及织法的花样，也可以产生水平线，将水平线设计在衣服的适当位置，就可以创造出匀称的身体比例。用色彩、线条、款式修正体型的方法很多，下面针对六种体型介绍一些基本方法。

（一）高个型

如果过于高大或高且瘦的人，就要选择线条流畅的服装，但不宜用垂直线条，避免窄小；紧身的衣服要从腰间将颜色组合打破，用明色或对比色的腰带分隔开。

（二）矮个型

要用垂直线条增加身高，避免使用水平线条、宽折边和方正的肩线等；选择合体的服装，避免大或粗笨、宽松悬垂的款式；选用单色组合，最好选择从鞋、袜到裤或裙为同一颜色。避免使用对比色的腰带和衣裤（裙）来分割身体的高度。

（三）瘦体型

选择质地较粗硬的面料，设计上加以多层次技术处理，增加高度；不用垂直线条，尽量用刚好合体的衣服，不要太窄太紧，避免暗色等，较浅的颜色可以使身形增宽。

（四）方体型

选择裁剪流畅、柔和、带有流线型线条的衣服；避免使用任何不完整的直线线条或是水平线条；不要选择贴身或宽大的衣服；选择素雅的颜色；焦点要提到面部附近，避免把注意力引到腰部或臀部，可以运用对比色；选用暗色、狭窄的腰带。

（五）窄肩、宽臀型（或溜肩、细腰）

上部的服装可以选用水平的横条纹，下部则可以选择带竖条纹的面料和款式；腰部及以上部分需要多层次设计使胸部和肩部显得丰满而与宽臀比例得当；穿不太紧身、裁剪宽松的衣服效果比较好；下部宜用颜色比较暗的色彩；可以在颈部附近用鲜艳的色彩和补充色造成一个色彩焦点。

（六）宽肩、窄臀型

选择垂直的线条和装饰；对腰部及以下进行设计装饰，增加丰满度；腰部及以下避免使用夸张的设计，以免增加鼓胀感；焦点应该放在臀部或腿部；上衣宜选择比较暗的颜色。

第二节　服饰礼仪要求与技巧

案例导入

领带的问题

某家大型企业面向北京各高校发出了招聘业务员的启事，希望能招到具有专业知识的有志青年，充实企业的第一线。根据收到的求职材料，企业招聘人员约见了一位经济管理专业的男生面试。这位男生身材微胖，个头不高。面试时，他面容修饰一新，衣着也十分正式，穿西装，系领带，但可能是为了舒服，他的领带松垮地挂在脖子上，衣领最上面一粒扣子也解开着。正是因为这一形象使他没有通过面试。一位人事总监说："我认为你不可能仅仅由于系了一条领带而得到一个职位，但是我可以肯定系错了领带会使你失去一个职位。"

简评：

俗话说："细节决定成败。"不要因为服饰搭配中的一个小细节而错失良机。

（资料来源：田芳、李乐群、易涤尘，《商务礼仪基础与实训教程》，北京，中国传媒大学出版社，2009）

一、服装类型

在日常生活中，因为场合的不同而对礼仪有不同的要求，在服装款式方面也有很高要求。根据礼仪规范选择服装的款式最主要是要符合身份，分清场合。

（一）正式服装

正式服装简称"正装"，是指在公众身份和职业身份场合的着装。正装和其他的时装、便装有明显的区别。

1．男士正式服装

男士正式服装包括正式西装、中山装、晨礼服、大礼服、小礼服等。

（1）正式西装。正式西装不同于休闲西装，它全身统一单色，上衣和裤子是一个颜色，采用深色毛料；而休闲西装可以有各种颜色，面料随意，也可穿单件，上身和裤子的款式、颜色也可以不同。

（2）中山装。在我国，多数人把中山装视作男士的"国服"，其面料为上下同色同质的毛料。与西式男装相比，中山装的设计反映了中国人讲究"中和"的传统审美观念，在穿着时需将领口的风纪扣、前门襟的五粒扣子和袋盖扣全部扣好，衣裤口袋内不放置过多的物品，保持衣身平整挺括。穿中山装时脚穿黑色皮鞋。

（3）晨礼服。晨礼服（见图 4-1）又名“长礼服”，是白天穿着的正式礼服。在外国用于出席由元首或身份高的人举行的正式仪式或结婚典礼等场合。通常上装为黑色或灰色，后摆为圆尾形，上衣长于膝。下装为深色黑条裤，使用背带而不用腰带，内穿白衬衫。系黑、白条纹或驼色、灰色领带；穿黑色袜子和系带的黑色皮鞋。如今晨礼服已逐渐趋于简单化，着深色西装的人日益增多。

（4）大礼服。大礼服（见图 4-2）也称“燕尾服”。黑色或深蓝色上装，前摆齐腰剪平，后摆剪成燕尾状，翻领上镶有缎面；下装为黑色或蓝色、配有缎带、裤腿外侧有黑丝带的长裤；系白领结，穿黑皮鞋、黑袜，戴白手套。

（5）小礼服。小礼服（见图 4-3）也称“晚礼服”或“便礼服”。为白色或全黑色西装上衣，衣领镶有缎面；下装为配有缎带或丝腰带的黑裤；系黑领结，穿黑皮鞋。这种礼服一般在晚上参加宴会、音乐会、看话剧等活动时穿着。

目前，国际上通行的着装规则大体是在比较正式的社交场合，男子多穿黑色或深色西装、白衬衣，系黑领带，穿黑色硬底皮鞋。

图 4-1　晨礼服

图 4-2　大礼服

图 4-3　小礼服

（资料来源：田芳、李乐群、易涤尘，《商务礼仪基础与实训教程》，北京，中国传媒大学出版社，2009）

2. 女士正式服装

女士正式服装包括旗袍、晨礼服、大礼服、小礼服等。

（1）旗袍。旗袍是我国的民族服装，比较适合大多数中国妇女的体型。它朴素典雅，柔美婀娜，得到许多外国人的赞赏。在特别隆重的正式社交场合，以穿着到脚背的长旗袍为好，其开衩不宜太高，到膝关节上方的一到两寸为佳。

（2）晨礼服。晨礼服为面料、颜色相同的上衣和裙子，可戴帽子与手套，适宜参加在白天举行的庆典茶会、游园会和婚礼等。

（3）大礼服。大礼服为一种露背的单色拖地或不拖地的连衣裙式服装，并佩戴颜色相同的帽子、长纱手套及各种头饰、耳环、项链等首饰，适宜在晚间举行的较正式的各种活动时穿着。

（4）小礼服。小礼服为长至脚背但不拖地、不露背的单色连衣裙式服装，适宜参加晚上举行的宴会、音乐会或观看歌舞剧时穿着。

（二）职业便装

职业便装是参加会议、研讨会、公司组织的活动时或在办公室上班场合的着装，不像正式场合那么正规，颜色、质地也没那么考究。

（三）休闲服装

休闲服装是居家休息、健身运动、观光游览、逛街购物时的着装，如家常服装、运动装、时装等。

二、着装礼仪与技巧

着装即指服装的穿着，它既是一门技术，也是一门艺术。不同的身份、场合应选择不同的款式，不同的服装又有不同的搭配和约定俗成的穿法。要想在着装上赢得成功，就必须懂得服装的礼仪规范，掌握着装的技巧。

（一）符合身份

符合身份就是要正确地进行自我定位，着装要能反映出自己的职业特点和身份特征。

金融行业精英：着装应以反映干练及效率为佳。推荐素色暗提花或细密条纹、颜色淡雅的高档面料。

政府官员、律师：自身形象代表部门形象，着装以能反映职业本身信任度为佳，适合选择素净颜色、款式简单、高档品质的衬衫。推荐品质高档的淡雅纯色或素雅的条纹格面料。

IT 职员：做业务时西装革履，平时大部分偏个性时尚的自由装扮。可选择时尚、具有个性的服装款式，色彩丰富的条纹面料可体现这个行业的思想活跃性。

外企高级人员：追逐流行时尚及著名品牌服装，服装选择自主、多元化，可选择以时尚颜色为主的高品质服装。

（二）扬长避短

穿着打扮在一般情况下都要注意扬长避短。每个人的身材有优点，也有缺点。有的人胖，有的人瘦；有的人黑，有的人白，要根据自身特点进行着装选择。

（1）从色彩方面来说，肤色偏黄，少选黄色、绿色、紫色、灰色系或蓝色系、深灰暖性色、中性色等色系。脸色较暗，可选浅色系、中性色系。肤色黑，宜选用与肤色对比不明显的粉红、蓝绿色系，上装忌用色泽明亮的黄橙色或者色调极暗的褐色、黑紫色系。脸色苍白，忌穿绿色上装，易显病态。肤色红润、粉白则适合绿色。

（2）从体型方面来说，脖子比较短，就不宜穿高领衫而应该穿“U”形领或者“V”形领的服装，露出一部分胸背。如果穿高领衫就会显得没有脖子。腿比较粗短就尽量不穿超短裙。正常体型的人，搭配协调，服装选择自由度大。

（三）区分场合

在穿着打扮方面我们经常会遇到一个非常复杂的问题，就是面对多种多样的场合，穿什么样的衣服才能与之搭配？其实从服装礼仪角度来讲，着装实际上存在下述三大场合。

（1）办公场合。办公场合指的是上班的时间。在办公场合着装要求必须庄重保守，应选择穿套装（或套裙），穿制服。没有套装（或套裙）、制服的，可以穿长袖衬衫、长裤（或套裙）等。

（2）社交场合。社交场合指的是工作之余的交往应酬时间。例如，宴会、舞会、音乐会、聚会、串门，都是典型的社交应酬。社交场合着装的基本要求是时尚、个性。应选择穿时装、礼服或具有民族特色的服装。

（3）休闲场合。休闲场合指的是工作之余个人活动的时间，如居家休息、健身运动、观光游览、逛街购物等。这时穿着打扮的要求是舒适自然。

三、职业场合着装规范——男士西装

西装是一种国际性服装，是世界公认的男士正统服装，通常是商务人员在正式场合着装的优先选择。

（一）男士西装的选择——适合自己的才是最合适的

1．面料

纯毛料的西装是最好的。这种面料的西装具备三个特点，一是舒适、透气性好，二是垂感好，三是挺括但不僵硬。选择纯毛的西装可以让我们穿着既舒适又显得有档次。

2．颜色

东方人由于脸色偏黄，所以最适合的西装颜色是深蓝色和深灰色，黑色需要在隆重场合穿着。

3．款式

（1）按照上衣扣子划分，西装有以下款式。

单排一粒扣：这种款式虽然很简单，但偏休闲，不适合非常正式的场合。

单排两粒扣：这是最常见的一种，适合任何体型，虽然简单却显得年轻。

单排三粒扣：近年流行的一种款式，在保守的英国也属于正规西服，既能在表现时尚的职场里穿着，也能在私人交往时穿着。

单排一粒扣和单排三粒扣西装穿起来比较时尚，而单排两粒扣西装更为正统。单排扣西装穿着场所普遍，中国人宜选单排扣西装作为工作中的职业西装或生活中的休闲西装。

双排扣：流行于 20 世纪七八十年代，有让身体看上去更伟岸的效果，双排扣西装比较时尚，给人以庄重、正式之感，多在正式场合穿着。双排扣西装很受企业高管的青睐。

（2）按照件数划分，西装有以下款式。

单件式：只有一件西装上衣（裤子可采用不同面料与颜色）。

两件式：上衣和裤子（最适合商务场合）。

三件式：在两件式的基础上再加一件马甲。一般而言，三件套西装比两件套西装更为正式。

（3）按照地域划分，西装有以下款式。

欧式西装：由于欧洲人都高高大大，而且他们的生活都很随意，所以欧式西装都是比较宽大的。

美式西装：由于美国崇尚自由，不太讲究刻板的规矩，所以美式西装是宽松的，没有肩垫，而且不收腰，是直筒形的。

英式西装：由于英国人都是很讲究绅士风度的，所以英式西装收腰、贴身。

日式西装：收身不收腰，垫肩厚薄适中，也很贴身。

西装的纽扣系法很有讲究。双排扣西装比较庄重，一般要把扣子系好，不宜敞开。单排扣西装：一粒扣的，系上端庄，敞开潇洒；两粒扣的，只系上面一粒扣显得正式，只系下面一粒扣显得俗气，两粒都扣上显得土气，都不系敞开显得潇洒；三粒扣的，系上面两粒或只系中间一粒扣合规范要求。

礼仪智库

男装品牌一览

1．世界知名男士西装品牌

● BURBERRY（巴宝莉）

产地：英国

特点：以前一直是个较为实用的牌子，在维多利亚后期至爱德华七世初期，几乎为所有户外运动生产专门的防水服和猎装。后来，该品牌转型为时尚品牌，带有浓郁苏格兰风情的格子图案是其象征。

● GIVENCHY（纪梵希）

产地：法国

特点：纪梵希以华贵典雅的风格享誉时尚界。纪梵希本人在任何场合出现时的儒雅风度与爽洁不俗的外形令其被称为“时尚界的绅士”。他的男装几乎就是他本人的化身——简洁、得体、刚柔并济。

● HUGO BOSS（雨果·博斯）

产地：德国

特点：集感性和理性于一身，90多年来一直坚持“为成功人士塑造专业形象”的经济哲学。德国式的严谨态度在这个品牌的男装身上得到体现。

● ZEGNA（杰尼亚），全名：ERMENEGILDO ZEGNA

产地：意大利

特点：它最著名的是剪裁一流的西装，亦庄亦谐的风格令许多成功男士对它十分青睐。简洁的 ERMENEGILDO ZEGNA 显得非常有都市味。

● CERRUTI（切瑞蒂，原名 CERRUTI 1881）

产地：意大利

特点：原名融合了创始人家族姓氏和创始年份。这个品牌从精致高品质面料起家，现在成为意大利男装业鼎鼎大名的代表，严谨中透着自然，以流畅的线条和舒适的视觉与穿着感受著称。

● GUCCI（古驰）

产地：意大利

特点：这是一个一直以生产高档豪华产品而著称的牌子，一直是上流社会消费追逐的热门。

● DOLCE &GABBANA（杜嘉班纳，缩写为 D & G）

产地：意大利

特点：硬朗粗犷的线条、泥土色系、黑色与猩红色相配，脖子上系着品牌图案的印花方巾，皮夹克外套，活脱脱一个意大利南部西西里岛男性形象。

● VERSACE（范思哲）

产地：意大利

特点：简洁优雅的剪裁线条是每个男士的衣橱必备。

● AMANI（阿玛尼）

产地：意大利

特点：阿玛尼的男装没有拘谨、做作之感，融入了美国校园里便装和运动装的随意，而面料与色彩遵循意大利传统的含蓄与精致，不同明度、千锤百炼的灰色，灰度的无色彩系让人们感叹它能将灰色变幻出无穷意味的能力。

2．男士休闲西装品牌

● JACK & JONES（杰克琼斯）

产地：丹麦

特点：JACK & JONES 品牌自 1990 年问世以来以其简洁、纯粹的欧洲风格吸引了全球追求时尚的男士目光，成为欧洲时尚潮流男装品牌的代表。

● Calvin Klein（卡尔文·克莱）

产地：美国

特点：“极简风格”是 Calvin Klein 在设计上的“注册商标”。自信的 Calvin Klein 曾说：“我觉得我的设计哲学更趋向现代主义，我会继续专注于美学——倾向于强调一种纯粹简单、轻松优雅的精神。”

● RALPH LAUREN（拉尔夫·劳伦）

产地：美国

特点：“相信服装最终可以超越时间的限制而存在”是拉尔夫·劳伦的设计哲学。他把朴素的经典风格引入时装设计领域，使用天然的或是天然感觉的面料，以自由流畅的剪裁实现朴素的理念。

- PORTS（宝姿）

产地：加拿大

特点：舒适、耐用又不失优雅，适合于经常出差的商务人士，面料均来源于意大利的切瑞蒂，轻薄，柔软。

- MONTAGUT（梦特娇）

产地：法国

特点：法式优雅、浪漫，一流质量与现代时尚，是最早进入中国的国际品牌。

（二）西装的穿着要点

西装七分在做，三分在穿。穿着西装有一整套严格的礼节。

（1）在正式场合穿西装讲究“三个三”原则。第一，三色原则。正式场合穿西装，身上不能超过三种颜色或三种色系。第二，三一定律。男士穿西装有三个部位色彩要一致，即鞋子、腰带、公文包应为一个颜色，以深色为佳，较庄重。第三，三大禁忌。忌穿白袜和尼龙袜，忌在正式场合穿夹克打领带，忌西装袖子上的商标不拆掉。

（2）上下装颜色、面料应一致。

（3）熨烫平整、合身。西装一定要挺括合身，否则穿起来毫无美感可言。

（4）双排扣西装的纽扣要全扣上。对于单排扣西装，若为两粒扣的，只扣上面一粒；若是三粒扣的，应扣上面两粒扣或中间一粒扣。

（5）慎穿毛衫：如果要穿毛衫的话，要选择那种薄且是“V”形领的，千万不要穿有纽扣的，否则会给人到处都是纽扣的感觉。

（6）少装东西：西装很讲究线条的美感和流畅，这样才能体现出男士的儒雅和庄重，装太多的东西在身上就会破坏西装的线条，更谈不上美感。

（三）西装的搭配

（1）衬衫的搭配。穿西装，衬衫是重点，因为衬衫最能体现人的风度。

1）穿好衬衫。衬衫既不可太短小，也不可太肥大。衣领和胸围要松紧适度。当系上最上面一粒纽扣，以能伸进一个手指到两个手指为宜。领子必须是硬质的，衬衫领口应紧贴西装领子，并露出西装领口 1～2 cm。衬衫的袖口也应露出西装袖口外 1 cm 左右，以保护西装的清洁。

2）系好衣扣。打领带时，衬衫的领口和袖口都应系上；摘下领带，衬衫领口一定要解开。

3）收好下摆。穿着衬衫时，衬衫的下摆一定要均匀塞到裤腰里（见图 4-4）。

图 4-4　收好下摆

4）挽好袖口：在不穿西装上衣时，衬衫的袖口可以挽起，按袖口宽度挽两次。注意绝不能挽过肘部。

（2）领带的搭配。领带是西装的灵魂，在西装的穿着中起画龙点睛的作用。

1）位置。穿西装参加正式活动一定要系领带。领带位于西装和衬衫之间，并使其自然下垂。

2）结法。领带结要求挺括、端正，并且外观呈倒三角形，领带结的大小最好与衬衫的大小形状成正比。在收紧领带结时，有意在它的下面压出一道小槽（有人称之为“男人的酒窝”），显得自然、美观。

3）长度。领带以长及皮带扣为宜，过短和过长都不合适。

4）领带夹。穿西装不一定要用领带夹，若必须使用领带夹，宜夹在衬衫由上至下的第四粒与第五粒纽扣之间。

动起来

要求男生自备一条领带，自己或者同学间相互练习系领带，老师进行指导。

礼仪智库

领带的来历

在古代，西方人特别是居住在深山老林中的日耳曼人靠狩猎谋生。他们披兽皮取暖御寒，为使兽皮不从身上掉落，就用皮条、草绳将兽皮串结在脖子上，这是领带的原型。最早的领带出现在17世纪的欧洲。当年一队克罗地亚骑兵走在巴黎街头，士兵的脖子上都系着一条五颜六色的布带借以御寒。巴黎上层社会追逐时髦的纨绔子弟觉得这种打扮新奇、帅气，争相效仿，一时在衬衣领上系带盛行，这便是领带的来历。

领带的几种系法

领带是男人特有的装饰品，不多懂几种领带的系法和搭配，将使你的外表大打折扣。如果想成为优雅的绅士，就先从学系领带开始吧！领带有十大系法，你不用每种都会，挑几种自己喜欢的系法学，让你的领带每天都能与众不同。

平结（见图4-5）是男士经常选用的领带打法之一，几乎适用于各种材质的领带。要注意领结下方所形成的凹槽需让两边均匀且对称。

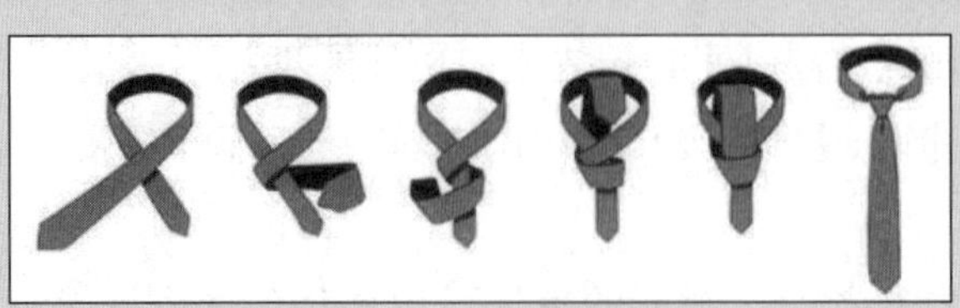

图4-5　平结的示意

交叉结（见图 4-6）是单色、素雅面料且较薄的领带适合选用的打法，对于喜欢展现流行感的男士不妨多使用交叉结。

图 4-6　交叉结的示意

一条质地精良的领带再搭配上双环结（见图 4-7）颇能营造时尚感。双环结是适合年轻的上班族选用的领带系法。该领结完成的特色就是第一圈会稍露出于第二圈之外，可别刻意给盖住了。

图 4-7　双环结的示意

温莎结（见图 4-8）适合用于宽领型的衬衫，该领结应多往横向发展。系温莎结的领带应避免材质过厚，领结也勿打得过大。

图 4-8　温莎结的示意

双交叉结（见图 4-9）很容易让人有种高雅且隆重的感觉，是适合正式活动和场合的领带系法。双交叉结多用于素色丝质领带上，适合搭配大翻领的衬衫，很有尊贵感。

图 4-9　双交叉结的示意

（3）腰带的搭配。腰带的宽度在 2.5～3 cm 之间，颜色要与鞋子颜色相配合。腰带上不宜挂打火机、手机、钥匙链等物品。

（4）鞋袜的搭配。穿西装必须穿皮鞋，便鞋、布鞋和旅游鞋都不合适。皮鞋的颜色只能选择深色、单色，黑色的皮鞋最为正式。穿正式西装时应配以深色的袜子，黑色最适宜。这样与全身服装的颜色也能顺承下来，不会造成颜色的断档。袜子最好是纯棉、纯毛制品。

礼仪智库

男士着装“十忌”

一忌裤腿太短。二忌裤裆太大。三忌裤腿管太大。四忌衬衫领子太大。五忌衬衫领口敞得太大。六忌衬衣太瘦，紧绷着肚皮。七忌领带颜色刺眼。八忌用涤纶面料做的时装。九忌西装袖子过长。十忌西装配运动式皮鞋。

四、职业场合着装规范—— 女士正装

“云想衣裳花想容”，相对于稳重、单调的男士着装，女士们的着装则靓丽、丰富得多。

（一）女士正装的基本类型

（1）正装套裙，即西装上衣和裙子成套设计制作。

（2）商务便装，即西装上衣与任意一条裙子自由搭配成套。

（二）女士正装套裙

女士正装套裙穿着上的整体要求是，在商务场合让人一看就知道你是大方得体的、可信赖的职业女性。

女士正装套裙的选择有以下要求。色彩首选黑色、藏青色、咖啡色、米色、灰色。其次，尺寸上，长短要适宜，裙长及膝最能体现优雅气质，因而被称为“优美之线”。最长可以达到小腿中部，太长会显得个人的精神面貌不太好，体现不出职业女性的干练、风采；最短应不短于膝盖以上 15 cm，太短很容易走光，给人不够严肃、端庄之感。松紧也要适宜，太紧，不大气，行动不利落；太松，松松垮垮，不精神。

（三）女士商务便装

女士穿着商务便装时衬衫加裙子或合体的长裤，套装裙，衬衣配夹克衫均可。

上衣：衬衣可以选择多种色彩，但切忌过于花哨，还可搭配针织羊毛衫、开衫等。

裙子：西装配一步裙，衬衣可以搭配百褶裙、喇叭裙等。

裤子：西裤、直角裤、中裤等，颜色中性。

外套：黑色、灰色、咖啡色等中性色彩；款式简单、合身，剪裁得体。

大衣：选择质地上乘，做工考究、挺括的大衣。

皮鞋：选择任何场合都能穿的简单黑色包头皮鞋，鞋跟3～4 cm高。

礼仪智库

女士商务便装搭配参考

（1）蓝色上衣：蓝色是最容易让人产生信赖的色彩，也最容易突出稳重、专业、大方的形象。

黑色裙子：商务场合里的裙子长度一般及膝。

袜子：在职场里，黑色、肉色、灰色的袜子都可以各备一款，根据穿着的服装选择搭配，如果穿黑色的裙子和黑色的皮鞋，黑色的袜子可以使两者有更好的视觉过渡和延伸，也使全身上下的颜色更精简。

（2）黄色的上衣：黄色是非常有活力和权力感的色彩，也是非常能烘托出高层管理者领导力和影响力的色彩。

一款内搭裙子也是职场必备款，加一件外套，在职场能突出庄重严肃、专业大方的形象，下班后脱掉外套，又能成为典雅的社交装。这种搭配可以帮助职业女性在商务和社交角色间进行快速转换。

（四）套裙的搭配

（1）衬衫：衬衫以单色为好，并应与所穿套裙的色彩相协调。穿着时，要将其下摆塞入裙腰内，纽扣一一扣好。

（2）衬裙：衬裙的裙腰不可高于套裙的裙腰，同时应将衬衫塞入衬裙与套裙的裙腰之间，不可塞入衬裙裙腰内。

（3）内衣：一定要穿内衣。穿内衣最关键的是大小适度，切不可外露和过透。

（4）鞋袜。鞋子应为高跟或半高跟皮鞋，最好是牛皮鞋，颜色以黑色为最传统，与套裙颜色一致的皮鞋亦可选择，袜子一般为尼龙丝袜或羊毛高筒袜或连裤袜，颜色宜为单色，有肉色、黑色、浅灰色、浅棕色等几种常规选择。袜子被称为女性的“腿部时装”，袜子应当完好无损，同时袜口不可暴露于外，否则，既显得缺乏品位又有失礼节。

礼仪智库

职业女裙装“五忌”

一忌穿黑色皮裙。二忌裙、鞋、袜不搭配。三忌光脚。四忌三截腿（穿半截裙时，穿半截袜，中间还露出一截腿）。五忌露、透、短。

第三节 饰物的佩戴

一、饰物佩戴的原则

（一）符合身份

佩戴饰物，不仅要照顾个人爱好，更要符合商务人员的身份，要与自己的年龄、性别、职业保持大体一致。

（二）注意场合

佩戴饰物，应与所处的环境场合相适应。一般来说，只有在社交场合或休闲场合商务人员才能佩戴饰物，在商务活动中则不宜佩戴饰物。

（三）宁缺毋滥

商务人员在正式场合中一般不戴饰物。若有意佩戴饰物，最好不要超过两种，总量不超过三件，且应尽量选择质地、色彩都基本相同的饰物。全身珠光宝气，挂满各种饰物，不仅不能增加美感，反而平添俗气。

（四）服饰协调

佩戴饰物要尽力与服装协调，要兼顾服装的质地、色彩、款式，注意与服装的风格相一致，同时，多件饰物之间在风格上应当协调。

（五）遵守习俗

佩戴饰物要懂得寓意，遵循民族宗教文化与习俗，以避免尴尬。如在中国佩戴翡翠饰品就有“男戴观音，女戴佛”的讲究。

二、饰物佩戴的艺术

（一）丝巾的佩戴

丝巾是职业女性的最爱，恰到好处的点缀能给平淡无奇的服饰增辉添彩。

选择丝巾时要考虑自己的肤色、爱好、着装及丝巾的质地，还要兼顾整体搭配效果。如果脸色偏黄，不宜选用深红色、绿色、蓝色、黄色的丝巾；脸色偏黑，不宜选用白色或有鲜艳图案的丝巾。

（二）腰带的搭配

腰带是重要的饰物之一。

男士腰带一般较为单一，大多为皮革制品，没有太多的装饰，遵从“三一定律”。

女士腰带的色彩、款式非常丰富多彩，但是应注意与服装的搭配以及与体型的协调。如穿西装套裙一般选用皮革或纺织面料的、花样较少的腰带，而穿暗色服装不宜选择浅色的腰带，个子高的女性可以选择较宽的腰带，个子矮的女性则不宜系较宽的腰带等。

（三）皮包的选择

一款样式经典、颜色百搭、质地上乘的包也是职场必备。公文包被称为商界男士“移动的办公室”。其式样大小应和整体着装相一致。公文包多为牛皮、羊皮制品，颜色以黑色、棕色最为正统。除商标外，公文包在外观上不要带有图案、文字，包括真皮标志，否则有失身份。

手提包是女性在各种场合不可缺少的饰物。一般而言，商界女士应配备三个重要的“基本包”。上班或参加商务会议时可用一个大而结实的包，其大小可放下各种文件；第二个是中等大小的包；第三个是一个小而考究的包，用来放置少量的化妆品、钥匙、钱包、手机等私人物品。包的颜色很重要，应与所穿着的服装相协调。

一般棕色的包一年四季都可以用，黑色偏冬季，白色偏夏季。中高层管理者会更注重包的质地，提包比挎包会更显专业和权威。包在长时间不用的时候最好用填充物把它内部撑起来，以保持良好的形状。

（四）饰品的选择

（1）戒指。戒指是具有明显象征性的饰物，不可随意乱戴。一般来说，戴一枚戒指即可，最多两枚，三枚即俗。戒指通常戴在左手手指上。

戒指戴在不同的手指上传递着不同的信息。食指表示求爱或者求婚，中指表示已有心上人、正在热恋中，无名指表示已婚或已正式订婚，小指表示单身或奉行独身主义，大拇指通常不戴戒指。

（2）项链。男士和女士均可佩戴项链，但是男士戴项链一般不应外露，女士戴项链可外露亦可不露。

佩戴项链要考虑身材、脸色、衣服颜色等因素。如体形胖、脖子粗短的人，建议佩戴长项链；身材苗条、脖子细长的人，可选择那种紧贴脖子的项链。所佩戴的项链颜色应与服饰、肤色有较大的对比度。

（3）胸针。男士和女士均可以佩戴胸针。穿无领上衣时，应将胸针别在左侧胸前；穿西装时，则别在左侧领上。若发型偏左，胸针就要居右；发型偏右，则胸针应当居左。胸针应别在从上往下数第一粒与第二粒纽扣之间的区域。

此外，饰品的搭配也是非常重要的。职场配饰的色彩、质地越统一、越和谐，越能体现专业度和严谨的风范。

礼仪智库

在西方国家，未婚少女将戒指戴在右手中指上，而修女习惯把戒指戴在右手无名指上，意味着“把爱献给了上帝”。

本单元小结

本章介绍了商务人员着装的基本原则，服饰礼仪要求与技巧，饰物的佩戴。

商务人员着装的基本原则包括国际通用的 TPO 原则，着装的色彩协调原则，着装的体型协调原则。服饰礼仪要求与技巧包括服装类型，着装礼仪与技巧，职业场合着装规范。饰物的佩戴包括饰物佩戴的原则，饰物佩戴的艺术。

总之，作为一名商务人士，着装和服饰的搭配很重要，它代表了一个人的素质、品位和修养。要根据时间、地点和场合不同而有所选择。这不仅关系到个人的形象塑造和事业成败，也关系到企业的形象问题。

作业：

一、关键概念

着装　TPO 原则　服饰

二、思考题

1. 怎样根据不同的场合来选择服饰?
2. 穿西装的“三个三”原则是指什么?
3. 在选择正装时应注意的问题有哪些?
4. 佩戴饰品必须遵守哪些规则?
5. 选择领带时应当注意哪些事项?

三、案例分析

谈 判 失 败

王总是国内一家效益很好的大型企业的总经理。他年轻有为、精明能干，在管理企业方面很有经验。为使企业得到更大的发展，王总经过多方面努力和上级有关部门的牵线搭桥，终于使德国一家著名的家电企业同意与自己的企业合作。在与这家德国企业的董事长谈判时，为了给对方留下精明能干、时尚新潮的好印象，王总没有穿西服，而是选择上身穿一件名牌 T 恤衫，下身穿一条牛仔裤，脚穿一双运动鞋。当他精神抖擞、兴高采烈地带着秘书出现在对方面前时，对方瞪着眼睛看着他上下打量了半天，非常不满意。虽然谈判准时开始，但这次合作未能成功。

问题：

结合案例分析着装在商务活动中的作用有哪些?

四、实训题

1. 实训目的：能够正确掌握正装的穿着和佩饰的搭配。

2. 实训内容：模拟一场企业的招聘会，要求每位学生作为一名应聘人员，进行服饰选择搭配。

第五单元　商务言谈礼仪

名人名言

言顾行，行顾言。

——《礼记·中庸》

教学目标

通过本单元学习，学习者达到以下目标:

1. 了解语言技巧运用的重要性。
2. 学习掌握语言沟通的原则；交谈要注意内容，选择适宜的话题；交谈要注意技巧，学会接近对方、巧妙提问、委婉推拒；交谈要注意礼节，应该态度真诚、语言文明、举止文雅、尊重对方、得体交流；运用交谈的技巧及商务沟通的技巧。
3. 根据不同的目的、对象、特定的语言环境，恰到好处地运用语言传情达意。

能力标准

能力元素	能力表现水平描述
礼貌的言谈	根据自己的实际情况，了解自己言谈中的不当习惯
	系统了解交流中适宜的话题，并尝试效果
	运用社交语言的原则，消除自己的言谈弊端
交谈的技巧	根据不同的商务目的、对象、特定的语言环境，运用语言准确地传情达意
	审视自己言谈中是否有忌选的话题
	掌握寒暄问候的技巧
	体会倾听的效果，了解说话者的真实意图，听出话外之音

引导案例

小刘的困惑

有一天，业务员小刘宴请客户。开宴的时间快到了，客人只来了一半，小刘有些着急，忍不住自言自语道:“怎么该来的还没来呢？”有的客人一听，心里凉了一大半:“他这么说，想必我们是不该来的。”于是有一半人拍拍屁股走了。小刘一看许多客人离开了，着急地说:“怎么不该走的走了？”剩下的人听了，心里特别有气:“这不是当着和尚骂秃驴么？看来我们是该走的。”于是剩下的客人又走了一半。小刘急得直拍大腿："嗨！我说的不是你们啊！"余下的人听了，心想：这是什么话？不是说他们，那是说我们啦！于是在座的客人除了一位平时与小刘关系较密切的人留下了，其他全都走了。最后这个客人奉劝小刘："说话前先用脑子想一想，不然说出去的话就收不回来了，覆水难收啊！"小刘一听，急忙辩解："我并不是叫他们走啊！"这位客人一听也火了："不是叫他们走，那就是叫我走了！"说完，头也不回地就走了。

（资料来源：彭于寿，《商务沟通》，北京，北京大学出版社，2006）

第一节　礼貌的言谈

语言是人类交流沟通最基本的手段。交谈是人们彼此间进行沟通的重要渠道，彼此间的尊重、友好、矛盾、对立也往往由交谈产生。"酒逢知己千杯少，话不投机半句多"，说明谈吐的优劣直接决定着言谈的效果。高尔基说过："作为一种感人的力量，语言真正的美，产生于言辞的正确、明晰和动听。"

动起来

思考：在你周边有哪些不符合礼仪的言谈行为？

在商务场合中，无论推销、谈判、协商，还是一般的交际，都要通过交谈来打动别人。交谈是一门艺术，好的交谈不仅是语言的流露，也是礼节的体现。得体、恰当、有效的交谈，有助于商务活动的顺利开展，并使自己在交际场上得心应手。

一、言谈的基本原则和主要形态

（一）言谈的基本原则

言谈的基本原则是表达要清楚、有力、生动、文明。

（1）语言表达要清楚。话要说得清楚是首要一环，话说不清楚容易造成对方误解。有时候因句子结构错误，文字表达的意思不明确、不清楚而影响沟通，特别是在一些正式场合，例如会谈、谈判、演讲，说话必须要清晰明白，因为我们没有多少机会去澄清自己的观点。交谈时要注意语速、语调、节奏，做到清晰表达。

（2）有力的说话方式可以直接表明自己的观点，可以表现说话者的激情和热情，而且更可信，更有吸引力和说服力。

（3）由于谈话的对象、目的和情景不同，语言表达的方式也要妥当，说话有时要直率，有时则要委婉，视对象而定。以"我当时在场""发生在我身上"的角度叙述是特别生动的，让人有身临其境之感。

（4）说话要文明，语言不但要礼貌、规范，而且要准确、得体。例如见面时，应礼貌地说声“你好”，告别时应客气地道声“再见”，需要他人协助时，应尽可能加上一个最体现尊敬之意的“请”字，等等。避免使用一些侮辱性的词语，如把人贬低为“乡下人”“乡巴佬”，或者“笨猪”“肥妞”等，以及其他一些不尊重他人的语言等。

（二）言谈的主要形态

商务言谈的主要形态包括陈述、提问、倾听、体态语言。

1．陈述

陈述效果的好坏主要取决于陈述者本人是否有自信心与热忱。周全的准备与丰富的陈述经验，可以为陈述者带来高度的自信心。因此，陈述者应该尽量把握陈述机会，以培养自己这方面的自信心。陈述的一般要求为简洁、流畅、准确、生动。

（1）简洁。简洁是以少量的话传递大量的信息，这是陈述的基本要求。陈述时，应该简单明了，干净利落。“字字有力，乃至字字千金”，切忌啰唆、反复，否则会影响效果。

（2）流畅。一是要求口齿清晰、流利；二是要求内容上逻辑性强，前后衔接合理，原因、结果叙述清楚。

（3）准确。要使用正确的句子完整地表达事情的各个方面。一是选择正确的陈述内容；二是不同阶段都要有陈述的重点；三是用词要准确，语调要抑扬顿挫。

（4）生动。陈述应当新颖别致，与众不同，富于感染力，使他人容易被说服。学会使用幽默可恰到好处地体现表达者的自信、气质和乐观心态。

2．提问

提问是引出话题，展开谈话或者转换话题的好办法。通过提问，可以获取自己所需要的信息，也让对方了解自己的需要和目的，从而达到交流与合作的目的。

提问的一般方式有以下一些。

（1）鼓励性提问。提问能够鼓励对方做出较深入、较详细的回答。如：“您是否听说过我们公司的情况？”回答往往是“是”或者“不是”。而“关于我们公司，您了解哪些情况？”这个问题就富于鼓励性。有的提问本身没有多少实际含义，却很有鼓动性，如“是吗？”“真的吗？”“后来呢？”等等。

（2）分阶段提问是把一系列问题分割开来，有计划地分为不同阶段提问，避免连续性提问给对方带来的不快。

（3）简明提问。所提问题应该很容易被对方理解和回答，不要提出过于复杂和烦琐的问题。譬如这样的问题就应该避免：“请问你们多长时间订一次货并全部销售出去？”“有这么多复杂的资料要准备和翻阅，你很难确定什么时候去展销会看我们的样品和技术材料吧？”

（4）委婉提问。这类提问往往不是征询答案，而是借提问委婉表达自己的意见并从侧面否定对方的意见，或者是从眼前的困境中解脱。例如，对方建议下次谈判定在星期三，如不同意则可以回答“定在星期五怎么样？”又如对方要求更多的赠品，如打算拒绝，则可以回答“请允许我回去向主管请示一下好吗？”

（5）提问的禁忌。避免提出超越对方回答能力和不适当或者不合时宜的提问（如“你现在的职位年薪是多少？”）；提问者不可故作高深，卖弄知识；不要总问为什么；不要借助提问来强迫对方同意；不要提有关对方私生活和侮辱对方的问题。

3．倾听

倾听是在对方讲话过程中，听者通过视觉和听觉的同时作用，接受和理解对方的思想、情感等的过程。倾听是保证语言沟通有效性的重要手段。良好的倾听技巧有助于解决许多实际问题，而很多商务人员只注重陈述和提问，不注重倾听，丧失了许多成功的机会。

（1）主动倾听。商务活动中，商务人员必须更多地运用主动式倾听，才会更多地获取有用信息。主动倾听要做到以下几点。

1）响应。主动地而不是被动地听对方陈述，这是恰当地使用有声和无声语言回应对方的陈述，让对方感受到倾听者很关心、很重视他们的问题，鼓励他们讲话。

2）澄清。为避免遗漏或误解对方发出的信息，选择适当的时机和技巧进行核实和澄清。澄清时常用“我不完全了解你的意思，能否告诉我……”或“你的意思是不是……”等语句。

3）引导。有时对方因表达能力欠缺而不能准确、清晰地传递信息，有时对方不愿意透露某些信息，这时，倾听人可对对方进行引导。引导的方法包括转述和提问。转述不等于重复，而是对对方的话加以概括、解释、推理之后，再以陈述或提问的方式表达出来，以得到确认。

4）反应。对方陈述后，倾听人应尽快有所反应，以免使对方尴尬或失望。

5）礼节。上述倾听中的几种配合方式除了起鼓励作用以外，也是一种倾听礼节。倾听中的礼节还有：集中精力，适当使用手势或表情对对方表示理解，不东张西望或者漫不经心、心不在焉，不随意打断对方的陈述，插话时征得对方的同意，等等。

（2）批判式倾听。出色的商务人员往往不满足于表层的听知理解，而要从说话者的言语中听出言外之意、弦外之音、话中之话，从其语情语势、身体的动作中看出隐含的信息，把握说话者的真实意图。这要求在倾听中注重一个“细”字，客户无意的话语中都有可能透露出某些需求，或者是不便于直接言明的某些意图，所以商务人员应仔细揣摩，并敏锐地察觉客户所需的服务。批判式倾听中，听者对听到的内容要进行估量和质疑。一个顾客对你的商品从外形、质量各个方面进行挑剔，其真实目的到底是什么？是真的对商品不满意还是准备砍价？这些质疑可以在听者的头脑中进行，或者可以直接向说话者表达。在理想的状态下，所有沟通中的倾听都应该是批判式的。

（3）移情式倾听。倾听的最好方式是情感移入式倾听。商务人员应该设法从顾客的角度来理解他的感受，并把这些情感反馈回去。作为听者，你所要做的是把你自己的情感放在一边，投入到对方的情感中去。为了做到这一点，你需要识别情感，让顾客告诉你发生了什么，然后和顾客一起商讨解决问题的办法。

动起来

课堂讨论：营业员的语言艺术你学会了吗？

客户："我在12月10日新入网时预交了388元，但是我拨打客服热线查询为什么没有像你们当初说的赠送200元的话费呢？"

营业员："小姐，请问您的手机号码是多少？我帮您查询一下，请稍等一分钟。"查询过后向客户解释："小姐，不好意思让您久等了，您当时入网的是A套餐，而不是B套餐，B套餐才可享受新入网预交200送200的优惠。"

客户："没办法解决？那为什么我入网时告诉我有优惠啊，现在又说不行，你们这不是骗人么，我要投诉！"

营业员："小姐，给您造成了麻烦，真的不好意思，这件事我尽量帮您解决，请稍等5分钟好吗？"

随即联系了有关部门，反映了情况，得到的回复是该客户的信用度较高，有利于客户在网，同意赠送客户200元话费。

营业员："小姐，真不好意思，让您久等，我请示了相关部门。因为您的信用度很高，是我们公司的优质客户，我们破例让您享受此优惠。给您造成麻烦真的不好意思。话费我们会在24小时内赠送，到时候您要拨打客服热线查询，放心，我会跟进此事的。"

该客户可能对此优惠有误解。营业员可能当时对优惠政策没有详细地向客户解释清楚，以致客户的理解错误。按照公司规定该客户是不能享受优惠政策的。问题是该客户听到客服热线的解释后，已经知道了该政策所优惠的内容，如果再详细解释，只会引起客户的反感。本案例的受理营业员态度不错，不死守公司规定，而是站在客户的角度着想，为客户解决问题，最终圆满解决了该客户的问题。

4．体态语言

体态语言又名"肢体语言"，是通过人体的动作、表情来表达含义的符号或者代码系列，俗称"手势""表情"。它与口头语言均为传情达意的手段。例如，我们常说的"摇头不算，点头算"，就是用摇头或点头来表达不同意或者同意的信息；又如，我们常用竖起大拇指表示"好"，用微笑表示满意，用咬牙切齿表示愤恨；再如，聋哑人完全是通过手势语来传达信息的。

（1）体态语言的特点。

体态语言的特点有动作性、微妙性、感染性和辅助性。

动作性是指体态语言不同于口头语言，口头语言凭借语音、词汇、语法构成语言体系，并以此来传递信息，而体态语言则依靠举止神态传情达意。

微妙性是指体态语言的传情达意多凭面部表情，特别是用眼睛说话，以眼神传情。因为这样的活动是在无声的情况下进行的，就带有含蓄性和隐蔽性。而且眼睛还具有很大的灵活性，由眼睛可以带出其他种种表情，形成人复杂的感情世界。在一颦一笑中，往往可以传递各种信息，其作用是非常微妙的。

感染性是说体态语言的传情达意，时而含而不露，时而极富鼓动性，这就从两个极端扣动感情的心弦，引发人们积极地去思考问题。语言的感染力也就油然而生。

体态语言与口头语言往往结合使用。在人们传情达意的过程中，体态语言主要起辅助作用。它的辅助功能包括：一是可以提高口头表达的生动性，二是可以提高信息传递的准确性，三是可以提高传情达意的明确性。

（2）几种主要的体态语言。

1）眼神。与顾客初次交谈，视线落在对方的鼻部是最令人舒服的，直接注视对方眼睛的时间不宜过久，因为长时间凝视对方会令人不自在。当然，如果完全不注视对方的眼睛，会被认为是自高自大、傲慢无礼的表现，或者试图去掩饰什么。所以，学会察言观色是非常重要的。当你盯着对方眼睛看时，发现对方在谈话时目光从专注到游移，这就说明对方可能因为你的注视而觉得不自在了，这时，不如将视线移到对方的鼻部或者嘴部。

同理，在交谈中，也应该从顾客的眼神中去获取信息。如果对方回避你的视线或目光闪烁不定往往是对交易没有诚意或者内心有愧疚，不愿意对方察觉到自己的行动。如果顾客瞪大眼睛注视着你，则是对你或者产品感兴趣，说明顾客的注意力非常集中。

从眼神中还可以了解到你的陈述或演讲是否受顾客欢迎，他们是否对你介绍的内容有兴趣，从而可以使你及时调整介绍的内容和方法。

2）嘴。嘴和眼一样有传情达意的作用。在与人谈话时尽量少努嘴和撇嘴，因为这样的动作容易流露出不屑的意味，而显得不够有涵养。站立、静坐或者握手时，嘴可以微闭，不要露出牙齿，如果能保持微笑状就更完美了。

3）手势。手势可以使语言更生动、形象、富于表现力。如果语言是红花，那么手势就是绿叶。例如在戏剧、电影以及各种讲演中，人们总是在说话时辅以手势，就是为了烘托气氛，增加感染力。试想，一个被捆绑上双手的人进行讲演，那又将是怎样的场景？在与顾客的交流中，语言要抑扬顿挫，动作也应该有轻重缓急。丰富的手势语言可以激发顾客的兴趣，吸引顾客的注意力，增强沟通的效果。

在手势语中，表示兴奋和激昂的情绪时，手势总是向上而且速度很快；表示低沉、气愤的情绪时，手势总是向下；表示坦率、直接的信息时，最好让对方看清手掌，表示隐蔽和被动时则用手背；双手摊开，手掌向上表示欢迎和公开；双手握拳放在胸前则表示防卫和敌意；双手叉腰，挺胸抬头表示傲慢和自负……

4）轻抚。轻抚可以表达对人的关爱，一般是轻拍对方的肩膀或者胳膊。不过就我国的传统习惯而言，轻抚一般是长辈对晚辈的行为。异性之间、同龄但关系不太亲近的熟人、生意伙伴间等，运用轻抚这种肢体语言一定要慎重。

二、言谈的礼节

交谈是商务谈判活动的核心，任何成功的谈判无非是一定方式下的圆满交谈。在商务活动中，必须讲究交谈的礼节，如果违背了交谈的礼节，必定会造成许多不必要的麻烦，甚至影响商务活动的顺利开展。

（一）态度真诚

真诚、诚恳是人际交往的基本原则，交谈也是如此。商务人员在交谈时从内容到语气都应诚实可信，不虚伪、不做作，要以自然、平等的态度对待每一个人。与客户交谈应该不卑不亢、落落大方，与晚辈、下级交谈，不要态度傲慢、居高临下，与上级、长辈交谈不要卑躬屈膝、低声下气。

（二）语言文明

语言文明是言谈最基本的原则，与人交谈时语言不但要求准确、规范，而且还要礼貌、得体。作为一个有教养的商务人员，在交谈中要讲普通话，尽量不要使用方言和土语；要多使用敬语、谦语和雅语，不要讲脏话、黑话、黄话、怪话等；要语气亲切和蔼，在任何情况下，语气不可急躁、生硬、狂妄、嘲讽、轻慢。

（三）举止高雅

交谈时不仅语言表达要文明礼貌，动作也要适当得体，尤其应注意手势不宜过大、过多、过急、过杂，否则会显得手舞足蹈。不要用手指人，不要拉拉扯扯、推推搡搡；不要和对方离得过近或过远，以免引起对方误会或口水飞溅到对方身上。应该养成说话时运用眼神与对方交流的习惯。与人谈话时，如果眼睛四处张望或不看对方，表情冷漠，是一种极不礼貌的行为。

（四）尊重对方

在交谈时，只有尊重对方，才能赢得对方感情上的接近，从而获得对方的尊重和信任，使交谈在和谐、愉悦的气氛中进行。为此，在交谈过程中必须做到不打断对方、不补充对方、不纠正对方、不质疑对方；不能以自我为中心，尽量少用“我”字，少谈“我”的事。

（五）得体交流

交谈讲究双向交流，因此，交谈中要目中有人，礼让对方。如果一个人夸夸其谈、喋喋不休，大搞“一言堂”，不给别人说话的机会，就达不到交谈的目的。聪明的谈话者往往不急于发表个人意见，而是设法让对方开口，谈他所关心的问题，引起对方与自己交谈的兴趣。

一场生动活泼的谈话要求交谈者不仅自己说，也要让别人说。

三、话题的选择

（一）适宜的话题

（1）既定的话题。这是指商务交往的双方事先约定的主题。这是商务交谈中，最直接、最简洁的谈话主题，既省时，又省力。如双方约定见面是为了签署某项商务合同，见面时，作简单介绍后，就可直接进入谈判主题。

（2）高雅的话题。高雅的话题内容涉及文学、艺术、历史或者其他专业方面的知识，能体现双方的层次和教养。这一话题适用于讲究品位的正式谈话，但要选择双方共同感兴趣的话题作为谈话的主题。美国一名记者第一次采访肯尼迪，见面就说："我看您像个人文主义者。"一下子引起了肯尼迪的兴趣，破例与这名记者谈了近两个小时。

（3）愉快的话题。商务人员与他人初次接触时，以哲学、历史等为谈话主题，虽然在一定意义上确实可以提高自己谈话的品位，但这样的谈话主题往往也会给人一种厚重、压抑的感觉。与其这样，不如谈一些轻松愉快的话题，如文艺演出、旅游观光、风土人情等。

（4）擅长的话题。在交往中，如果能找到对方擅长的话题，就很容易引起对方谈话的兴致，让对方说得开心，引起双方共鸣。谈论对方所擅长的话题，让对方获得一个展示自己的机会，从而营造良好的谈话氛围，这样商务谈判往往会有事半功倍的效果。

（5）流行的话题。在商务谈判前的交谈中，如果不能确定对方的专长、爱好和擅长的话题时，选择时下流行的话题作为谈话的主题应该是一个非常明智的选择。如美国职业篮球赛、某歌手的演唱会、热播的电视剧等，都是比较好的谈话主题。

（二）忌选的话题

（1）个人隐私。商务交往的双方一般都是因公而谈，因此，涉及个人隐私的问题不能随便谈论。尊重对方隐私就等同于尊重对方。与外国人交谈时，尤其应回避个人隐私。个人隐私具体包括"五不问"：不问收入、不问年龄、不问婚否、不问健康、不问个人经历。

（2）他人短处。这包括生理的缺陷、以往的过失、生活中的不幸、伤心的往事等。"莫对失意人说得意事"，否则将伤害对方的自尊。如不要在残疾人面前谈论健康与运动，不要在大龄未婚女子面前谈论家庭与孩子等。同时，也不可以炫耀自己的成就与财富，因为炫耀自己就是贬低别人。

（3）非议他人。不可背后议论领导、同事或者同行的不是，尤其在外人面前议论领导、同行、同事的不是，会让别人对自己的人格、信誉产生怀疑，哪怕关乎自己的晋升或者商业竞争也不能如此。在交谈中搬弄是非，无中生有，造谣生事，更是一种不礼貌、不光彩的行为。

（4）庸俗的话题。商务人员在商务交往过程中，不仅体现出个人的修养和魅力，还在一定程度上代表着企业的形象。如果将一些低级趣味的东西如家长里短、小道消息、桃色新闻、黄色段子等当谈资，并津津乐道，会让对方觉得你素质不高、有失修养，进而对你敬而远之。

（5）机密之事。无论是涉及国家秘密、企业秘密还是商业秘密，无论是关键技术、营销策略还是经营信息都不应在商务交往中谈及，以免给国家和企业造成不必要的损失。

礼仪智库

常用礼仪客套话

初次见面说“久仰”，很久不见称“久违”；请人指教说“赐教”，请人指正说“雅正”；等候客人说“恭候”，客人来到说“光临”；赠送作品说“斧正”，对人来信说“惠书”；看望别人说“拜访”，欢迎购物说“光顾”；向人祝贺说“恭喜”，托人办事说“拜托”；起身离开说“告辞”，中途离开说“失陪”；麻烦别人说“打扰”，求人方便说“借光”；请人勿送说“留步”，陪伴朋友说“奉陪”；物归原主说“奉还”，请人原谅说“包涵”；请人批评说“指教”，求人解答说“请问”；老人年岁说“高寿”，小姐年龄说“芳龄”。

（资料来源：亚商礼仪网，2005-06-23）

第二节　交谈的技巧

无论是口头交际还是书面交际，技巧问题都贯穿于语言运用的始终，而讲究社交语言艺术的根本在于选择最恰当的语言表达形式，以更好地传情达意。掌握好社交语言艺术离不开以下几个方面的因素：一是平日的生活积累和思想文化修养，二是对语言文字的表达潜能的通晓把握，三是对题旨情景的洞晓适应。在实际社交语言运用时由这三个方面因素共同作用，才能根据临时的题旨情景，做到联想丰富，运用自如，选择得当，使表达的内容与表达形式呈现完美统一的关系。

对于社交语言艺术，一方面不能把它看成一种无往不利的方法，另一方面又该看到成功运用语言艺术必定是随情应景恰到好处运用语言的结果。长期的经验积累表明，这类语言技巧逐渐成为人们熟悉运用的表达方式。下面介绍几种语言艺术。

动起来

结合新生入学接待，请你找出五种与新同学接近的恰当话题。

一、接近的语言艺术

（一）选择话题

应该学会选择恰当的话题，通过寒暄了解对方的职业，话题内容应根据来访者的目的、身份、职业、兴趣而定，不谈对方不熟悉或者不感兴趣的话题。有人认为，只有深奥的话题才会让人尊敬，只有不平常的事情才值得交谈，因此，在有些场合总会感觉无话可说。实际上交往中有许多话题是可谈的，不妨选择日常生活中身边发生的事作为话题，可以让对方了解自己，觉得你是平易可亲的人。善于交际的人，常在与他人接触的瞬间，就能找到双方感兴趣的话题，引发交谈的兴趣。

（二）投其所好

秦绿枝第一次访问京剧名旦荀慧生时，开始很拘谨，荀先生的反应也不怎么热情。后来秦绿枝说："我十三四岁的时候就看您的戏了，是《钗头凤》。"荀先生顿时来了精神，说了一句笑话："是吗？那时你是情窦初开，我已是'徐娘'半老了……"顿时笑声充满了房间。可见，投其所好也是引发交谈的一种方法。

（三）借助媒介

在人际交往中，除了上述谈到的话题方式外，与之类似的还有借助媒介法。可以因人因物，就地取材，以一定的物和事为媒介，作为引发交谈的"引子"。比如一位妇女抱着小孩晒太阳，如果想与她结识，便可以孩子为媒介，对她说："小孩真可爱，有多大了？"这样，对话就有了可能。如果想与一个手上拿报纸的人交谈，便可以报纸为媒介，对他说："这位同志，对不起，打扰一下。请问你手上拿的是什么报？有什么重要新闻吗？"这样对方自然就打开了话匣。

（四）转移话题

在与他人打交道的过程中，常常会遇到谈话"卡壳"的时候，这时就需要我们灵活多变，另辟蹊径，寻求新的话题。

案例导入

1984 年美国总统里根访华前夕，根据顾问设计的步骤，里根先与一名复旦大学毕业的留学生接通了电话。在电话中里根告诉这名留学生自己将访华的消息，并问这名留学生有什么需要转告其母校的。这位学生在毫无思想准备的情况下，突然听到里根总统本人的问话，顿时心慌意乱，紧张得说不出话来。里根立即转移话题，亲切地问："你来美国生活过得习惯吗？"对方顺着里根的话题从日常小事谈起，心绪逐渐平静下来。里根趁机将话题转回来，这位学生也高兴地请总统转告他对祖国人民及母校师生的问候。通话终于取得了预期的效果。

转移话题能否起到"山重水复疑无路，柳暗花明又一村"的效果，关键在于当事人要善于从初次的接触中总结经验，做出正确的判断，弄清楚对方的心理、性格、文化素养等特点，寻找能为对方接受、理解的话题。新话题的设置必须有的放矢，目标明确，通盘考虑。

（五）熟记人名

在日常交往中，如果一个并不熟悉的人能叫出自己的名字，就会使自己对他产生一种亲切感和知己感；相反，如果见了几次面，对方还是叫不出自己的名字，便会使自己对其产生一种疏远感，这也增加了双方的心理隔阂。一位心理学家曾说："在人们心目中，唯有自己的名字，是最美好、最动听的东西。"许多事实也已经证明，在社交活动中，广记人名有助于社交活动的顺利开展。

案例导入

富兰克林·罗斯福从非洲回到美国，准备参加 1912 年的总统竞选。他是已故美国总统西奥多·罗斯福的堂弟，又是一位有名的律师，知名度很高。在一次宴会上，大家都认识他，但他却不认识在场的来宾。这时，他看出虽然这些人都认识他，然而表情却显得很冷漠，似乎看不出对他有好感的样子。

罗斯福想出一个接近自己不认识的人并能同他们搭话的主意。他对坐在自己旁边的一位博士悄声说道："博士，请你把坐在我对面的那些客人的大致情况告诉我，好吗？"博士便把每个人的大致情况告诉了罗斯福。在打听清楚每个人的名字、爱好、兴趣和专长等情况后，罗斯福主动走过去，叫出他们的名字，谈论他们感兴趣的话题。此举大获成功，一下子就赢得了他们的心。后来，他们成了罗斯福竞选总统的有力支持者。

二、说服的语言艺术

无论是推销、公关还是谈判，都离不开说服。掌握好说服这一语言艺术，可以为人们开展好社交活动打下良好基础。俗话说："看菜吃饭，量体裁衣"。这就是说无论干什么事情都要看对象。其实，说话也一样，对不同的人也应该用不同的说话方式或者说话技巧去说服对方。

案例导入

在一艘邮轮上，来自各国的一些实业家边观光边开会。突然，邮轮出现事故开始慢慢下沉，船长命令大副："赶紧通知那些先生们，穿上救生衣，马上从甲板上跳海。"几分钟后大副回来报告："真急人，谁也不肯跳下海去。"于是，船长亲自出马。说来也怪，没多久，这些实业家们都顺从地跳下海去了。"您是怎么说服他们的呀？"大副请教船长。船长说："我告诉英国人，跳海也是一项运动；对法国人，我就说跳海是一种别出心裁的游戏；我同时警告德国人，跳海可不是闹着玩的！在俄国人面前，我就认真地表示：跳海是革命的壮举。""你又怎样说服了那个美国人呢？""那还不容易，"船长得意地说，"我说已经为他办好了巨额保险。”

点评：

这纯粹是个笑话，然而笑话里包含了一个浅显的道理：说话的内容和方式应尽可能合乎对方的心理需要，掌握说服的技巧，这样才会取得令人愉快和满意的效果。

（资料来源：李莉，《实用礼仪教程》，北京，中国人民大学出版社，2002）

（一）诱之以利，让对方获得利益

没有利益的驱动，在商场上是不能说服对方的，在这里权力和强制是不能起作用的。如果对方是你的一位顾客，为了使对方获得利益，你就必须确保你推销的产品是好东西，绝不是次品；你必须对你推销的产品有信心，绝不能推销连自己都怀疑的产品；你必须善于发掘顾客的购买意图，使其产生真正的需求，获得新的满足和快乐，绝不能对顾客的购买欲望漠然视之。

（二）投其所好，让对方感到亲切

在人际交往中，我们不要忽视了一点，即满足对方的兴趣。不能只顾自己的喜好，任意而为。一旦你的兴趣与对方的兴趣产生冲突时，就会给彼此交往设置一重障碍。如果想要说服别人，应记住一条原则——谈论对方感兴趣的话题。

（三）动之以情，令对方消除心理障碍

俗话说：“晓之以理，动之以情。”情感是说服的媒介。例如，面对顾客，你必须尽量表现得友好，当顾客拿不定主意时，你要善解人意和富有耐心，一定要以诚相待。只有这样，你才能取得顾客的认同。

（四）善于折中，让对方感到双赢

当对方感到没有利益时你自然不会有说服力；当对方感到只是他获利，而你无利可图时也是不可能有说服力的——你不会做无用功，而他不可能得到“天上掉下来的馅饼”。面对这种情况你要善于谈判，并审时度势地让价，让对方感到减少了支出，你确实也接近了底线，双方就能愉快成交。

三、机智应变的语言艺术

每个人在生活中都会碰到令人不快的场面或者事情，如何摆脱这种尴尬场面呢？你需要寻隙巧辩，使自己摆脱窘境，以此显示出自己随机应变的智慧和驾驭语言的能力。

（一）顺水推舟

所谓“顺水推舟”，就是针对不同窘境而寻找原因解释的方法。这种方法对摆脱那种因自己失言而导致尴尬的情形相当有利。

案例导入

民国时期有一个军阀召集手下文僚训话，他把“文墨之士”说成了“文黑之士”，因此引起了台下文僚们一阵讪笑之声。他身后的一位秘书小声告诉他：“大人，刚才您将‘墨’说成了‘黑’，所以他们笑您。”这位军阀反应十分敏捷：“我不知道诸位有什么好笑的，是不是笑我把‘文墨之士’说成了‘文黑之士’啊？你们以为我说错了吗？我嫌你们太土了，特意帮你们去掉这个土字，我希望你们都当有气派的文墨之士。”这个军阀把自己的失言解释得冠冕堂皇，听起来似乎言之有理，从而使自己摆脱了窘境。

（二）巧用谐音

巧妙地使用谐音，一是要自然，就是新的话题与原话题的发音和内容有相同或相近之处，有某种联系。二是运用要及时，就是要抓住时机，找准突破点，在对方话题尚未充分展开之前就以新的话题取而代之，使对方不知不觉中离开原来的话题。

案例导入

一次服装展销会上，一位营业员正向顾客介绍服装的式样，突然听到有个顾客说“样式不错，老点”。这位营业员一听，马上接着说：“这位同志说得对，我们设计的服装样式好，又是老店，质量保证，价格公道……”其实，那位顾客说的是“样式老了点”的意思，这位营业员怕其他顾客受影响，灵机一动利用谐音把“老点”改为“老店”，岔开了对自己不利的话题，模糊了对方的指向，有效地把大家的注意力转移到了对自己有利的方面来。

四、推拒的语言艺术

在商务交往和社交活动中，有时会遇到一些比较复杂的情况，人们提出的要求有合理的也有不合理的，有正当的也有不正当的。因此，应学会一些推脱和拒绝的语言艺术。如何用诚恳的态度、恰当得体的语言，使得那些遭到拒绝的人将不快与失望降到最低程度，甚至得到他们的谅解与认可呢？

高超的拒绝手法能使对方高高兴兴地接受你说的“不”，或者至少是让对方的不快降到最低程度，从而使和谐的气氛不受影响。为了避免伤害他人的自尊心和热情，在拒绝他人时，最好使用婉转、含蓄、动听的语言，切忌使用主观、武断的词语。如“我认为解决问题无疑还有许多办法，你不妨从其他的角度想一想”比“你这个方法肯定不行”等不留余地的话更容易让人接受。

拒绝要讲究表达方式，即把拒绝融于情理之中，一方面要表达自己的原则和态度，另一方面要保护对方的自尊和面子，切忌断然拒绝或颠三倒四、言不尽意。

案例导入

“会说话”是一种智慧

美国前总统威尔逊任新泽西州州长时，一位议员好友去世，威尔逊悲痛不已。此时一名政客打来电话：“威尔逊州长，我希望代替那位刚逝世议员的位置。”“行啊！”威尔逊对此政客迫不及待想当议员的态度十分厌恶，接着他慢吞吞地说：“如果火葬场同意的话，我本人是完全同意的。”

常用的推拒方法有如下几个。

第一种方法是在倾听中保持沉默，将无言的“不”传达给对方。首先，你必须让对方感受到你是处在认真倾听之中。其次，你要让对方感觉到你是在该说话的时候不说话，保持沉默。第二种方法是让对方自我否定，放弃原来提出的问题。你在对方提出问题后不做正面回答，只是提出一些看法、理由、条件，或者提出一个启示对方的问题，让对方心领神会或有重新的认识。第三种方法是形式上肯定而实质上否定。先予以肯定，再转折一下，用“然而”做实质性的否定。这样做，可以使对方不因为受到拒绝而使精神、身体处于紧张的状态，进而拒绝接受任何意见。对方始终是处于开放状态，容易继续接受信息。

动起来

课堂讨论：以下三种情况下，你会怎么回答，你还有更好的回答方式吗？

1. 小张得知小周的店里卖彩电。他来到小周的店里，说自己急着买彩电，小周示意他看看排队的顾客，对小张说：“今天看来是不行了，下次吧，到时候我再告诉你。”

2. 一家工厂的厂长对一家百货公司的经理说：“我们两家搞联营，你看怎么样？”经理回答：“这个设想很好，只是目前条件还不成熟。”

3. 两国大使在一起商定会议召开的地点。甲方说：“我们的意图是下次会议在纽约召开，不知贵国政府以为如何？”乙方说：“那里饭菜不好，特别是我上次去时住的那个酒店更是糟糕。”“那么你觉得我今天用于招待你的法国小吃味道如何？”“还算可以，不过我更喜欢吃英国菜。”

本单元小结

本章介绍了运用社交语言的基本原则、交谈的技巧、商务活动中言语沟通的礼仪要求。通过本章的学习，可以认识到，交谈是一门艺术，得体、恰当、有效的交谈有助于商务活动的顺利开展；交谈时要注意内容，选择适宜的话题；交谈时要注意技巧，学会接近对方、巧妙提问、委婉拒绝；交谈时还要注意礼节，应该态度真诚、语言文明、举止高雅、尊重对方、得体交流。交谈的技巧有接近的语言艺术、说服的语言艺术、机智应变的语言艺术和推拒的语言艺术等。总之，在进行语言交流时，应根据交流的不同目的、对象、情况，选择恰当、得体的语言，才能获得交流的成功。

作业：

一、关键概念

倾听　主动倾听　移情式倾听

二、思考题

1. 在商务活动中，你认为有哪些可谈的话题?
2. 言谈应讲究哪些原则?
3. 言谈有哪些技巧?
4. 在商务活动中，如何把握说服的技巧?
5. 怎样灵活运用拒绝的语言艺术?

三、案例分析

1. 美国一家电话公司曾有过一位咒骂接线生的态度蛮横的顾客。这位顾客恫吓要拆毁电话，并且拒绝支付某种他认为不合理的费用。他写信给报社，还向公众服务委员会屡屡投诉，并引发电话公司陷入数起诉讼案。

最后，公司派一位富有技巧的协调人员去拜访这位态度蛮横的顾客。这位协调人员认真倾听这位顾客所说的每一件事，并对其表示同情，让这位顾客发泄他的情绪。

“他喋喋不休地说着，我静听了差不多三个多小时。”这位协调人员叙述道，“以后我到他那里继续听他发牢骚，我拜访了他四次……在这几次拜访中，我静听着，并且他说的每件事我都表示出同情。我从未像电话公司其他人那样同他谈话，他的态度变得友善了。我要与他谈的事在第一次拜访时没有提到，第二次、第三次也没有提到，但第四次我彻底地结束了这一案件，使所有的欠账都付清了，他也撤销了向公众服务委员会的投诉。”

问题：

这位协调人员的沟通技巧对你有何启示?

2. 美国马里兰州黑哥斯顿的爱德华退伍后，打算在马里兰州坎伯兰谷定居，但这一带很难找到工作，他几次去找工作，招工的人都认为他不合格。经查询，他发现不少公司不是被芬克豪斯拥有，就是被其所控制。芬克豪斯是一个自行其道、不同寻常的商人。经了解，芬克豪斯的主要兴趣在于获得权力和金钱，为了防止别人打扰，他雇用了一个严厉的秘书，她跟随了芬克豪斯 15 年。

爱德华研究了这位秘书的兴趣后拜访了她。当爱德华说他有一个建议想向芬克豪斯提出，这将给芬克豪斯带来经济和政治上的成功时，这位秘书变得热心起来。交谈后她安排爱德华会见了芬克豪斯。当爱德华走进芬克豪斯的办公室后，他并没有直接请求工作，而是对芬克豪斯说："先生，我相信我能使你赚钱。"芬克豪斯立即起身，请他坐下。爱德华列举了他的设想和实现这些设想所需要的条件，以及这些设想对芬克豪斯个人和生意上的成功所能做出的贡献。于是，芬克豪斯立即雇用了他。20 多年来，爱德华在芬克豪斯的企业里获得了事业的成功，同时，芬克豪斯的企业也获得了长足的发展。

（资料来源：黄琳，《商务礼仪》，2 版，北京，机械工业出版社，2010）

问题：

（1）爱德华接近芬克豪斯的技巧是什么?

（2）爱德华说服芬克豪斯雇用他的技巧是什么?

（3）该案例对你今后求职有什么启发?

四、实训题

1. 实训目的：语言表达强化训练。

通过排练小品节目强化、提升人际交往中的说话水平。

2. 实训内容。

角色扮演：以 3～5 个人为单位，模拟合适的场景（如入学、坐车、求职、旅游等），进行寒暄、交谈。

模拟特定场合，发表欢迎词、介绍词、解说词，要求语言、动作、表情相结合，声音洪亮，表达流畅，神情自然。演示过程中，举止与礼仪应做到潇洒自如、落落大方、彬彬有礼、温文尔雅。

语言要求：

语言要口语化（书面语改为有利于口语表达的词语和句式）;

语言要个性化（要用自己的语言，而不是别人的语言或现成的语言）;

语言要形象化（语言要符合实际，生动感人，要用形象化、幽默风趣的语言）。

3. 实训过程实录。

角色扮演和训练过程采用录音录像的形式，方便学生观摩和对照。

模块三　商务人员日常交往礼仪

第六单元　商务见面礼仪

名人名言

礼尚往来，往而不来，非礼也；来而不往，亦非礼也。

——《礼记·曲礼》

教学目标

通过本单元学习，学习者达到以下目标:

1. 在商务交往中，能够得体地问候对方;
2. 在商务交往中，能够熟练运用标准的握手礼仪;
3. 在商务交往中，能够熟练运用标准的鞠躬礼仪;
4. 在商务交往中，能够得体地进行自我介绍、他人介绍、集体介绍;
5. 在商务交往中，能够规范地使用名片。

能力标准

能力元素	能力表现水平描述
问候	问候的原则
	问候的内容
	问候的方式
	问候的先后顺序
	问候的态度
	问候的注意事项
握手	握手的时机
	握手的要求
	握手的次序
	握手的禁忌
鞠躬	鞠躬礼的方式
	鞠躬礼的正确姿态
	鞠躬礼的注意事项
介绍	自我介绍
	他人介绍
	集体介绍

续表

能力元素	能力表现水平描述
名片的使用	名片的用途
	名片的分类
	递送名片
	接受名片
	索要名片
	婉拒他人索取名片
	名片的存放

引导案例

修养是第一课

两位商界老总经中间人介绍，会面商谈合作。这是一笔双赢的生意，而且做得好还会大赢，看到合作的美好前景，双方的积极性都很高。A老总首先拿出友好的姿态，恭恭敬敬地递上了自己的名片；B老总单手把名片接过来，一眼没看就放在了茶几上。接着他拿起了茶杯喝了几口水，随手又把茶杯压在名片上。A老总看在眼里，明在心里，随口谈了几句话，起身告辞。事后，他郑重地告诉中间人，这笔生意他不做了。当中间人将这个消息告诉B老总时，他简直不敢相信自己的耳朵，一拍桌子说："不可能！哪儿有见钱不赚的人？"B老总立即打通A老总的电话，一定要他讲出个所以然来。A老总道出了实情："从你接我名片的动作中，我看到了我们之间的差距，并且预见到了未来的合作还会有许多的不愉快，因此，还是早放弃好。"闻听此言，B老总放下电话，在痛惜失掉生意的同时更为自己的失礼感到羞愧。

（资料来源：黄琳，《商务礼仪》，2版，北京，机械工业出版社，2010）

见面礼仪是日常社交礼仪中最常用、最基础的礼仪，最能反映个人及社会的礼仪水平，可以帮助我们赢得交往对象的好感，塑造良好的社交形象。人们在见面时互致问候，不熟悉的人之间相互介绍，然后握手，互换名片，寒暄后才进入谈话正题。这看似简单，却蕴含着复杂的礼仪规则，表达着丰富的交际信息。

第一节 问 候

在商务交往中，双方会面时，应起身站立，热情大方地向对方打招呼。世界上不同国家、不同地区的人见面问候的方式各不相同：澳大利亚人见面的习惯握手，不过有些女子之间不握手，女性朋友相逢时常亲吻对方的脸；欧洲人则更喜欢拥抱的礼节，有时还伴以贴面和亲吻，但要注意不可吻出声响，在商务活动中一般不行此礼，且中方人员不主动拥抱、亲吻外宾，男士还有特别的脱帽礼和对女士的吻手礼；泰国人见面时要各自在胸前双手合十相互致意，其做法是双掌连合，放在胸额之间，这是见面礼，相当于西方的握手，双掌举得越高，表示尊敬程度越深……然而，不管各国、各民族问候的方式有多么不同，其“以礼相待”的出发点都是相同的。

问候，亦称“问好”或“打招呼”，是人们见面时最常见的礼仪之一，通常指人们互相见面时用语言或语言辅助部分——肢体动作向他人询问安好、表示关切或致以敬意。最普通的问候是“您好”。

一、问候的原则

> **动起来**
> 日常生活中与人见面时你经常会用到哪些问候用语？

人们在见面时为了传递彼此之间的友好情谊，会相互问候，彼此打招呼。此时，不论是用语言或用肢体动作都需要注意以下三个原则。

（一）传递善意

问候时，“您好”“最近一切都好吧”“见到您很高兴”等问候语能友善地传递出问候者对对方的关心、祝福。

（二）表示尊重

无论是点头、拥抱、亲吻、握手还是口头问好，都是问候者通过肢体动作或语言等形式向对方展示对彼此间文化、习俗的接受和尊重。

（三）重在交流

问候语和问候行为产生的根本原因在于加强人与人之间的沟通、交流，通过相互问候拉近交往双方的距离，从而建立一个平等、友善、和谐的沟通平台，为消除彼此之间的误解、寻求共识创造良好的交流环境。

二、问候的内容

> **动起来**
> 请与同学相互问候，并友善回应对方的问候。

问候者应该根据所处的环境、场合、被问候对象的具体情况，向问候的对象表示问候，以建立融洽的人际关系。通常情况下，问候大致可分为三类。

（一）问好型

问好型问候即见面时以问好作为问候交往对象的主要内容，如“您好”“大家好”“早上好”“新年好”等。这类问候言简意赅，实用明了，适用于正式交往场合与对方首次见面或在商务及社交活动中与对方初遇的时候，既表达了见面时的喜悦和礼貌，又避免了不必要的啰唆，显得落落大方。

（二）寒暄型

寒暄型问候即人们在平时问候他人时所讲的一些应酬话，如“好久不见”“最近还好吧”。这类问候轻松，自然，表达对交往对象的关心之意，适用于熟人之间。在使用寒暄型问候时必须要了解并尊重交往对象的文化习俗，尤其是在问候来自有宗教信仰的国家和地区的人们时更要注意。如遇到中东一些国家的人时，切忌问候他们的夫人，更不能主动与当地妇女打招呼。

（三）交谈型

交谈型问候即商务交往中交往双方见面问候他人时直接以一个话题作为切入点，在问候对方的同时创造出一个继续交流的机会。这类问候方式多适用于正式公务场合。

问候他人时，还应注意尽量避免出现以下问候内容。

（1）令人不快的问候内容。如“听说你有病”“你失业了”，显然会让对方感到不满。

（2）有打探对方隐私嫌疑的问候内容。如“年薪多少”“结婚没有”等，这类隐私性的问题通常不宜作为问候的内容。如中国人习惯问候别人“上哪儿去”“忙什么呢”，以示关切、亲近，但在西方人看来这是一种侵犯别人隐私的失礼行为。

（3）易被误解的问候内容。有些约定俗成的问候内容，仅适用于某一特定的区域。例如，中国人习惯问候别人“您吃过饭没有”，但在西方人听来往往会误解为你要请他吃饭。

三、问候的方式

动起来

请列举你所知道的古今中外的问候方式。

除了运用恰当的语言之外，问候通常还伴有一定的身体语言，以便更自然、得体、充分地表现出对交往对象的尊敬和关心。问候礼仪一般包括握手、鞠躬、递接名片、脱帽、拥抱、亲吻等多种方式。各种礼仪通常都有其特定的行为规范。

拥抱礼多用于官方、民间的迎送宾客或祝贺致谢等社交场合。两人相对而立，上身稍稍前倾，各自右臂偏上、左臂偏下，右手环拥对方左肩部位，左手环拥对方右腰部位，彼此头部及上身向右相互拥抱，最后再向左拥抱一次。

行亲吻礼时，往往伴有一定程度的拥抱，不同关系、不同身份的人，相互亲吻的部位不尽相同。在公共场合和社交场合，关系亲近的女子之间可以吻脸，男子之间是拥肩相抱，男女之间一般是贴面颊，晚辈对尊长是吻额头，男子对尊贵的女宾可以吻手指或手背。在许多国家的迎宾场合，宾主往往以握手、拥抱、左右吻脸、贴面的连续动作，表示最真诚的热情和敬意。

需要注意的是，不同地区、不同民族的人问候的方式各不相同。

四、问候的先后顺序

动起来

你认为领导和下属碰面时谁应主动问候？

在正式的商务会面时，宾主之间的问候在具体的次序上有一定的讲究。

（一）一对一的问候

遵循“位低者先行”的问候次序。即交往双方见面问候时，交往双方中身份较低者应首先问候身份较高者。如上级和下级会面，下级应首先问候上级；老师和学生见面，学生应首先问候老师；长辈和晚辈见面，晚辈应首先问候长辈。

（二）一对多的问候

即一个人同时面对多个问候者时，可根据情况采取以下几种问候方式。

1. 逐一问候

（1）“由尊至卑”进行问候。当问候者清楚地知道被问候者的身份、地位、年纪等信息时，可按照“由尊至卑”的方式进行问候，即问候时遵循“先长后幼、先女后男、先上级后下级、先疏后亲”的原则逐一问候。

（2）顺时针方向，“由近而远”进行问候。当问候者不清楚被问候者的身份、地位、年纪等信息，而这些被问候者又围坐或聚在一起时，则可以按照顺时针方向，按“由近而远”的原则逐一进行问候。

2. 笼统问候

这种问候方式没有顺序之分，在面对多个被问候者时，应做到正视大家，面带微笑道以：“大家好，很高兴认识大家”“各位好”等，而不用再一一问候。

五、问候的态度

动起来

问候对方时应保持怎样的表情？请示范。

问候是传递对对方敬意和关切的一种表现。问候他人时，在具体态度上需要注意以下几点。

（一）主动

问候他人时，态度应积极主动，切忌爱理不理；当别人主动问候自己时，也应及时地予以友善回应，不可不理。

（二）热情

问候他人时，态度应热情、大方、友善；避免面无表情，不要做出一副高高在上、高不可攀的样子。

（三）大方

问候他人时，要表现得落落大方、自然得体，切忌矫揉造作、扭扭捏捏或反应夸张。问候时，要正视对方的眼睛，面带微笑，做到眼到、口到、意到，神情专注；切忌东张西望、心不在焉、注意力不集中。

（四）简洁

问候他人时，语言要简洁、干练，语气自然、平缓。切忌莫名亢奋、表情夸张、东拉西扯、恭维过度。

六、问候的注意事项

（1）不要在公共场所大声呼名唤姓。

（2）当对方主动问候自己时，要及时予以友善回应。

（3）交际场合中，如双方相距较远通常可用举右手、点头、欠身、脱帽等方式向相识的人表示问候。

（4）问候别人时，切忌把手插在衣兜里。

动起来

当我们向对方挥手致意表示问候时，通常使用左手还是右手，为什么？

第二节　握　　手

握手是当今世界上使用范围最广的见面礼节，也是人们日常生活中最常使用的礼仪。

关于握手的起源，一般有两种说法。

说法一：握手礼来源于战争。古代战争期间，骑士们都穿盔甲，除两只眼睛外，全身都包裹在铁甲里。如果要向对方表示友好，骑士在走近对方时就会脱去右手的盔甲并伸出右手，表示没有武器，双方便可握手言好。后来，这种友好的表示方式流传到民间，就成了握手礼。当今行握手礼也都不戴手套，朋友或互不相识的人初识、再见时，先脱去手套，才能施握手礼，以示对对方尊重。

说法二：握手礼来源于原始社会。早在远古时代，人们以狩猎为生，如果遇到素不相识的人，为了表示友好，就赶紧扔掉手里的打猎工具，并且摊开手掌让对方看看，示意手里没有藏东西。后来，这个动作被武士们采用，他们为了表示友谊，不再互相争斗，就互相摸一下对方的手掌，表示手中没有武器。随着时代的变迁，这个动作就逐渐形成了现在的握手礼。

握手是大多数国家的人们见面和离别时相互致意的礼仪。交往双方在握手的过程中，可以传递出欢迎、祝福、尊敬、致歉、慰问、惜别、排斥等各种各样的人际交往信息。握手这一动作虽然简单，但握手时的主动与被动、握手的力度、相握时间长短、身体的俯仰程度、双方的面部表情及目光专注度等方面，往往都会表现出握手者对交往对象的礼遇程度和不同的态度，透露出交往双方的想法。因此，握手是大有讲究的，学习握手方面的礼仪对于我们在社交和商务活动中因人施礼并了解对方的心态及性格特点有重要意义。

一、握手的时机

动起来

是否在所有情况下我们都应与人握手？如果不是，请举例说明。

（一）应当握手的场合

握手是人们日常交际的基本礼仪，在必须握手的场合如果拒绝或忽视了别人伸过来的手，是一种失礼的行为。具体说来，下列场合应该与人握手：作为东道主迎接或送别客人时，拜访他人时，道别辞行时，被介绍与人相识时，与亲友久别重逢时，在社交场合遇到熟人时，对方给予自己帮助、支持、鼓励时，祝贺他人时，劝慰他人时，接受他人馈赠或对方向自己颁发奖品时……

此外，还应本着“礼貌待人，自然得体”的原则，灵活地掌握行握手礼的时机，以显示自己的修养和对对方的尊重。

（二）不宜握手的场合

不适宜与他人握手的场合有以下一些。

其一，对方手部有伤或手上拿着较重的东西时。

其二，手中忙于其他事务。如正在打电话，用餐，喝饮料等。

其三，对方在相距较远的地方。

当交往对象不便行握手礼时，为了不造成对方的尴尬，可采用其他方式向对方致意。

二、握手的要求

动起来

请结合所学知识，与邻座的同学相互握手。

握手的标准姿势如图 6-1 所示。握手时，两人相距约一步，上身稍前倾，伸出右手，四指并拢，拇指张开，两人的手掌与地面垂直相握，上下轻摇，一般二三秒为宜，握手时注视对方，微笑致意或简单地用言语致意、寒暄。

图 6-1　握手的标准姿势

握手作为一种见面礼，有其约定俗成的规范和要求，应注意以下几点。

（一）起身站立，使用右手

与人握手时除长辈、女士或有病在身、身体不便等特殊情况外，均应起身站立，距离握手对象约一米处，双腿立正，上身稍向前倾，伸出右手与人相握。

（二）神情专注

与人握手时，神态应热情、专注、自然、友善。通常情况下，应面带微笑，目视对方的眼睛。切忌与人握手时左顾右盼、心不在焉、态度敷衍，或是迟迟不握别人主动伸出来的手，这些行为都是非常失礼的。

（三）手位恰当

握手时，规范的手位有右手单手相握和双手相握两种。

（1）单手相握时，手掌垂直于地面最为适当，表示自己不卑不亢的态度，称为“平等式握手”。与人握手时掌心向上，表示自己谦虚、谨慎，又称“友好式握手”；与人握手时手心向下，表示自己感觉很好，自高自大，又称为“控制式握手”，通常不宜采用。

（2）双手相握，俗称“手套式握手”，即用右手握住对方右手，再以左手握住对方右手的手背。这种方式适用于亲朋故旧之间，以表达自己的深厚情谊。一般而言，这种方式的握手并不适用于初识者与异性，因为它有可能被理解为讨好或失态。

双手相握时，左手除握住对方右手手背外，还有人握住对方右手手腕、握住对方右手手臂、按住或拥住对方右肩。除非至交之间的交往，此类握法最好不要滥用。

（四）力度适中

与人握手时，要注意力度适中，握得太紧会让对方觉得你夸张、粗俗、莽撞，握得过轻又让人觉得你不够热情，缺乏诚意、敷衍了事。

（五）时间适宜

握手的时间不宜过长也不宜过短，尤其是异性之间握手，时间太长会显得过度热情，容易被人误解、而时间太短又会显得傲慢无礼，好像对对方有所戒备。通常情况下，与人握手的时间应控制在三秒钟以内，表示完欢迎或者告辞致意的话以后，即可放下。

（六）稍事寒暄

与人握手时，切忌面无表情、默不作声，容易让交往对象感到尴尬，最终导致冷场。所以，握手时应辅以一定的口头问候，如“您好”“见到您很高兴”“恭喜您”“辛苦了”，等等，以活跃交往气氛，表达友善的态度。

三、握手的次序

动起来

在商务交往场合，宾主双方握手时应当由谁先伸出手来？

在正式的商务交往场合，行握手礼时最重要的问题是握手的双方应当由谁首先伸出手来“发起”握手，即握手的先后次序问题。如果不了解相关规则，贸然“先下手为强”，有可能会因为得不到对方的回应而陷入难堪的局面。

（一）“尊者决定”原则

根据礼仪规范，握手时双方伸手的先后顺序应由“尊者决定”，即在“先高后低、先长后幼、先女后男、先主后宾”的原则下进行。也就是说，在两人握手时，通常是地位较高的一方先行伸手，地位较低的一方再予以回应，如果地位较低的一方贸然抢先伸手，则是极为失礼的表现。

“尊者决定”原则恰到好处地对地位较高的一方表示了尊重，也保护了地位较低一方的自尊。握手表示一切交往的开始，位尊者若不想与位卑者继续交往，可以不必伸手；相反，则表示位尊者对位卑者印象不错，有进一步交往的意愿。

（二）具体情况

具体而言，上级与下级握手，应由上级首先伸出手；社交场合的先至者与后来者握手，应由先至者首先伸手；长辈与晚辈握手，应由长辈首先伸手；老师与学生握手，应由老师首先伸手；年长者与年幼者握手，应由年长者首先伸手；女士与男士握手，应由女士首先伸手；已婚者与未婚者握手，应由已婚者首先伸手；职位、身份较高者与职位、身份较低者握手，应由职位、身份较高者首先伸手。

需要注意的是，通常在商务场合，握手时伸手的先后顺序主要取决于职位、身份高低；而在社交场合，握手时伸手的先后顺序则主要取决于年龄、性别、婚否。

若一个人需要与多人握手，则握手时亦应讲究先后次序，由尊而卑地进行握手，即先年长者后年幼者，先长辈后晚辈，先老师后学生，先女士后男士，先已婚者后未婚者，先上级后下级，先职位、身份高者后职位、身份低者；或遵循由近及远、顺时针方向的规则。

在接待来访者时，当客人抵达时，一般应由主人首先伸出手来与客人相握，表示“欢迎”。而在客人告辞时，则应由客人首先伸出手来与主人相握，表示“感谢招待”“再见”。若这一次序颠倒，则极易让人产生误解。

应当强调的是：上述情况一般用于律己，却不可处处苛求他人。当自己处于尊者之位时，若他人抢先伸出手来，最礼貌的做法是积极地与人配合。若苛求和过于拘泥于礼仪次序，不仅使人难堪，更会使自己的声誉受到损害。

四、握手的禁忌

动起来

你知道握手时有哪些注意事项吗？

握手时需要注意以下事项。

（1）忌戴着手套与人握手，只有女士在社交场合戴着薄纱手套握手才是被允许的。

（2）忌戴着墨镜与人握手，患有眼疾或眼部有缺陷者例外。

（3）与人握手时，左手应当在身体的一侧自然垂放，切忌插兜或拿着东西，给人散漫、随便的感觉。

（4）忌与人握手时一只脚站在门外，一只脚站在门内。

（5）忌用左手与他人握手。

（6）忌争先恐后握手，以避免多人重叠、交叉握手，也不能用两只手分别同不同的人握手。

（7）忌拒绝和别人握手，即使有手疾或汗湿、污渍，也要和对方说明一下情况“对不起，我的手现在不方便”，以免造成不必要的误会。

（8）忌握手时面无表情，不置一词或长篇大论、点头哈腰、过分客套。

（9）忌在握手时只递给他人一截冰冷的手指尖，即“死鱼式握手”，这是非常失礼的做法。

（10）忌在与人握手之后，立即擦手或洗手。

第三节　鞠　　躬

鞠躬起源于中国，商代有一种祭天仪式“鞠祭”：祭品牛、羊等不切成块，而将整体弯卷成圆的鞠躬形，再摆到祭处奉祭，以此来表达祭祀者的恭敬与虔诚。这种习俗在一些地方一直保留到现在，人们在现实生活中，逐步沿用这种形式来表达自己对地位崇高者或长辈的崇敬。

鞠躬，主要表达“弯身行礼，以示恭敬”的意思，是人们在生活中用来表示对别人的恭敬而普遍使用的一种礼节，既适用于庄严肃穆、喜庆欢乐的仪式场合，又适用于普通的社交和商务活动场合。朋友初次见面、同志之间、宾主之间、下级对上级及晚辈对长辈等，都可以鞠躬行礼表达对对方的尊敬。

一、鞠躬礼的方式

一鞠躬礼：适用于社交场合、演讲、谢幕等。男士的双手自然下垂，贴放于身体两侧裤线处；女士的双手下垂搭放在腹前。身体立正，目光平视，鞠躬时身体上部向前倾斜约15～20度，随即恢复立正姿势，只做一次。

三鞠躬礼：又称“最敬礼”。男士的双手自然下垂，贴放于身体两侧裤线处；女士的双手下垂搭放在腹前。身体立正，目光平视，鞠躬时身体上部向前下弯 90 度，然后恢复立正姿势，如此连续三次。

二、鞠躬礼的正确姿态

鞠躬礼的正确姿态如图 6-2 所示。

a）　　　　b）

图 6-2　鞠躬礼的正确姿态

a）女士行礼　b）男士行礼

动起来

请结合所学知识，与邻座同学相互鞠躬。

行礼者和受礼者互相注目，不得斜视和环视；行礼者在距受礼者两米左右进行；行礼时，以腰部为轴，头、肩、上身顺势向前倾约 20～90 度，具体的前倾幅度还可视行礼者对受礼者的尊重程度而定；双手应在上身前倾时自然下垂放至两侧，也可两手交叉相握放在体前，面带微笑，目光下垂，还可附带问候语，如“你好”“早上好”等，施完礼后恢复立正姿势。

通常，受礼者应以与行礼者的上身前倾幅度大致相同的鞠躬还礼，但是长辈对晚辈、上级对下级不必以鞠躬还礼，欠身点头还礼即可。

三、行鞠躬礼的注意事项

行鞠躬礼时应注意以下几点。

（1）一般情况下，鞠躬前要脱帽，戴帽子鞠躬是不礼貌的行为。

（2）鞠躬时，目光应该向下看，表示一种谦恭的态度。不可以一面鞠躬一面翻起眼看对方，这样的姿态即不雅观，也不礼貌。

（3）鞠躬礼毕起身时，双目还应该有礼貌地注视对方。如果视线四处游离，即使行了鞠躬礼，也让人质疑真诚性。

（4）鞠躬时，嘴里不能吃东西或叼着香烟。

（5）上台领奖时，要先向授奖者鞠躬，以示谢意，再接奖品，然后转身面向全体与会者鞠躬行礼，以示敬意。

第四节 介　　绍

所谓介绍，通常指在人们初次相见时，经过自己主动沟通，或者借助第三者的帮助，使原本不相识者彼此之间有所了解、相互结识。介绍是社交和商务场合中人们互相认识、增进了解、建立联系的基本方式。在商务活动中了解和掌握介绍礼仪的基本技巧，有利于给交往对象留下良好的第一印象，扩大社交圈，结识更多的朋友。

一般情况下，介绍包括自我介绍、他人介绍、集体介绍三种类型。

一、自我介绍

动起来

请面对全班同学做一分钟自我介绍。

自我介绍，就是在必要的社交场合，由自己担任介绍的主角，自己将自己介绍给其他人，以使对方认识自己。

（一）自我介绍的时机

何时应当进行自我介绍？这是一个非常重要的问题，一般情况下，当遇到下列时机时有必要向他人进行自我介绍：社交场合，别人表现出有认识自己的意图时；参加大型聚会，主人不可能进行一一的人员介绍，参会人员可以相互进行自我介绍，以便交流时；想要认识某人或进入某个陌生人组成的交际圈时；初次登门拜访素未谋面的人时；对方请求自己做自我介绍时；求职面试时；路途中与他人不期而遇，需要建立临时联系时；等等。

（二）自我介绍的形式

在社交场活动中，欲结识某人或某些人，当无他人引见时，由自己充当介绍者，把自己介绍给对方，这种自我介绍称为“主动型自我介绍”。

应他人要求，针对自己的某些具体情况进行自我介绍，这种介绍称为“被动型自我介绍”。

根据不同环境、场合的需要，自我介绍有以下几种具体形式。

（1）应酬式。在一般性社交场合，面对泛泛之交不愿深交者，可采用应酬式自我介绍，这种自我介绍内容最简洁，通常只有姓名一项。如：“您好！我叫李敏。”

（2）工作式。在商务场合，希望与对方建立工作关系，如业务洽谈、工作联系等，可采用工作式自我介绍。其内容包括介绍者的姓名、供职单位和部门、所担任的职务或从事的具体工作三项。如：“您好！我叫王璐瑶，是骏驰股份有限公司销售部副经理。”

（3）交流式。社交活动中，希望与交往对象进一步交流与沟通，可采用交流式自我介绍，就对方可能感兴趣的问题进行择要介绍。其内容包括介绍者的姓名、籍贯、学历、爱好及与交往对象共同认识的人等。如：“您好！我叫赵强，是万圣实业有限公司总经理，我和您先生是初中同学。”

（4）礼仪式。在讲座、报告、演出、庆典、仪式等正规场合，希望向对方表达敬意，可采用礼仪式自我介绍。其内容包括介绍者的姓名、单位、职务等，也可适当加入一些谦辞、敬辞。如：“各位来宾，大家好！我叫范丽华，是华旭贸易公司的营业部经理。我代表本公司热烈欢迎大家的光临……”

（5）问答式。在应试、应聘及普通性质的交际场合可采用问答式自我介绍。这种介绍主要根据提问者的问题进行回答，即有问必答。例如，问：“小姐，您好！请问您贵姓？”答：“您好！免贵姓刘。”

（三）自我介绍的注意事项

（1）来而不往非礼也，如果对方主动做了自我介绍，那么在对方自我介绍结束后自己也应做相应的自我介绍作为回应。

（2）措辞准确。进行自我介绍时力求措辞准确，实事求是，既不能夸夸其谈，让人觉得华而不实，又不能过分谦虚，故意贬低自己，让人觉得虚伪。

（3）态度真诚。进行自我介绍时，双眼要正视对方的眼睛，面带微笑，态度要自然随和、真诚友善、落落大方、充满自信，切忌表现得矫揉造作、畏畏缩缩或虚张声势、指手画脚。说话时，吐字要清晰、语调要平和，过快或过慢的语速、含糊不清的语音、冷漠的语气都会给对方留下不好的印象。

（4）控制时间。进行自我介绍时，力求简明扼要，尽可能地节省时间，一般控制在一分钟以内为宜。为了保证自我介绍的效率，可以在事前进行相应的准备，打好腹稿；同时，应尽量选择对方比较空闲、心情较好、干扰少、有兴趣时进行自我介绍，反之，则不宜进行自我介绍；必要时，还可递上名片作为自我介绍的辅助。

（5）内容适度。根据不同的环境、不同的社交场合、不同的交往对象来决定自我介绍的内容。通常情况下，交往之初只需要最简单的自我介绍，其他情况可在后续接触当中进一步补充。

二、他人介绍

动起来

请思考，如何为老师和某位同学做介绍。

他人介绍，又称“第三者介绍”，指的是经第三者为彼此不相识的双方引见、介绍的一种介绍方式。如图 6-3 所示。

图 6-3　他人介绍

在为他人介绍时，通常下列身份者可以作为介绍者：商务交往中的专职接待人员，如礼宾人员、文秘人员等；社交活动的主办方；与被介绍双方相识者；应被介绍一方或双方要求者；家庭聚会中的女主人；在交际活动中，被指定的介绍者；社交场合中的长者；正式活动中地位、身份较高者，或者主要负责人员。

（一）他人介绍的时机

当遇到下列情况时，应充当他人介绍的介绍者：陪同上司、长者、来宾时，遇见了他们不相识的人士，而对方又跟自己打了招呼时；被邀请为他人做介绍时；想要推荐某人加入某个交际圈时；陪同亲友拜会其不相识者时；等等。

（二）他人介绍的形式

（1）简介式。在一般社交场合，为了使双方认识，可采用简介式他人介绍的形式，只介绍双方的姓名即可，有时甚至只提到双方的姓氏。如：“我来介绍一下，这位是小唐，这位是老张，你们彼此认识一下吧！”

（2）引见式。在普通社交场合将被介绍双方引见到一起，不需要对双方继续具体介绍，如：“两位认识一下吧，都在一个公司共事，自我介绍一下吧！”

（3）强调式。多用于各类社交活动，其内容除了被介绍者双方的姓名外，通常可以强调其中一方或双方的某些特殊之处。如：“这位是张教授的学生邓霞，是《都市日报》社的记者，这位是阳关集团的总经理唐文强先生，请唐总多多关照。”

（4）推荐式。在比较正式的场合将被介绍一方举荐给另一方，可采用推荐式他人介绍的形式，被推荐一方的优点通常是介绍的主要内容。如：“这位是周峰先生，这位是我们公司的赵鹏董事长。周峰刚从国外留学回来，是哈佛大学经济学博士，管理学专家。赵总，我想您有兴趣和周峰先生聊一聊。”

（5）标准式。在正式场合介绍双方认识，并建立工作联系。介绍内容包括姓名、单位、职务等。如：“请允许我来为两位引见一下。这位是满江集团的销售部经理王东先生，这位是东海集团公关部经理李巧巧女士。”

（6）礼仪式。适用于正式场合，是最为正规的他人介绍形式。其内容与标准式略同，但介绍时语气、语句、称呼更加谦恭。如：“李女士，您好！请允许我把满江集团的销售部经理王东先生介绍给您。王先生，这位是东海集团公关部经理李巧巧女士。”

（三）他人介绍的顺序

为他人做介绍时，应遵循“尊者优先了解情况”的规则。首先确定双方地位的尊卑，然后先介绍位卑者的情况，即应确保尊者拥有“优先知情权”。

根据这些规则，在为他人介绍时的顺序一般如下。

（1）介绍长辈和晚辈认识时，应先介绍晚辈后介绍长辈。

（2）介绍男士和女士认识时，应先介绍男士后介绍女士。

（3）介绍上级和下级认识时，应先介绍下级后介绍上级。

（4）介绍已婚者和未婚者认识时，应先介绍未婚者后介绍已婚者。

（5）介绍年长者和年幼者认识时，应先介绍年幼者后介绍年长者。

（6）介绍同事、朋友和家人认识时，应先介绍家人后介绍同事、朋友。

（7）介绍来宾和主人认识时，应先介绍主人后介绍来宾。

（8）介绍职位、身份高者与职位、身份低者认识时，应先介绍职位、身份低者后介绍职位、身份高者。

（9）在社交场合，介绍先来者和后到者认识时，应先介绍后到者后介绍先来者。

（四）他人介绍的注意事项

（1）介绍者在为被介绍双方作介绍前应征求被介绍双方的意见，切忌行为突兀，贸然行事。

（2）被介绍者在介绍者询问自己是否有意认识某人时，一般应大方接受，如实在不愿意，应向介绍者说明原因。

（3）在介绍者为被介绍双方进行介绍时，被介绍双方应起身站立，目视对方或介绍者，态度大方、自然。

（4）当介绍者介绍完毕后，被介绍双方应按照礼仪顺序握手，并彼此问候；切忌表现得心不在焉、拿腔拿调，或低三下四、阿谀奉承。

三、集体介绍

集体介绍，即他人介绍的一种特殊方式，它是指介绍者在为他人介绍时，被介绍者其中一方或者双方不止一人，甚至是许多人。

（一）集体介绍的时机

集体介绍可分为为一人和多人做介绍以及为多人和多人做介绍两种。

当遇到以下情况时，可充当集体介绍的介绍者：大型的商务活动，参加者不止一方，而且各方不止一个人时；较大规模的社交聚会，有多方参加，各方均不止一个人时；举行会议，应邀前来的与会者不止一个人时；会见、会谈，各方参加者不止一个人时；等等。

（二）集体介绍的顺序

集体介绍时，其先后顺序大多比照介绍他人的规则进行，也可参考以下方法。

（1）单项式介绍。将一个人介绍给大家。这种方法主要适用于重大的活动，如演讲、报告、会见等，将主角介绍给广大参加者，而不必向主角一一介绍各个参加者。

（2）概括式介绍。当被介绍双方人数均较多，且没有必要或可能逐一介绍时，可酌情简明扼要地介绍双方的情况。如："介绍一下，这边这些都是我的家人，这几位是我单位的同事。"

（3）尊卑式介绍。正式商务交往中，如被介绍双方均为多人时，应遵循"尊者优先了解情况"的规则，先介绍位卑的一方，后介绍位尊的一方，而且在介绍其中任何一方时，也应按照由尊及卑的顺序逐一介绍其具体人员。

（4）"少数服从多数"。当被介绍者双方身份、地位大致相似时，应遵循少数服从多数的原则，先介绍人数较少的一方，后介绍人数较多的一方，同时在介绍其中任何一方时，也应按照由尊及卑的顺序逐一介绍其具体人员。

（三）集体介绍的注意事项

（1）介绍集体时不要使用易产生歧义的简称。如，不要讲"人大"，而应明确说明是"市人大"还是"中国人民大学"。

（2）郑重其事。介绍者的言行应得体大方，不宜乱开玩笑，过于随意。

第五节　名片使用

名片，又称"卡片"（粤语写作"咭片"），中国古代称"名刺"，是标示姓名及所属组织、公司单位和联系方法的纸片。名片是新朋友互相认识、自我介绍最快最有效的方法。交换名片（见图 6-4）是商业交往的第一个标准官方动作。

图 6-4　交换名片

一、名片的用途

动起来

请列举你所知道的名片用途。

（一）自我介绍

初次见面的自我介绍大多会因为各种各样的原因达不到预期效果，而口头的自我介绍结束后递上一张名片作为辅助，则能使自我介绍的效果得到最好的强化。因为名片上有自己的相关信息，能够增加交往对象对自己的了解，加深印象。

（二）结交朋友、保持联络

主动递送名片代表着渴望与对方进一步交往的意愿，而名片上的通信信息则有利于与名片提供者保持联系。

（三）业务往来

公务式名片上通常印有归属单位等内容，因此，名片也可作为本人所在单位的宣传媒介，扩大交际面，争取更多潜在合作对象。

（四）通知变更

可以通过名片上信息的变化及时向同事、朋友传递自己的最新近况，如：晋升、调任、乔迁等。

（五）拜会他人

在初次拜访他人时，可以先递交名片，让对方决定是否会见，以避免冒昧造访引起尴尬。

（六）简短留言

当拜访他人而对方不在时，可以在名片上留下简短留言，将名片留下或托人转交，不易误事。

（七）用作礼单

把名片附在赠送的礼物中或放入不封口的信封内固定在礼品外包装上，让对方知道是谁送的礼。

（八）替人介绍

介绍某人去会见另一人时，可以将本人的名片叠放在被介绍人的名片之上，用回形针固定，有时还可以在本人名片的左下角写上意为“介绍”的法文短语缩写“p.p.”，把它装入信封，再交给被介绍人。这样一封介绍信是非常正式的，会受到高度重视。

二、名片的分类

由于内容、用途的不同，名片通常可以分为四类。

（一）应酬式名片

应酬式名片主要适用于在社交场合应付泛泛之交、馈赠时用作礼单、短信等。通常内容只有个人姓名一项。

（二）社交式名片

社交式名片主要适用于在社交场合进行自我介绍、结交朋友、保持联络等。其内容包括个人姓名和联络方式。一般情况下，个人姓名用大号字体印在名片中央，联络方式则以小号字体印在名片右下方，其内容包括：家庭住址、邮编，必要时可以加印住宅电话，但一般不会印办公地址。

（三）公务式名片

公务式名片是目前最为常见的个人名片。一张标准的公务式名片上应包含工作单位、本人称呼、联络方式三项内容。一般情况下，本人称呼应以大号字体印在名片中央，归属单位以小号字体印在名片左上角，联络方式则以小号字体印在名片右下角。

（1）归属单位，通常包括供职单位、企业标志、所在部门等内容。名片上印制的供职单位和所在部门均不宜超过两个，如有需要可多印制几种专用名片。此外，供职单位和所在部门均应采用全称。

（2）本人称呼，包括本人姓名、职务、职称三项内容，若有多个职务或职称头衔，则可根据需要选择比较重要的印在名片上，不宜过多。

（3）联络方式，通常由单位地址、邮编、办公电话三个部分组成，也可根据自己的实际情况有选择地将手机号码、电子信箱、传真号码印到名片上。

（四）单位式名片

单位式名片主要用于单位对外宣传、推广活动。通常包括单位全称及标志、单位的联络方式两项内容。其中，单位的联络方式包括单位地址、邮编、单位电话等。

三、递送名片

名片持有者在递送名片时要做到自然、大方、态度谦恭。向对方递送名片时，应起身站立，面带微笑，双眼注视对方，上身前倾 15 度，用双手的拇指和食指分别持握名片上端的两角，将名片正面的文字正对着对方，递送时可以说一些："我是××，这是我的名片，请笑纳。""这是我的名片，请多联系。""这是我的名片，请多关照。"之类的客气话。在递名片时一定要郑重其事，切忌目光游移或漫不经心。

出示名片还应把握好时机，如：初次相识，自我介绍或别人为你介绍时；双方交流融洽，表示愿意建立进一步联系时；当双方告辞时，可取出自己的名片递给对方，以示愿结识对方并希望能再次相见，以加深对方对你的印象，等等。

双方交换名片时，一般由位卑者首先将自己的名片递送给位尊者；与多人交换名片时，一般按照由近及远或由尊及卑的次序依次进行。

四、接受名片

接受他人名片时，应立即起身站直，面带微笑，双手或右手接过名片同时表示感谢或重复对方使用的敬语，如"谢谢""请您多指教""请您多关照"等。接过名片后应立刻认真将其从头到尾默读一遍，必要时可将名片上比较重要或较高的职务读出声来，以示对赠送名片者的尊重，同时也加深对名片的印象，如果名片中有不清楚的内容，要适时请教；然后郑重地放入自己的名片夹或其他稳妥的地方。切忌接过对方的名片一眼不看就随手放在一边、塞进衣袋，也不要在手中随意玩弄、搓来搓去，或者转交他人，忘记带走，更不能在名片上压东西，否则会伤害对方的自尊，影响彼此的交往。

收好对方的名片后再将自己的名片递送出去，切忌一来一往同时进行。

五、索要名片

向他人索要名片最好不要直来直去，可委婉索要，如：向对方提议交换名片，主动递上自己的名片以求得对方予以“呼应”，面向长辈、尊者时可询问“今后如何向您请教”，面对平辈或晚辈时可询问“以后如何与您联系”，等等。

动起来

邻座同学相互之间进行递送名片、接受名片、索要名片的练习。

六、婉拒他人索取名片

当他人向自己索取名片，但自己不愿意给对方时，不宜直截了当地拒绝对方，而应该委婉表达此意，如“对不起，我忘记带名片了”，或者“抱歉，我的名片用完了”。

若自己没有名片又不想直说时，也可以用上述方式进行委婉表述。

如果自己确实是没带名片或用完了，在说明的情况下可以再补充一句“改日一定补上”，并且一定要言出必行，否则会让对方觉得被敷衍、欺骗了。

七、名片的存放

名片应放在专门的名片夹里。通常情况下，男士的名片夹应放在西服左胸内侧的口袋内或专门的公文包内，女士的名片夹应放在手提包里。参加社交活动前应事先准备好名片。

参加社交活动后，要及时将收到的名片进行整理，通常可分类存放：按姓名汉字笔画多少分类；按姓名的拼音字母顺序分类；按行业或部门分类；按国别、地区分类等。

礼仪智库

握手，这样一个极为平常的礼仪，如果在特殊条件下进行，甚至可成为历史性的、划时代的标志。周恩来与尼克松的握手，就是这样的一握。

1972 年 2 月 21 日，美国总统尼克松踏上中国的土地，开始了一次他称之为“谋求和平的旅行”。11 时 30 分，飞机平稳地停在候机楼前。机舱门打开了，穿着大衣的尼克松总统与夫人帕特两人走出舱门。按惯例，应该是随行人员先出现在舱门，而尼克松却早有安排，他让其他人员退后，自己第一个出现在舱门，他要人们看到中美领导人在第一时间照面的镜头。据基辛格在《白宫岁月》中的回忆，尼克松做出这样的决定是经过精心考虑的，“总统决定，当他纠正这一失礼行为时（指杜勒斯拒绝与中国人握手），不能有其他美国人在电视镜头中出现而分散群众的注意力。罗杰斯（时任国务卿）和我留在飞机上，直到他们握手结束。抵达北京前我被这样告诫过至少十几次，根本不可能忘记了。……尼克松单独一人和周恩来历史性地握手完满结束以后，我们大家才像变魔术似的出现。”

尼克松走在舷梯上时，周恩来就开始鼓掌，尼克松也按中国的习惯鼓掌相还。不等走下舷梯，尼克松已经微笑着伸出他的手，周恩来也迎上去，两双手紧紧地握在一起，足足有一分多钟。这意味着一个时代结束，也意味着一个时代开始。尼克松显得很激动，说道：“总理先生，我感到很荣幸，终于来到了你们伟大的国家。”周恩来说：“总统先生，非常欢迎你到我们的国家访问。”这一划时代历史性场面一直通过卫星电视传到全世界。在离开机场时，周恩来说：“总统先生，你把手伸过了世界最辽阔的海洋来和我握手。25 年没有交往了啊！”

到场的摄影记者很多，大家都拍到了两国领导人握手的照片，但是时任新华社中央组驻中南海专职摄影记者的杜修贤却独辟行径，抓到了俩人的手尚未握在一起、但又迅即在握的瞬间。与已经握上手的照片不同，它不但表现了握手的结果，更突出了握手的欲望，它暗示着中美关系的现状，而且画面效果超凡脱俗，可谓是“决定性的瞬间”。

（资料来源：http://book.sina.com.cn/jiyizhongdeyingxiang/excerpt/sz/2008-06-23/1859239071.shtml）

本单元小结

本单元介绍的是商务人员应掌握的基本见面礼仪规范，具体涉及问候、握手、鞠躬、介绍、名片使用等方面，是人们在日常交往中最基本的行为准则。

作业：

一、关键概念

问候　握手　鞠躬　自我介绍　他人介绍　集体介绍　名片

二、思考题

1. 在不同情况下，正确问候的顺序是什么？
2. 握手时，伸手的顺序有哪些讲究？握手的禁忌有哪些？
3. 怎样运用介绍礼仪为他人介绍？
4. 在行鞠躬礼时，应注意哪些方面的问题？

三、案例分析

1. 2000 年 4 月，新城举行春季商品交易会，各方厂家云集，企业家们济济一堂。华新公司的徐总经理在交易会上听说衡诚集团的崔董事长也来了，想利用这个机会认识这位素未谋面又久仰大名的商界名人。午餐会上他们终于见面了，徐总彬彬有礼地走上前去，“崔董事长，您好，我是华新公司的总经理，我叫徐刚，这是我的名片。”说着，便从随身带的公文包里拿出名片，递给了对方。崔董事长显然还沉浸在之前的与人谈话中，他顺手接过徐刚的名片，说了声“你好”，草草地看过就将名片放在了一边的桌子上。徐总在一旁等了一会儿，并未见崔董有交换名片的意思，便失望地走开了……

（资料来源：http://jgxy.ncgxy.com/jingpinkecheng/xnews.asp? id=118&i=7499）

问题：

请结合名片礼仪知识谈谈这位崔董事长的失礼之处。

2. 情景一：A 男 A 女两个人在门口迎候来宾。

一辆小轿车驶到，B 男下车。A 女走上前，道："王总您好！"并呈上自己的名片。又道："王总，我叫李月，是某某集团公关部经理，专程前来迎接您。"B 男道谢。A 男上前："王总好！您认识我吧？"B 男点头。A 男又道："那我是谁？"B 男尴尬不堪。

情景二：B 女陪外公司一女（C 女）进入本公司会客厅，本公司 C 男正在恭候。

B 女首先把 C 男介绍给客人："这是我们公司的陈总。"然后向自己人介绍客人："这是××公司的刘总。"

（资料来源：黄琳，《商务礼仪》，北京，机械工业出版社，2010）

问题：

（1）请判断以上情景中人物做法的正误。

A 男（　　）A 女（　　）B 男（　　）B 女（　　）

（2）做法不对的人错在哪里？应怎样做？

3. 某公司新建的办公大楼需要添置一系列的办公家具，价值数百万元。公司的总经理决定向 A 公司购买这批办公家具。

在与 A 公司的销售部联系后，其负责人打电话说要上门拜访这位总经理。总经理打算，等对方来了，就在订单上盖章，定下这笔生意。

拜访当天，A 公司销售部的负责人比预定的拜访时间提前了 2 个小时。原来 A 公司听说这家公司的员工宿舍也要在近期落成，他们希望员工宿舍需要的家具也能向自己购买。为了谈这件事，销售负责人还带来了一大堆的资料，摆满了台面。总经理没料到对方会提前到访，刚好手边又有事，便请秘书让对方等一会。这位销售负责人等了不到半小时，就开始显得不耐烦了，一边收拾起资料一边说："我还是改天再来拜访吧！"在 A 公司销售负责人收拾资料准备离开时，总经理发现自己刚才递上的名片不小心掉在了地上，对方却并没发觉，走时还无意踩在了名片上。这个不小心的失误，使总经理改变了初衷，A 公司不仅没有机会谈员工宿舍的家具购买一事，而且连几乎到手的数百万元办公家具的生意也告吹了。

（资料来源：http://fwly.wlkc.zjtie.edu.cn/content/detail.php? id=193&sid=7&cid=382）

问题：

请分析 A 公司丢掉生意的原因。

四、实训题

1. 实训目的：掌握并熟练运用商务见面礼仪规范。

2. 实训内容：学生每 3～4 人为一组，以小组为单位，自行设计一次商务见面场景，小组成员分别进行角色分工扮演，在课堂上将问候、握手、鞠躬、介绍、递接名片等礼仪连贯地表演出来。同学对各组表演进行评价，教师进行点评总结。表演之前，各组应对各自的场景设计和人员角色分配进行说明。

第七单元　商务方位、位次与商务馈赠礼仪

名人名言

没有良好的礼仪，其余的一切成就都会被人看成骄傲、自负、无用和愚蠢。

——约翰·洛克

教学目标

通过本单元学习，学习者达到以下目标：

1. 在商务交往中，能够熟练运用商务活动中的位次礼仪；
2. 在商务交往中，能够熟练运用行进中的方位礼节；
3. 在商务交往中，能够熟练运用乘车位次礼节；
4. 在商务交往中，能够得体地运用馈赠礼仪。

能力标准

能力元素	能力表现水平描述
商务活动中的方位礼仪	会议
	会客
	谈判
	签字
行进中的位次礼节	常规做法
	上下楼梯
	出入电梯
	出入房间
乘车的位次礼节	轿车上的位次
	上下轿车的顺序
馈赠礼仪	礼品的选择
	赠送礼品
	接受馈赠

引导案例

礼宾次序安排

1995年3月在丹麦哥本哈根召开了联合国社会发展世界首脑会议，出席会议的有近百位国家元首和政府首脑。3月11日，与会的各国元首与政府首

脑合影。照常规，应该按礼宾次序名单安排好每位元首、政府首脑所站的位置。首先，这个名单怎么排，究竟根据什么原则排列？哪位元首、政府首脑排在最前？哪位元首、政府首脑排在最后？这项工作实际上很难做。丹麦和联合国的礼宾官员只好把丹麦首脑（东道国主人）、联合国秘书长、法国总统以及中国、德国总理等安排在第一排，而对其他国家领导人，就任其自便了。好事者事后向联合国礼宾官员“请教”，得到的答复是：“这是丹麦礼宾官员安排的。”向丹麦礼宾官员核对，回答说：“根据丹麦、联合国双方协议，该项活动由联合国礼宾官员负责。”

（资料来源：马保奉，《外交礼仪浅谈》，北京，中国铁道出版社，1996）

商务交往中的礼宾次序非常重要，在商务活动中，如安排不当就会招致非议，甚至引起争议，影响交往双方的关系。在礼宾次序安排时，既要做到大体上平等，又要考虑到交往双方的关系，同时也要考虑到活动的性质、内容、参加活动成员的威望、资历、年龄，甚至宗教信仰、当地的风俗等。

第一节　商务活动中的方位礼仪

在会议、会客、谈判、签约等重要商务场合，方位礼仪已成为一种约定俗成的交际规范。它要求恰当地安排各位参与者的空间方向和空间位置，具体、形象化地演示和确认参与者的身份或其所代表的组织权力，因此，遵循方位礼仪非常重要。方位礼仪的核心是位次，一般是指人们在交往中彼此之间各自所处位置的尊卑顺序。在正常情况下，位次的尊卑早已约定俗成，并广为人们所接受。讲究方位礼仪，可表现出对交往对象的尊重、友好。

方位礼仪的具体做法，在不同情况下有所不同，但通常而言，应遵守的总体原则为“以远为上”“以前为上”“居中为上”“以右为上”（我国国内政务交往中采取的是我国传统做法，即以左为尊，而国际惯例则以右位尊，商务礼仪遵守的是国际惯例）“面门为上”“靠墙为上”“良好视野为上”“以高为上”等。

一、会议

动起来

日常生活中你曾留意到哪些会议的座位摆放形式？请描述。

会议，通常是指一些特定的人员被召集在一起，对某些规定的问题进行研讨、决定。正式会议均应讲究会议排位。

（一）座位的摆放

（1）礼堂式摆放。一般利用正式礼堂的固定座席。其特点是在群众席正前方设有居高临下的主席台，场面较大，多用于大型、特大型会议（见图 7-1）。

（2）教室式摆放。是礼堂式的缩微版，大多配合各种会议室进行摆放。在群众席前方亦设有主席台，但二者在同一高度之上。多用于中型会议（见图 7-2）。

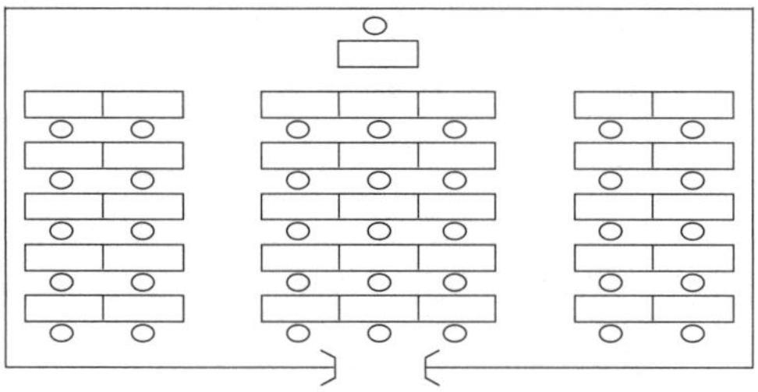

图 7-1　礼堂式摆放

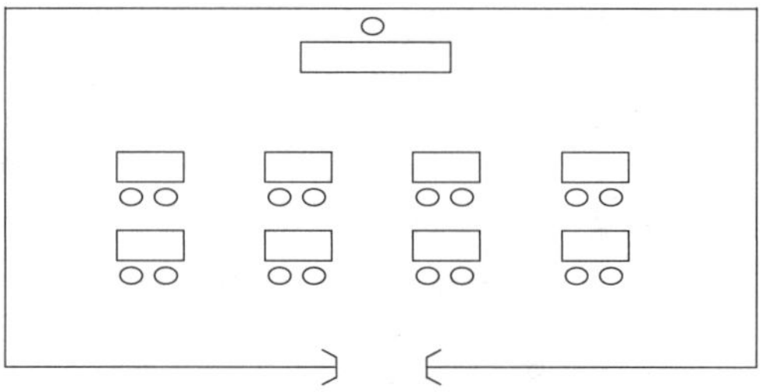

图 7-2　教室式摆放

（3）展示式摆放。其特点是多人在主席台上就座，而台下的群众席通常较为简易，且往往可以自由就座。多用于公开的说明会、展示会（见图 7-3）。

（4）分组式摆放。其基本特点是不论具体座席多少、如何进行摆放，均应分为几组，每组座席数量应大致相近。适用于分组进行的研讨会（见图 7-4）。

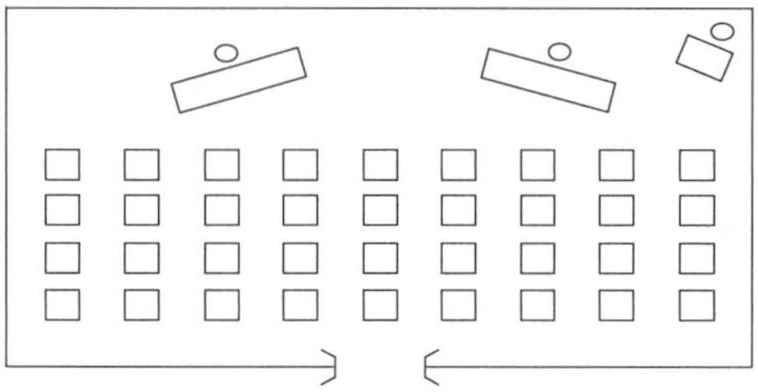

图 7-3　展示式摆放

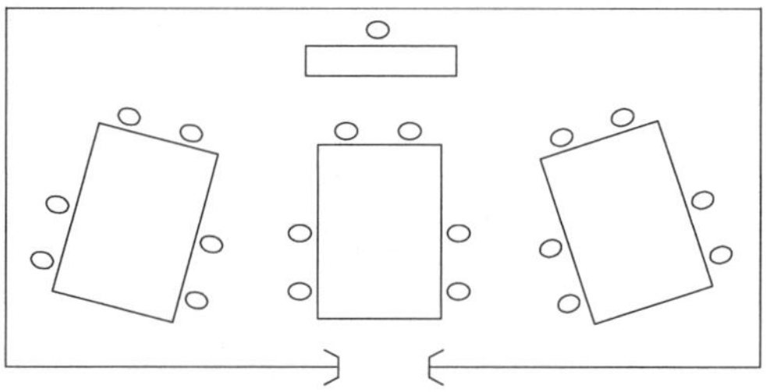

图 7-4　分组式摆放

（5）圆桌式摆放。所有与会者不分主次在一张圆桌周围入座。适用于人数较少的各类会议，尤其是内部会议（见图 7-5）。

（6）方桌式摆放。与圆桌式大体相似。二者区别在于，一为圆桌，一为方桌。它主要适用于内部、小型会议（见图 7-6）。

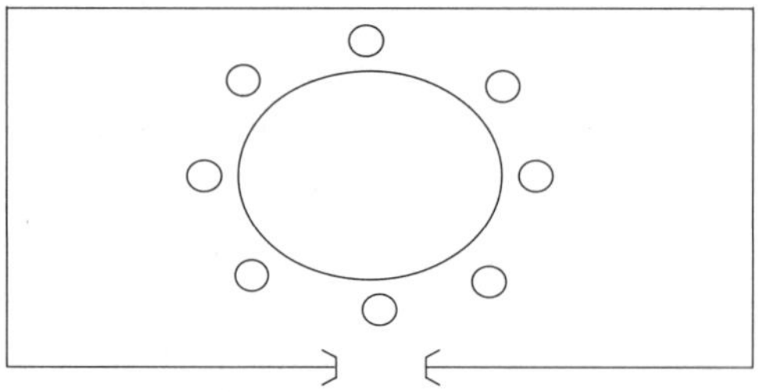

图 7-5　圆桌式摆放

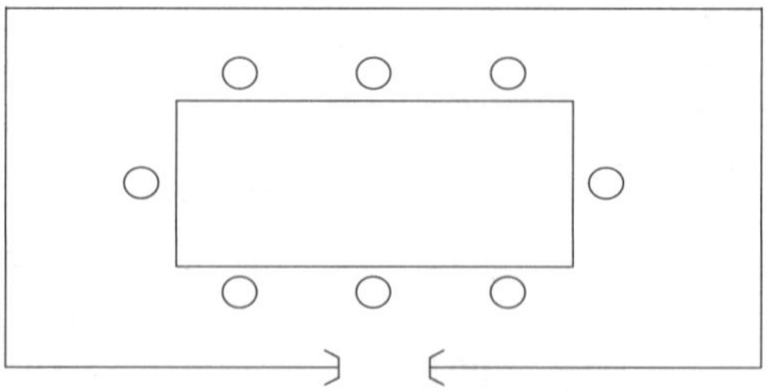

图 7-6　方桌式摆放

（7）U 字式摆放。将座席放置成英文字母 U 的形状。主要适用于讲座及培训等小型讲习会（见图 7-7）。

（8）E 字式摆放。将座席摆放成横置的英文字母 E 的形状。主要适用于规模不大的座谈会、讲习会、办公会（见图 7-8）。

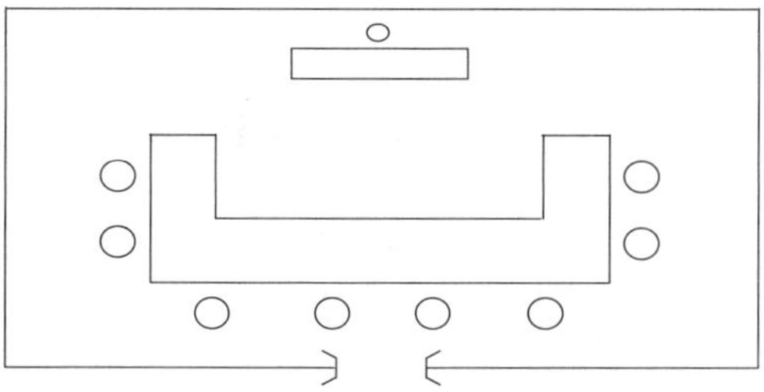

图 7-7　U 字式摆放

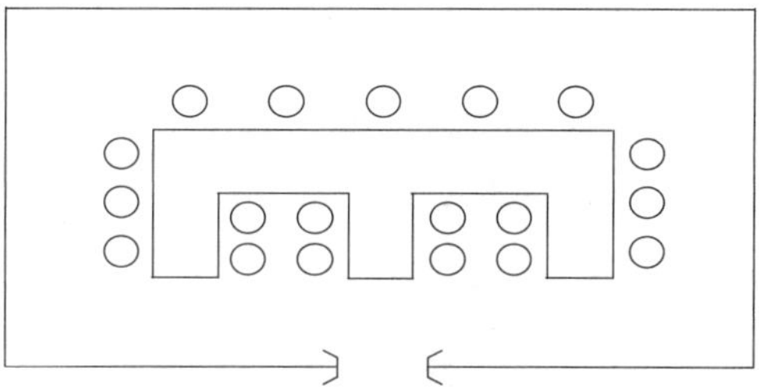

图 7-8　E 字式摆放

（二）座次的高低

（1）基本规则。会议的座次排列，主要应遵循以下四条规则：面门为上，居中为上，以右为上，前排为上。以上四条规则，往往同时使用。

（2）区别对待。参加会议的具体人数不同时，座次的排列应有所区别。

1）举行小型会议时，通常不设主席台，而是全体与会者一起就座。会议主席之位要么设在面门之处（见图 7-9），要么设在进门之时的右侧（见图 7-10）。

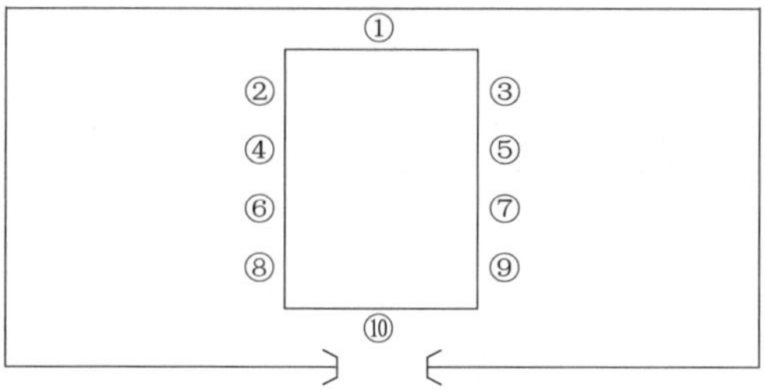

图 7-9　小型会议的座次排列方式之一

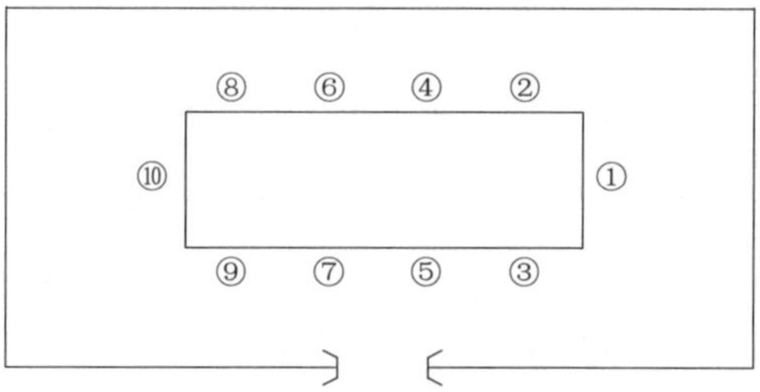

图 7-10　小型会议的座次排列方式之二

2）大型会议的座次排列往往非常讲究。具体而言，它又分为主席台座次排列与群众席座次排列两方面。前者必须认真排列，后者则可排可不排，下面分别介绍。

首先，主席台座次排列。大型会议的主席台，一般均应面对会场主入口。主席台上的具体座次，又有主席团座席、主持人座席与发言人座席之别。主席团座席的排列，往往又有单数（见图 7-11）与双数（见图 7-12）的不同。主持人座席，通常可有三种选择：第一，居于主席团前排正中央，第二，居于主席团前排右侧，第三，按其具体身份在主席团就座，但不宜令其就座于后排。发言人座席，简称“发言席”，其常规位置有两种：第一，主席团正前方（见图 7-13），第二，主席团右前方（见图 7-14）。

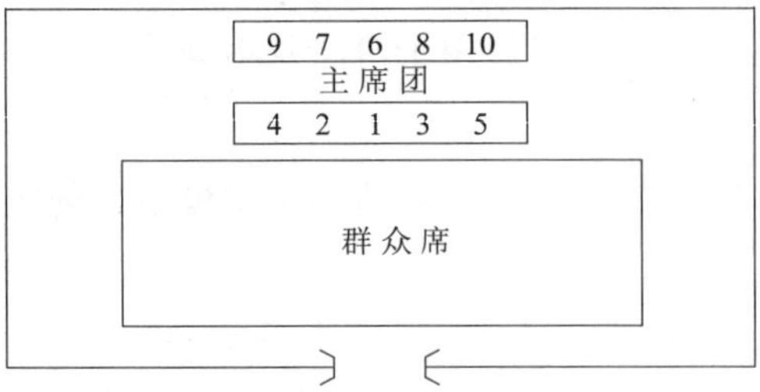

图 7-11　主席团的座次排列方式之一

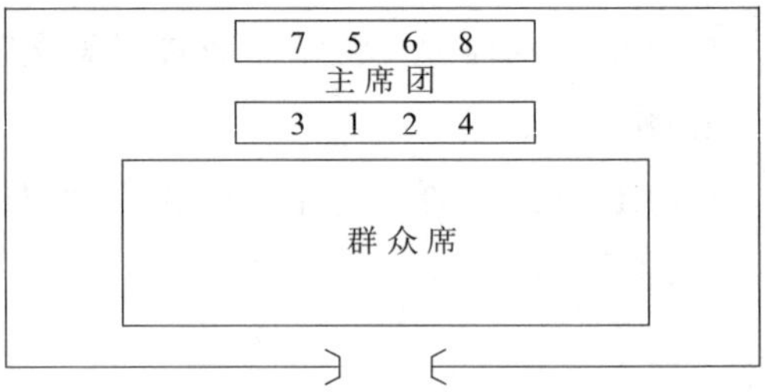

图 7-12　主席团的座次排列方式之二

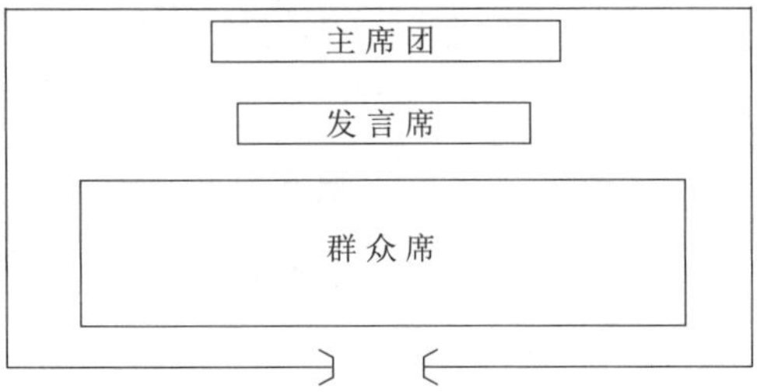

图 7-13　发言席的座次排列方式之一

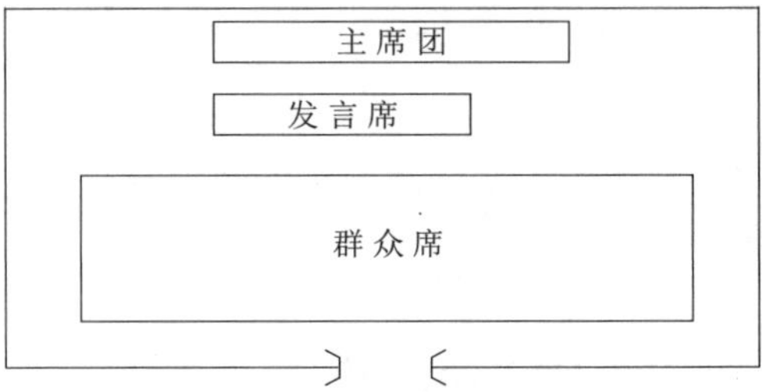

图 7-14　发言席的座次排列方式之二

其次，群众席座次排列。举行大型会议时，主席台之下的一切座席均称为群众席。群众席座次排列方式有两种：自由择座和按单位就座。在群众席上按单位排列座次时，通常应以面对主席台为基准，既可以由前往后横向排列就座（见图 7-15），又可以自右向左竖向排列就座（见图 7-16）。

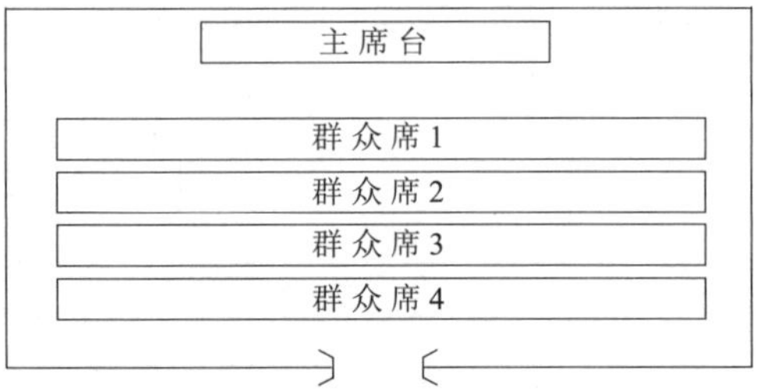

图 7-15　群众席的座次排列方式之一

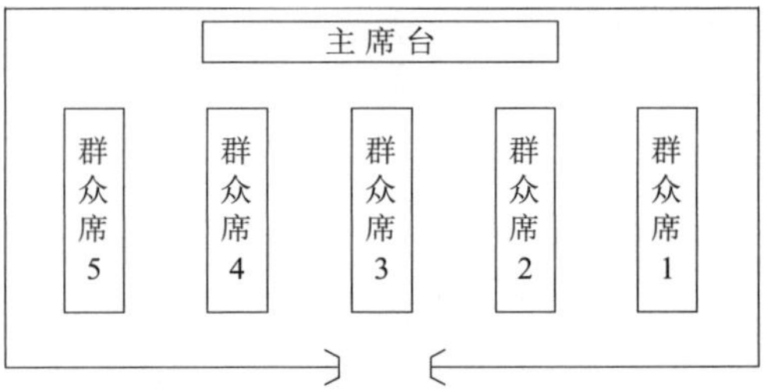

图 7-16　群众席的座次排列方式之二

二、会客

安排会客时的位次可参考以下两种方式。

（一）并列式

并列式即宾主双方并列就座，“平起平坐”往往显示双方地位相当，关系密切。具体又分为两种情况。

（1）宾主双方一同面门而坐，此时符合“面门为上”的座次排列规则，同时还应讲究

“以右为上”，即主人应请客人在自己的右侧就座（见图 7-17）。

当宾主双方一同面门而坐，主人居左、主宾居右面对会客室房间正门就座，双方的其他随行人员按照一定的礼宾顺序自高而低地分别在主人或主宾的一侧面对面地就座（见图 7-18）。

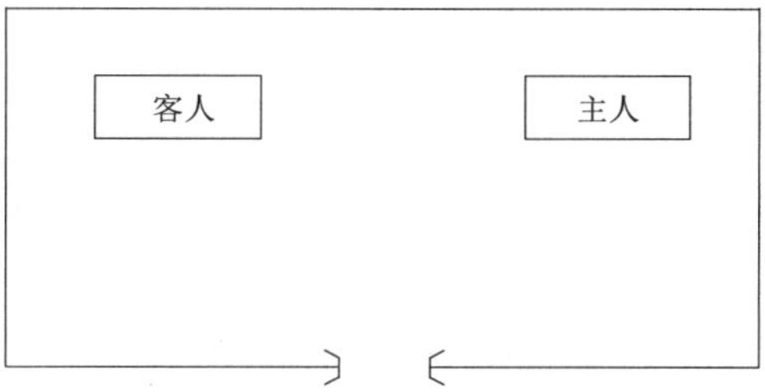

图 7-17　并列式会客的座次排列之一

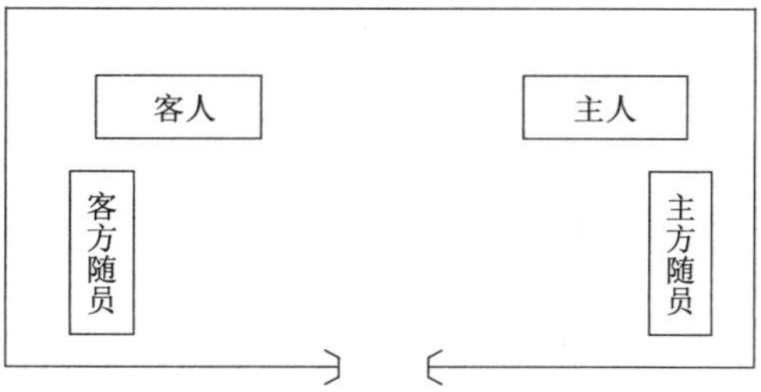

图 7-18　并列式会客的座次排列之二

（2）宾主双方一同并排坐在室内的右侧或者左侧。这时，应根据“以远为上”的座次排列规则，请客人在距门较远的地方就座，而主人则在距门较近的地方就座（见图 7-19 和图 7-20）。

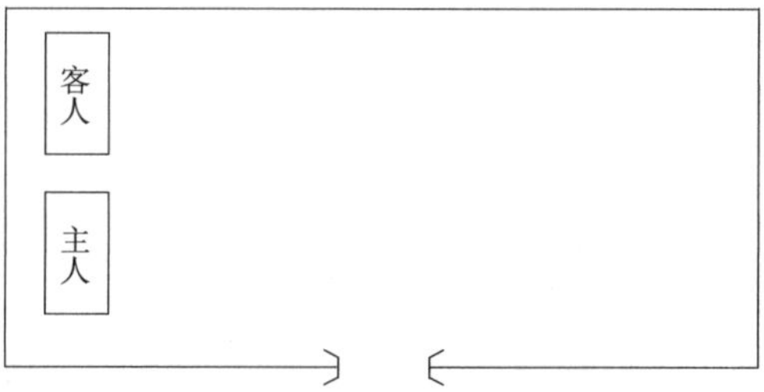

图 7-19　并列式会客的座次排列之三

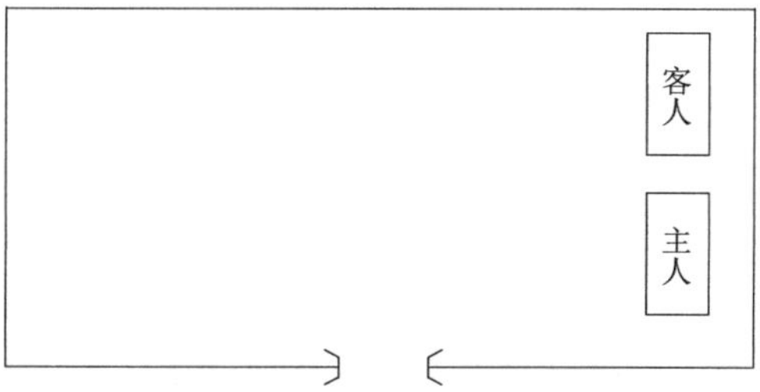

图 7-20　并列式会客的座次排列之四

（二）居中式

居中式是并列式的一种特殊情况，指当宾主双方多人并排就座时，应根据“居中为上”的座次排列规则，请来宾居中而坐。其两侧的位置，则由主方人员就座（见图 7-21、图 7-22 和图 7-23）。

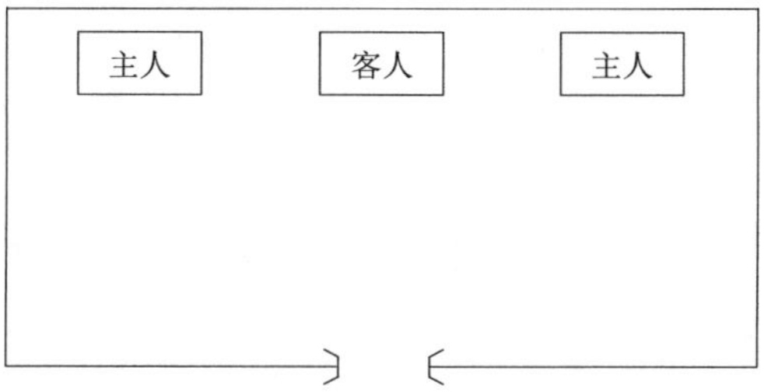

图 7-21　居中式会客的座次排列之一

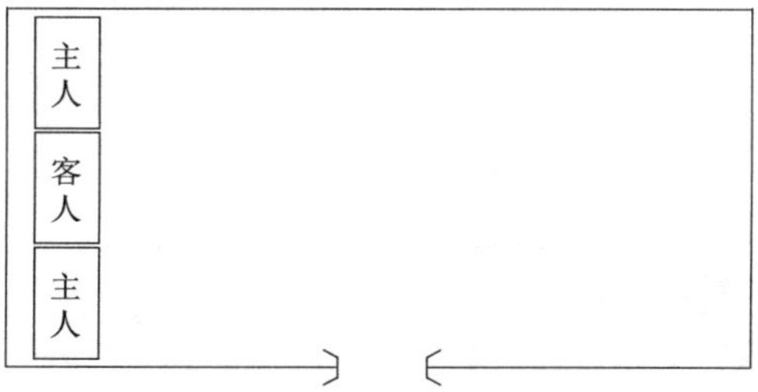

图 7-22　居中式会客的座次排列之二

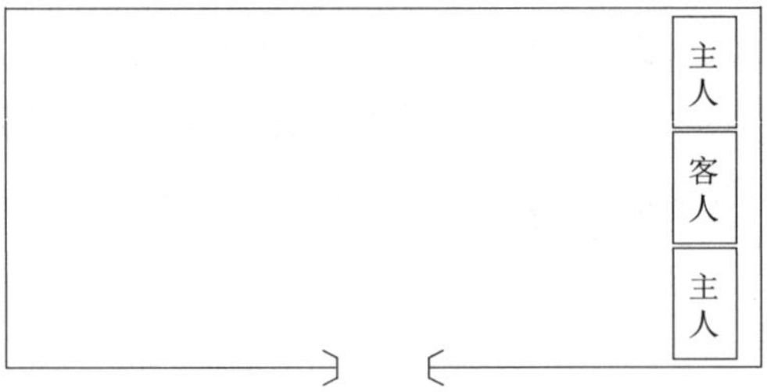

图 7-23　居中式会客的座次排列之三

（三）相对式

相对式即宾主双方面对面就座，这种“两军对垒”的阵容有利于彼此之间保持适当距离，公事公办。一般有以下两种情况。

（1）宾主双方一方面门而坐，另一方则背门而坐。此时，应根据“面门为上”的座次排列规则，请客人在面门一方就座，主人则应在背门一方就座（见图 7-24）。

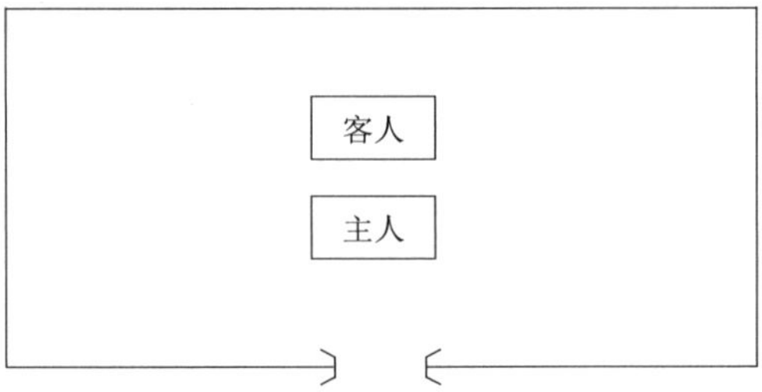

图 7-24　相对式会客的座次排列之一

（2）宾主双方分别就座于室内左右两侧。此时，应根据“以右为上”的座次排列规则，请客人在进门之后的右侧就座，而其左侧应由主人就座（见图 7-25、图 7-26）。

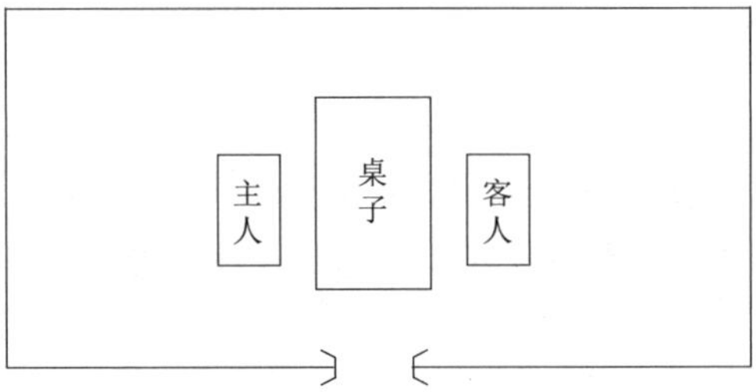

图 7-25　相对式会客的座次排列之二

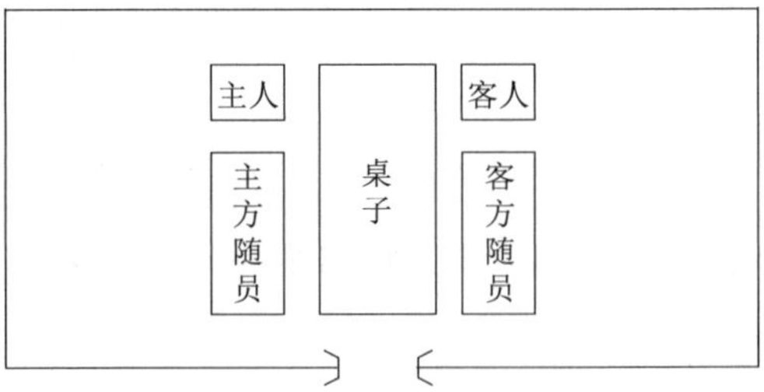

图 7-26　相对式会客的座次排列之三

三、谈判

动起来

你知道签署多边合同时会场座位应如何布置吗？

谈判又叫作“会谈”，它指的是有关各方为了各自的利益，进行有组织、有准备的正式协商及讨论，以便互让互谅，求同存异，最终达成某种协议的整个过程。

在举行正式商务谈判时，安排谈判者的座次是一件礼仪性很强的大事，需要特别重视，因为它既涉及谈判者对规范的尊重，也是谈判者给予谈判对象的礼遇。

举行双边谈判时，应使用长桌或椭圆形桌子，宾主分坐于桌子的两边；若桌子横放，则根据“面门为上”的座次排列规则，请客人在面对正门的一方就座；主方在背对门的一方就座；若桌子竖放，则根据“以右为上”的座次排列规则，进门时右侧为上，属于客方；左侧为下，属于主方；进行谈判时，则根据“居中为上”的座次排列规则，各方主谈判人员应在自己一方居中而坐；其他人员则应根据“以右为上”的座次排列规则，依照职位高低由近至远分别在主谈判人员的两侧就座；如需要译员，则应将其安排在主谈判人之右就座（见图 7-27、图 7-28）。

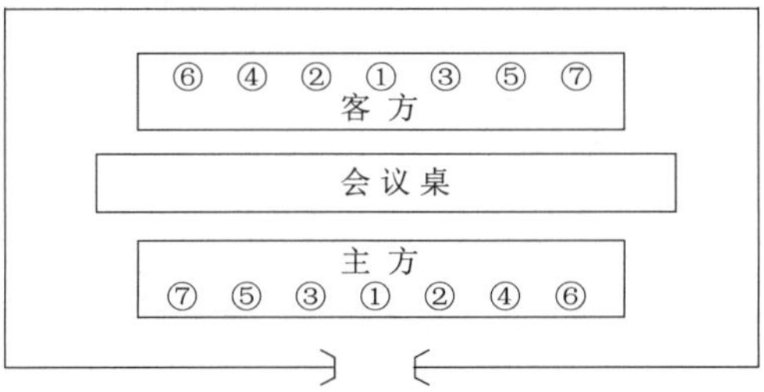

图 7-27　横桌式谈判的座次排列

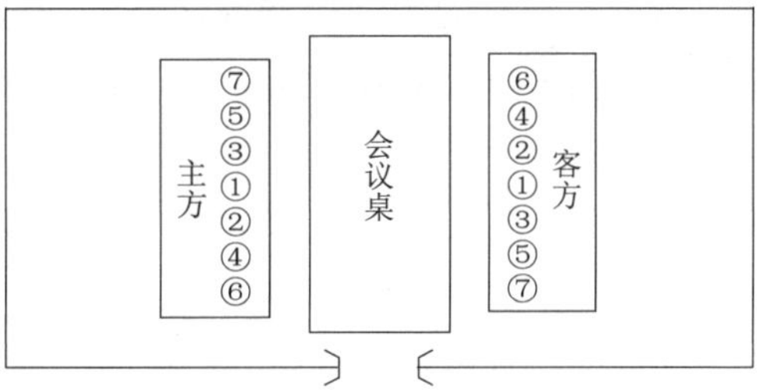

图 7-28　竖桌式谈判的座次排列

四、签字

正式签署合同时，各方代表对于礼遇均非常在意。因此，对于签字仪式上最能体现礼遇高低的座次问题应当慎重对待。签字时，各方代表的座次是由主方代为排定的。合乎礼仪的具体做法有以下两种。

（一）签署双边合同

签字桌横放，双方人员并排排列，双方签字人居中面门而坐，请客方签字人在签字桌右侧就座，主方签字人则应同时就座于签字桌的左侧。双方各自的助签人应分别站立于各自一方签字人的外侧，以便随时为签字人提供帮助。双方其他随行人员，可按照一定顺序在己方签字人的正对面就座；或遵循中央高于两侧、右侧高于左侧的规则，按照职位高低依次由左至右（客方）或是由右至左（主方）地列成一行，站立于己方签字人身后（见图 7-29、图 7-30）。如果一行站不下，则可按照以上顺序并遵照“前高后低”的惯例站成多行。原则上，双方随行人员人数应大体相近。

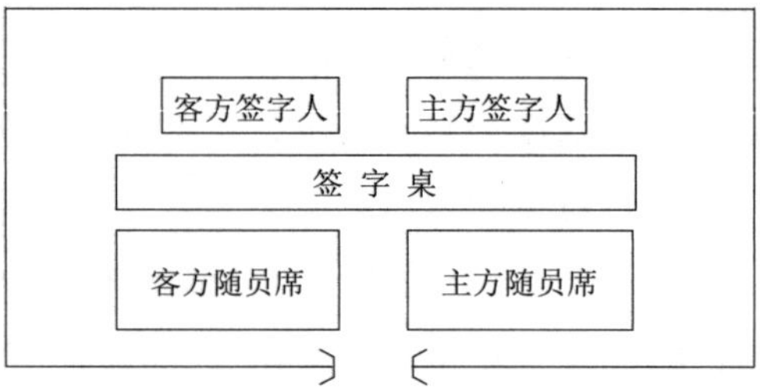

图 7-29　签署双边合同时的座次排列之一

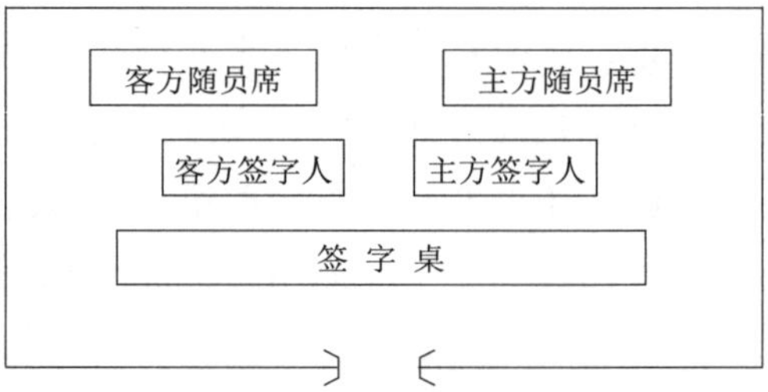

图 7-30　签署双边合同时的座次排列之二

（二）签署多边合同

签字桌横放，签字席面门，仅设一个签字椅。各方签字人签字时，必须按照有关各方事先所同意的先后顺序依次上前签字。各方的助签人应跟随己方签字人一同行动。在助签时，根据“右高左低”的规则助签人应站立于签字人的左侧。同时，有关各方的随员应按照一定的顺序，面对签字桌就座或站立（见图 7-31）。

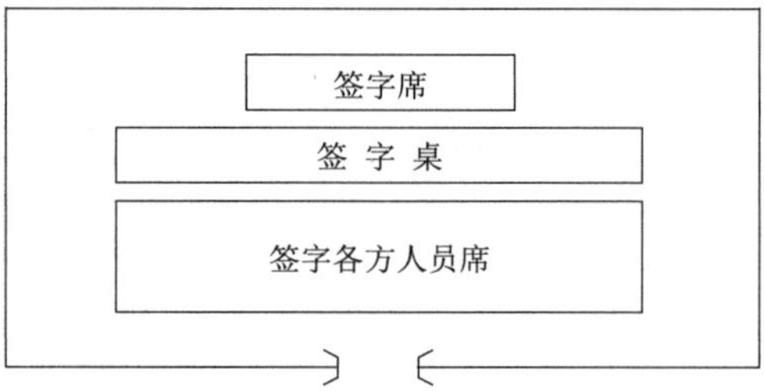

图 7-31　签署多边合同时的座次排列

第二节　行进中的位次礼节

行进中的位次排列指的是人们在步行的时候位次排列的次序。在陪同、接待来宾或领导时，行进的位次引人关注。

一、常规做法

（一）并排行进

遵循“中央高于两侧”“内侧高于外侧”的规则。当三人或三人以上并排行进时，通常要使来宾居中而行；当宾主二人并行时，则应请来宾在内侧行进。

（二）单行行进

通常情况下应遵循“前方高于后方”的规则，请来宾行进在前，即把“选择前进方向”的权利交给对方。但在某些特殊情况下，如来宾对道路状况不明、不认识路时，一般应由主人率先行进，以便为来宾充当“开路先锋”。主方为来宾带路即为引导，一般情况下，引导者应走在行进队列的左前方两三步，侧转 30 度向着客人，用左手示意方向，而来宾则应居于其右后方。

二、上下楼梯

动起来

上下楼梯时，三个相熟的人并排行进，请问这样的行为可取吗？为什么？

上下楼梯时应靠右侧单向行进。上楼梯时，通常情况下应遵循“前方高于后方”的规则，请来宾行进在前。不过需要强调的是，如果陪同接待的客人是一位女士，而女士又身着短裙，在这种情况下，接待陪同人员应走在女士前面，因为女士穿着短裙先上楼梯有可能会出现“走光”的问题。下楼梯时，应请来宾走在后方，一方面下楼梯时走在后方的人总处在上方，另一方面，如果来宾不小心踏空摔倒，走在前面的人能及时将他们扶住。

三、出入电梯

动起来

请问乘坐台阶式自动电梯有哪些注意事项？

引导客人乘坐无人管理的升降式电梯时，标准化的做法是陪同人员“先进后出”，以避免电梯门夹挤客人。乘坐电梯时陪同人员先进入电梯，一手按住“开”的按钮，另一只手示意客人进入电梯，确保所有客人都顺利进入电梯后，再按下客人要去的楼层数，按“关”的按钮关闭电梯门；到达时目的地时，陪同人员按住“开”的按钮，确保所有客人都安全走出电梯后再出电梯。如图 7-32 所示。

a）　　b）　　c）

图 7-32　引导客人乘电梯

a）请客人进电梯　b）按电梯按钮　c）请客人出电梯

四、出入房间

> **动起来**
> 如果出入房间时恰逢他人与自己方向相反也要出入房间，应该怎么做？

通常情况下，应请位高者率先进入或走出房门。如遇特殊情况，如需要引导、室内灯光昏暗，那么陪同人员应先进入房间为客人开灯开门，出门的时候也应由陪同人员先出去，为客人拉门引导。

第三节　乘车的位次礼节

乘坐车辆，特别是轿车，座次的安排很有讲究。排定轿车座次时，必须注意不同数量座位的轿车，排座方法各不相同。同一种轿车上，由于驾车者实际的身份不同，其排座也不一样。

一、轿车上的位次

> **动起来**
> 若你以私交的身份与上司乘坐一辆由专职司机驾驶的双排座轿车一同外出观光旅游，你该坐在哪个位置？

（一）双排四座轿车

当主人驾驶时，其排座自高而低依次应为：副驾驶座、后排右座、后排左座。当专职司机驾驶时，其排座自高而低依次应为：后排右座、后排左座、副驾驶座（见图 7-33）。

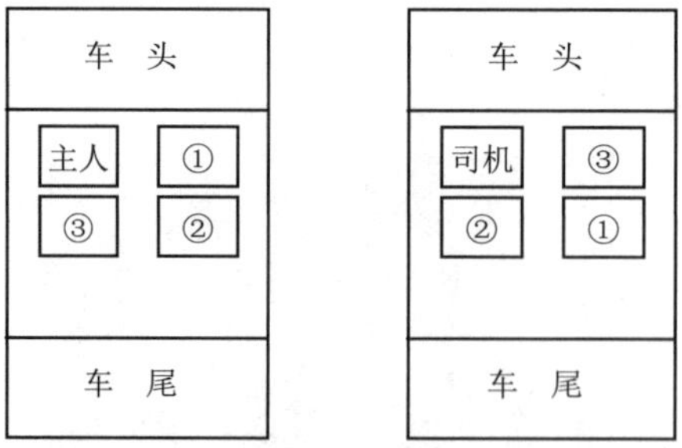

图 7-33　双排四座轿车的排座

（二）双排五座轿车

当主人驾驶时，其排座自高而低依次应为：副驾驶座、后排右座、后排左座、后排中座。

当专职司机驾驶时，其排座自高而低依次则应为：后排右座、后排左座、后排中座、副驾驶座（见图 7-34）。

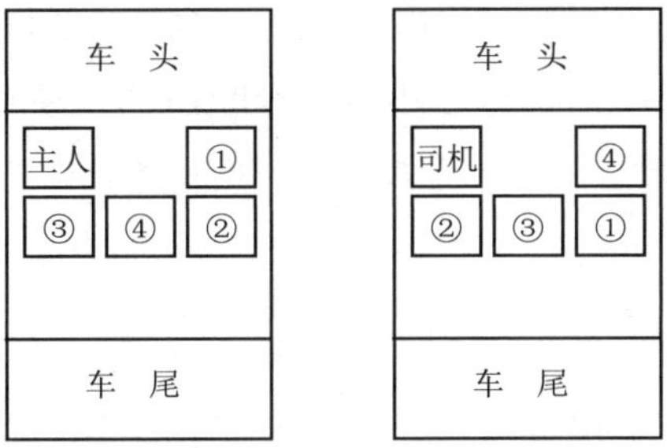

图 7-34　双排五座轿车的排座

（三）双排六座轿车

当主人驾驶时，其排座自高而低依次应为：前排右座、前排中座、后排右座、后排左座、后排中座。当专职司机驾驶时，其排座自高而低依次则应为：后排右座、后排左座、后排中座、前排右座、前排中座（见图 7-35）。

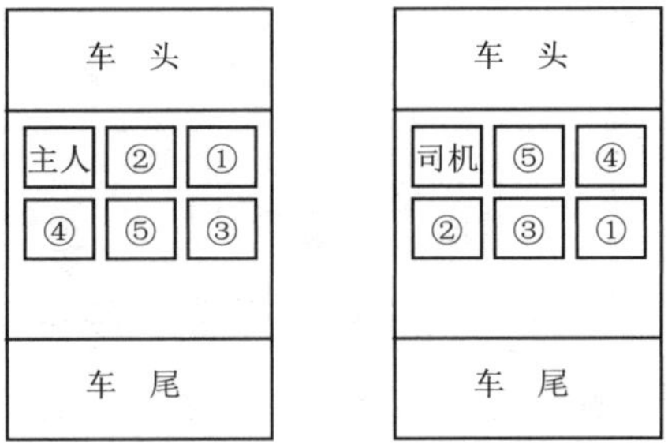

图 7-35　双排六座轿车的排座

（四）三排七座轿车

当主人驾驶时，其排座自高而低依次应为：副驾驶座、后排右座、后排左座、后排中座、中排右座、中排左座。当专职司机驾驶时，其排座自高而低依次则应为：后排右座、后排左座、后排中座、中排右座、中排左座、副驾驶座（见图 7-36）。

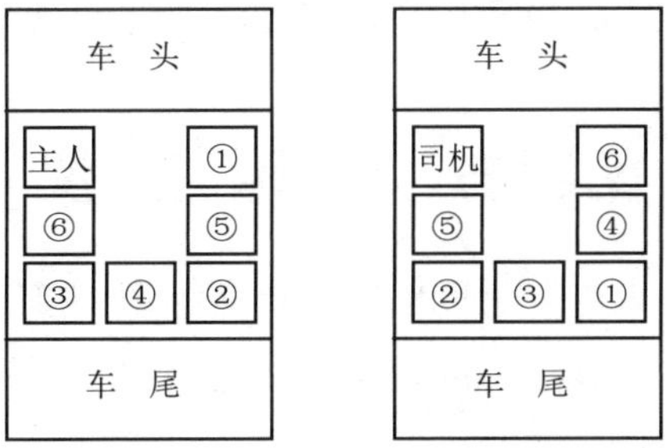

图 7-36　三排七座轿车的排座

（五）三排九座轿车

当主人驾驶时，其排座自高而低依次应为：前排右座、前排中座、中排右座、中排中座、中排左座、后排右座、后排中座、后排左座。当专职司机驾驶时，其排座自高而低依次则应为：中排右座、中排中座、中排左座、后排右座、后排中座、后排左座、前排右座、前排中座（见图 7-37）。

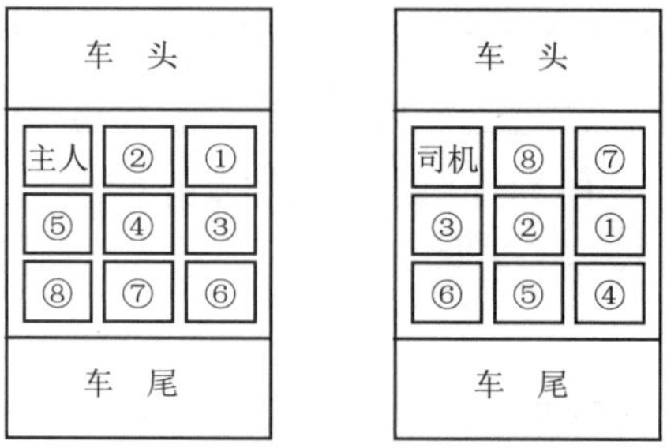

图 7-37　三排九座轿车的排座

二、上下轿车的顺序

动起来

请回忆，日常生活中你上下轿车时是怎么做的？并进行评价。

一般而言，上下轿车的先后顺序基本要求是：倘若条件允许，必须请尊长、女士、来宾先上车，后下车。具体而言，又有以下几种情况。

（1）主人亲自驾车时，主人应后上车，先下车，以便照顾客人上下车。由专职司机驾驶轿车时，坐于前排者，应后上车，先下车，以便照顾坐于后排者。

（2）乘坐由专职司机驾驶的轿车，并与其他人同坐于后一排时，应请尊长、女士、来宾从右侧车门先上车，自己再从车后绕到左侧车门后上车。下车时，则应自己先从左侧下车，再从车后绕到右侧帮助对方下车。若左侧车门不宜开启，需从右侧车门上车时，应里座先上，外座后上。下车时，应外座先下，里座后下。总之，以方便易行为宜。

第四节　馈 赠 礼 仪

在经济日益发达的今天，人与人之间的距离逐渐缩短，接触面越来越广，一些迎来送往及喜庆宴贺的活动越来越多，彼此送礼的机会也随之增加。懂得送礼技巧，不仅能达到大方得体的效果，还可增进彼此感情。

一、礼品的选择

动起来

日常生活中，你如何为家人或朋友选择礼物？

如何挑选适宜的礼品，对每一个人都是费神的问题，需要从礼品的定位，送礼对象的年龄、性别、兴趣、爱好，送礼的原因及目的，送礼的公私性质等方面加以考虑。

（一）礼品的定位

1．宣传性

商务交往中，要起到对外宣传本企业、扩大影响的效果，可选择本单位有特色的主打产品、宣传画册等作为礼物。

2．纪念性

古人云："礼轻情意重。"一般情况下，对礼品的选择应突出其纪念意义，而不是一味追求高价。

3．实用性

在选择礼品时应做到因人而异、投其所好，即送他人的礼物应该要符合对方的某种实际需求。如：送小孩玩具、糖果，送老年人保健品，送女士鲜花，送音乐爱好者 CD，等等。

4．便携性

在中国人的传统意识里，礼品越多、分量越足，越能代表送礼的诚意。然而，这往往会给对方增添不必要的负担。如送外地客人一个不可折叠的大风筝就不见得是一个好的选择，因为这一礼品在客人返程时不论是坐飞机还是火车、大巴都不易携带。

5．独特性

商务交往中，在礼品的选择上应力求做到人无我有，人有我新，人新我特，不要千篇一律，以表达对交往对象的重视。

6．时尚性

现代社会产品更新换代的速度很快，在条件允许的情况下，选择礼品时还应兼顾其时尚性，不要选择过季或粗制滥造的物品作为礼品，否则会有滥竽充数、愚弄对方之嫌。

（二）注意事项

（1）个人禁忌。选择礼品前应首先了解送礼对象的个人忌讳，如探望对花粉过敏的病人时就应避免送其鲜花，否则会起到相反的效果。

（2）遵守国家法律法规。不能向公务人员赠送珠宝首饰等价格昂贵的物品或现金、有价证券，否则有贿赂之嫌；涉及黄、赌、毒的物品不能送；不送涉及国家机密或商业秘密的物品。

（3）民俗禁忌。如在我国，不宜将钟表作为礼物送给老人，因为送钟音同“送终”，非常不吉利；法国人爱花，但不喜欢别人送菊花，因为在法国菊花与丧事有关；日本人不喜欢有狐狸图案的礼品，因为日本人视狐狸为贪婪的象征。

（4）宗教禁忌。如伊斯兰教认为酒是万恶的根源，所以不能向穆斯林送酒。

（5）亲疏有别。为他人选择礼物时，应认真评估双方之间的关系，不宜送可能会使对方产生误会的物品，如不能随便送女士戒指，除非你和她是亲密的爱人关系。

二、赠送礼品

动起来

通常情况下你如何赠送礼物？

在馈赠礼仪中，除了要注意“送什么”外，还应考虑“如何送”的问题。

（一）送礼的时机

（1）节假日。如遇我国传统节日或法定节假日等重要节日时，人们通常习惯互赠礼品，以联络感情。

（2）庆贺。如遇交往对象结婚、生子、晋升、乔迁、开业时，应送上礼品以示道贺、祝福之意。

（3）慰问。如交往对象生病，遭受挫折、不幸或遇到困难时，应前往探望，通过礼物表示关心、慰问之意。

（4）拜访。一般情况下，登门拜访交往对象或应邀到他人家中做客时，出于礼貌，应带些小礼品。

（5）感谢。在得到他人的帮助、支持时，应送礼表示谢意。

（二）赠送的方式

（1）当面赠送。其好处是可以亲自将礼物送到对方手中，当面表达问候和礼品的寓意，显示送礼者的诚意、热情和周到。这是最普遍的送礼形式。

（2）托人转送。如不能亲自赠送礼物，则可在礼品上附上卡片或自己的名片，并事前告知对方，委托第三者代为转送。

（3）邮寄赠送。必要时，还可通过邮寄方式寄送礼物，以给受礼者带来意外的惊喜，往往会达到意想不到的效果。

（三）注意事项

（1）加以包装。正式场合赠送他人的礼品应认真加以包装，以示对受礼人的尊重和重视，否则会有敷衍、应付之嫌。

（2）举止大方。赠送礼物时，举止要落落大方，切忌扭扭捏捏、手足无措。应起身站立，走近受礼者，双目注视对方的眼睛，面带微笑，双手将礼品递给对方。

（3）适当说明。赠送礼物时，不要一言不发、面无表情，否则会让人觉得你心不甘情不愿。递送礼物的同时，应辅以一定的说明，如礼品的寓意、用途、特征等，同时表达自己的心意，如："祝你生日快乐""这是我特意为你挑选的，希望你能喜欢"，等等。

（四）赠送的地点

赠送礼物时，一定要注意公私有别。一般来说，商务交往送礼时应在商务场所赠送，如办公室、会客厅；私人交往送礼时则应在私人居所赠送。

三、接受馈赠

动起来

当别人向你赠送礼物时，你通常有何反应？

（一）欣然接受

通常情况下应认真对待他人真心相赠的礼品。当他人表示有礼相赠时，应立刻停下手中的事情起身站立，面带微笑，双目注视对方，双手捧接过礼物，切不可推推搡搡、过分客套。接过他人赠送的礼物后，应真诚地与对方握手，向对方道谢。如条件允许，应尽可能当着对方的面当场拆开礼品包装，启封时动作要有条不紊，切不可乱撕乱扯，举止粗俗。拆封后，应用适当的动作和语言表示自己对礼品的欣赏并加以赞美，如"它太美了，我很喜欢"等。

（二）妥善拒绝

如因为各种原因，不能接受他人赠送的礼物时，务必要讲究拒绝的方式方法，依礼而行，避免让对方难堪。例如，首先对对方的心意表示感谢，再用委婉、不失礼貌的语言，向对方说明不能接受礼品的理由；如对方赠送的是不符合规定、违反习俗或信仰的礼物时，应直接告诉对方拒绝接受的原因；如确因某些原因很难当场退还，可采取事后退还的方式处理，即收下礼物后不拆封，24 小时内亲自将礼品送还给送礼者本人，向对方表示感谢，并说明不能接受的理由。

礼仪智库

国内某家专门接待外国游客的旅行社，准备在接待意大利游客时送每人一件小礼品。于是，该旅行社订购制作了一批纯丝手帕，是杭州制作的，还是名厂名产，每个手帕上绣着花草图案，十分美观大方。手帕装在特制的纸盒内，盒上又有旅行社社徽，显得十分别致。中国丝织品闻名于世，料想会受到客人的喜欢。旅游接待人员带着盒装的纯丝手帕，到机场迎接来自意大利的游客。欢迎词致得热情、得体。在车上他代表旅行社给每位游客赠送了两盒包装甚好的手帕。没想到客人一打开礼盒，车上就一片哗然，议论纷纷，游客显出很不高兴的样子。特别是一位夫人，看到自己手帕上的菊花图案还大声叫喊起来，表现极为气愤，还有些伤感。旅游接待人员心慌了，好心好意送人家礼物，不但得不到感谢，怎么还会出现这般景象。中国人总以为送礼人不怪，为什么这些外国人就责怪起送礼人来了呢？

简评：在意大利，亲朋好友相聚一段时间告别时才赠送手帕，取意为“擦掉惜别的眼泪”。在本案例中，意大利游客兴冲冲地刚刚踏上中国大地，准备开始愉快的旅行，你就让人家“擦掉惜别的眼泪”，人家当然不高兴，当然就要议论纷纷。那位大声叫喊又气愤的夫人，是因为她所得到的手帕上面还绣着菊花图案。菊花在中国是高雅的花卉，但在意大利则是祭奠亡灵的。人家怎能不愤怒呢？本案例告诉我们：赠送礼品要掌握赠送礼仪，否则就会失礼。

（资料来源：田芳、李乐群、易涤尘，《商务礼仪基础与实训教程》，北京，中国传媒大学出版社，2009）

本单元小结

本单元介绍的是商务人员应掌握的商务方位、位次与商务馈赠礼仪，具体涉及商务活动中的方位礼仪、行进中的位次礼节、乘车的位次礼节、馈赠礼仪等方面。讲究商务方位、位次与商务馈赠礼仪既反映了商务人员自身的素养、阅历和见识，又反映了对交往对象的尊重和友善。

作业：

一、关键概念

方位礼仪　位次排列　乘车位次礼节　馈赠礼仪

二、思考题

1. 在商务谈判中，宾主的座位应如何安排？
2. 出入无人管理的升降式电梯时，陪同人员应怎样做？
3. 哪些因素会影响乘轿车时座位次序的安排？
4. 选择礼品时应注意些什么？

三、案例分析

1．某贸易有限公司实习秘书小桑在机场顺利接到公司的客户，客户一男一女，男士是客户单位主管，女士为一般员工。小桑首先做自我介绍并主动热情地伸出右手和他们握手，表示对他们的欢迎；同时，在礼貌地征询客人的同意后帮助客人提大件行李并靠左引导客人乘车。小桑打开车前门，以手示意，请戴眼镜的男士坐在副驾驶座位上，并说："请您坐在这个位置上吧，这儿视野开阔些，光线也好。"之后，又打开车左后门，向女士说道"请您和我一道坐在后排座位上好吗？来，请您先进。"女宾服从其安排。之后，司机驾车回公司，一路无话。

（资料来源：李波，《商务礼仪》，北京，中国纺织出版社，2006）

问题：

请按照礼仪标准判断实习秘书小桑在接待客人过程中有哪些失礼之处？并说明理由。

2．王艳和文军在同一个公司工作，两人是好朋友。王艳邀请文军参加自己的婚礼。为了表达心意，文军考虑要送给王艳一份特别的礼物。思来想去，文军觉得送鲜花既时尚又浪漫，最合适，而且要送红玫瑰，以表示对新婚夫妇甜蜜爱情的祝福。这天，文军捧了一大束红玫瑰参加婚礼，可当他将花束送给王艳时，王艳面部表情发生了急剧的变化，迟疑地不肯去接鲜花，王艳的新婚丈夫则脸色难看，令文军十分难堪。这件事引起了王艳丈夫的误解，破坏了他们新婚甜蜜的气氛，王艳做了多番的解释，才消除了丈夫的误会。

（资料来源：http: //freebird1976.blog.163.com/blog/static/105586355201104135577 3）

问题：

请分析王艳夫妇不悦的原因？

3．周先生乘坐专车前往机场迎接来自德国的一位企业家施罗德先生。宾主相见，寒暄握手完毕，周先生便毕恭毕敬地将施罗德先生让到了轿车前排的副驾驶座上，而自己则就座于轿车的后排。让周先生没有料到的是，原本笑容可掬的施罗德先生竟然立即面沉似水，很不高兴的样子。此事过了许久，周先生才明白，自己原先一直视为"上座"的轿车前排的副驾驶座，在正式的社交场合其实是地地道道的"下座"。不远万里而来的施罗德先生上车伊始便被迫屈居于公认的"下座"，焉有不生气的道理。

（资料来源：胡晓涓，《商务礼仪》，北京，中国人民大学出版社，2005）

问题：

（1）结合案例，试分析注重方位礼仪有何积极意义？

（2）请说明一些常见的方位礼仪规范。

4．江泽民出访俄罗斯时，曾向叶利钦赠送了一盘由中国制作的关于反法西斯的歌曲配画的录像带。这盘录像带的内容究竟是什么呢？

参与制作这盘录像带的北京五岳文化咨询公司的董事长冯精志后来透露，这盘长达 1

小时 50 分钟的录像带名为《神圣的战争—— 苏联卫国战争歌曲回顾》，是由冯声华编导、五岳公司和广州艺宝影音制作传播公司联合制作的。《神圣的战争》选用了《神圣的战争》《我到过世界不少地方……》《小路》《夜莺》《灯火》等 13 首苏联歌曲，均由苏联功勋艺术团的歌唱家演唱。画面全都是苏德双方军事记者拍摄的极其珍贵的电影资料。通过歌曲和画面，讲述了苏联人民奋起抗击德国入侵的辉煌业绩，展示了主要战役，介绍了政治领导人和将领。

据悉，当录像带在俄罗斯驻华使馆放映时，引起强烈的反响，许多人热泪盈眶。一些官员说："尽管片子中反映的是我们苏联人民在卫国战争中的事情，但许多画面是第一次看到。从片子中可以感到最了解苏联的是中国人民，你们能够想到制作这样的片子说明了你们对我们的深厚情谊。"

（资料来源：黄漫宇，《商务沟通》，2 版，北京，机械工业出版社，2010）

问题：

（1）赠送礼品应注意哪些问题？

（2）江泽民赠送的礼品有哪些深刻的含义？

四、实训题

1. 实训目的：能掌握并熟练运用商务馈赠礼仪规范。

2. 实训内容：设置场景为生日、结婚、送别等，学生两人一组，任意抽取一个场景，根据实际情况自行选定礼品，分别扮演送礼方和受礼方的角色。同学对各组表演进行分析，教师进行点评总结。

第八单元　商务餐饮礼仪

名人名言

对用餐礼仪最大的考验就是要不能犯别人的感觉。

——艾米莉·波斯特（世界著名礼仪专家）

教学目标

通过本单元学习，学习者达到以下目标：

1. 掌握中餐宴请、西餐宴请和自助餐等基本常识；
2. 把握中餐宴请、西餐宴请和自助餐的准备工作、礼仪规范及注意事项等相关知识。

能力标准

能力元素	能力表现水平描述
商务人员中餐礼仪规范	了解中餐宴请中的几种常见的用餐方式
	懂得赴宴注意事项和菜单中的各种饮食禁忌
	懂得中餐餐具的具体使用方法及礼仪要求
商务人员西餐礼仪规范	了解西餐的菜序和西餐的席位座次规则
	正确使用西餐餐具和遵从西餐就餐礼仪要求
	能够在西餐中正确地使用刀叉、餐匙、餐巾
自助餐礼仪规范	掌握自助餐的礼仪规范
	懂得自助餐的特点，尝试根据不同人数安排不同规模的自助餐（考虑时间、地点、食物、客人招待四个方面的因素）

引导案例

某公司为同社会各界联络感情，密切关系，扩大企业的影响力而专门举行了一次盛大的宴会。宴会厅内布置豪华，主席台上悬挂着国旗，一侧有军乐队伴奏。菜肴丰富，酒水繁多，餐具精致，服务规范。虽然宴会规格很高，场面宏大，但没有收到预期的宴请效果。

简析：

举办宴会不是规格越高就越好，而是应该根据宴请的目的和范围确定宴请的形式，这样才能取得较好的效果。

第一节　商务宴请与商务赴宴礼仪

在商务交往中，宴请是最常见的交际活动之一。无论是新朋还是老友，都可以在轻松和谐的宴请中，交流思想，增进了解，联络感情，甚至达成交易。筹划一个成功的商务宴请，必须要注重每一个细节，因为一个应付了事、缺乏诚意的宴会，只会自损公司的形象。宴请活动形式多样，礼仪繁杂，学习与掌握必备的商务宴请礼仪规范对于每位商务人员来说，都是非常重要的。

一、常见的宴请形式

宴请方式众多，可以根据不同的标准具体划分为多种形式，每种形式的宴请在菜肴、人数、时间、着装等方面有诸多不同的要求。就目前来看，国际上宴请主要分为宴会、招待会、茶会和工作餐四种形式。

（一）宴会

宴会是最正式、最隆重的宴请形式。宴会为正餐，坐下进食，由服务人员按顺序上菜。宴会种类繁多，按举办的时间划分，可分为早餐、午餐、晚餐，以晚餐档次最高；按形式划分，可分为中餐宴会、西餐宴会、中西餐合并宴会；按性质分，可分为工作宴会、正式宴会、节庆宴会；按礼宾规格划分，可分为国宴、正式宴会、便宴和家宴。一般情况下，宴会持续时间为2个小时。

1．国宴

这是国家元首或者政府首脑为国家庆典或为欢迎外国元首、政府首脑来访举行的最高规格的正式宴会。按规定，宴会厅内悬挂国旗、设乐队，奏国歌，席间致辞，菜单和席卡上印有国徽。参加国宴者必须正式着装，座次按礼仪次序排列。

2．正式宴会

这是指政府或团体，为迎送宾朋或宾朋为答谢主人等而举行的宴请。与国宴相比，除不挂国旗、不奏国歌及出席规格有差异外，其余的安排大体与国宴相同。许多国家的正式宴会十分讲究排场，对餐具、酒水、菜肴的道数及上菜顺序均有严格规定。

3．便宴

这是一种非正式宴请，其最大的特点是简便灵活、轻松随便。故比较亲切、随意、形式简便，偏重于人际交往，而不注重规模、档次，可以不排座次，不做正式讲话致辞，菜肴可丰可俭。便宴多用于招待熟悉的宾朋好友。

4．家宴

家宴即在家中设宴招待亲朋好友，以示亲切、友好，是便宴的一种形式。西方人喜欢采取这种形式待客，且常用自助餐方式。通常由主妇亲自（或指挥）掌勺，家人共同招待，气氛轻松、自由。

（二）招待会

招待会是指不备正餐的宴请形式，一般只备食品、酒水、饮料，不排固定席位，宾主自由活动，不拘形式。常见的招待会有冷餐会和酒会两种。

1．冷餐会

冷餐会亦称“自助餐宴会”，以冷食和饮料为主，客人自由取食，不排席位，或站或坐，边谈边用。举行地点可在室内，也可以在室外花园中；时间一般在中午 12 时至下午 2 时或下午 5 时至 7 时。适宜人数较多的宴请。

2．酒会

酒会亦称“鸡尾酒会”，形式活泼，便于宾主间广泛交谈和接触。其特点是以酒水为主，略备小吃，不设座椅，仅设小桌或茶几；客人可随意走动，自由交往；举行的时间亦灵活，中午、下午、晚上均可，客人到达和退席时间不受限制。

礼仪智库

鸡尾酒的由来

鸡尾酒是一种冰镇的饮料。它以朗姆酒、威士忌或其他材料，如比特酒、果汁、鸡蛋、糖等为原料，以调和法、摇和法等方法调制而成，最后再以柠檬片或薄荷叶等装饰。

鸡尾酒起源于美洲，时间大约是 18 世纪末或 19 世纪初期。关于“鸡尾酒”名称的由来众说纷纭。有一则有趣的传说。

1776 年，美国纽约州有一家用鸡尾羽毛做装饰的酒馆。一天，当酒馆各种酒将卖完时，一些军官走进来要买酒喝。一位女侍者便把剩下的酒统统倒在一个大容器里，并随手从一只大公鸡身上拔了一根毛搅匀酒来招待客人。军官们看着酒的成色，品不出是什么酒的味道，就问女侍者，女侍者随口答道“这是鸡尾酒哇!”一位军官听了这个词，高兴地举杯祝酒，还喊了一声:“鸡尾酒万岁!”从此就有了“鸡尾酒”之名。

（三）茶会

茶会亦称“茶话会”，是一种简便的招待形式。通常安排在上午 10 时或下午 4 时左右举行，地点常设在客厅，厅内设茶几、座椅，不排席位。如为贵宾举行的茶会，入座时应安排主宾与主人坐在一起，其他人随意就座。会上备有茶、点心和地方风味小吃，请客人一边品尝，一边交谈。茶会对茶叶的品种、沏茶的用水和水温以及茶具都颇有讲究。茶叶的选择要照顾到客人的嗜好和习惯，茶具要选用陶瓷器皿，不要用玻璃杯，也不要用热水瓶代替茶壶。欧洲人一般用红茶，日本人喜欢乌龙茶，美国人用袋茶。外国人参加的茶会还可以准备咖啡和冷饮。

（四）工作餐

这是一种非正式宴请形式，分为早餐、午餐和晚餐，多以快餐分食，既简便又快捷。双方利用进餐时间，边吃边谈问题。工作餐一般不排座次，如果是双边工作进餐，往往以长桌安排席位，便于主宾双方交谈、磋商。

二、宴会的组织

宴会可以创造亲切、融洽的交际气氛，是商务活动中常见的聚会形式，尤其在饮食文化历史悠久的中国，它是沟通人的情感，密切人与人之间商业合作关系的重要手段。为使宴请活动取得圆满成功，宴会前要做好如下准备。

（一）宴请的准备

1. 明确目的

宴请的目的是多种多样的，如签订合同、择日开张、庆祝节日、接风迎客、饯行话别、生日祝寿等。宴请的目的不同，宴请的规格、内容、形式也就不同。因此，必须明确宴请的目的。

2. 列出名单

根据宴请的目的，列出被邀请的宾客，确定宴请范围，即确定请哪些人和多少人。应在照顾各方面关系的前提下，尽量控制范围，减少人数。特别要注意，防止把平时互有芥蒂的客人请到一起出席宴会，以免发生不愉快。

3. 确定时间

宴请的时间应该选择宾主双方都适宜的时候，最好先征得主宾的意见。注意不要选择对方有重大节日、有重要活动或者有禁忌的日子和时间。

4. 选好地点

宴请的地点恰当与否，体现了对客人的礼遇。官方正式隆重的宴会，一般安排在政府、议会大厦或者高级宾馆内举行；民间的宴请可以在酒店、宾馆举行，也可以安排在有独特风味的餐馆。总之，宴请地点应按照活动的性质、规模、形式及经费能力而定。

5. 发出邀请

各种宴请，一般均发出邀请。邀请形式通常有书面、电话和口头邀请等。正式宴会一般提前一周发请柬邀请。其内容包括活动的主题、时间、地点、形式、主人姓名及对服饰的要求、回复等内容。请柬信封要工整地写上被邀请人的姓名和职务，若已安排好了席次可在信封下角注明。请柬发出后，应及时落实出席情况，以便调整席位。

6．拟定菜单

宴请的菜单，要根据宴请的规格“看客下菜”。以主宾的口味喜好和禁忌而定，要注意尊重宾客的饮食习惯和宗教信仰。整桌菜谱应有冷有热、荤素搭配、营养平衡，有主有次、主次分明。正式宴会上，菜单至少每桌一份，规格高的也可每位一份（如国宴），菜单可给客人留作纪念。

7．现场布置

宴会成功与否，环境和气氛至关重要。宴会环境的布置，取决于活动的性质和形式。如官方正式宴会的布置，应该严肃、庄重、大方，不宜用霓虹灯作为装饰，可用少量鲜花、盆景、刻花做点缀。若安排席间演奏乐曲，应轻雅舒缓。

8．席位安排

在正式宴请中，位次的安排往往比菜肴的选择更引人注目。凡正式宴会，一般都事先为每个赴宴者安排好了桌次和座次，并通知到每个人；非正式小型便宴，有时也可以不必安排座次。

（二）宴请的程序

1．迎宾

举行宴会，主人一般在门口迎接客人（见图 8-1）。官方正式活动除男女主人外，还可以有少数主要官员陪同主人排列成行迎宾，通常称为“迎宾线”。与宾客握手后，由接待人员引宾客入休息厅或直接进入宴会厅。当主宾到达后，主人即陪同主宾进休息厅。

图 8-1　迎宾

2．入席

主人陪同主宾进入宴会厅，接待人员随即引导其他客人入厅就座，宴会即正式开始。

3．致辞

正式宴会上一般均有致辞。有时一入席双方即开始讲话致辞；亦可在热茶后、甜食前由主人致辞，接着由主宾致答谢词。冷餐会与酒会上的讲话时间比正式宴会更显灵活。

4．上菜

在中餐正式宴会上，标准的上菜次序是冷盘、热炒、主菜、点心和汤、水果拼盘。一般咸点心讲究配咸汤，甜点心配甜汤。

西餐正餐的基本上菜顺序是头盘、汤类、副菜、主菜、沙拉、甜品、饮料。

5．敬酒

宴会开始时，主人应起身向全体宾客敬酒。一般情况下，敬酒不宜过多，但重要的客人亦可敬多。如果是副手，敬酒时要讲究技巧，在主人敬酒后，可以自己向宾客敬酒，也可以委婉地代表在场或不在场的领导向宾客敬酒。

6．结束

宴会时间一般控制在 1～2 个小时。过早结束，使客人感到未尽兴，会对主人的诚意表示怀疑；时间过长，又会使宾主双方感到疲惫，冲淡宴会气氛。一般吃完水果，主人示意主宾，宾主起立，即告结束。

主人应先将主宾送至门口，握手告别。然后，迎宾、送客人员再相继与其他宾客握手告别。

三、商务赴宴的礼仪

商务人员常常需要出席一些宴请。收到宴请请柬并决定赴宴时，一定要做好充分的准备工作。如图 8-2 所示，出席宴会者在席间更应注意礼仪规范，如举止文雅，退席时向主人打招呼并表示感谢，等等。这既体现了个人素质与修养，也是对主人的尊重。

图 8-2　赴宴礼仪

（一）应邀赴宴

宴请是较重要的商务活动。因此，从礼仪的要求出发，接到邀请后，无论是否接受对方的邀请，都应该及时、礼貌地给予答复，以便主人安排。若遇特殊情况而不能出席，应婉言解释缘由，并表示歉意（包括登门致谢、致歉）。一旦接受宴请，不要随意改动。

出席宴会前，应特别注意修饰自己的仪表，使其符合宴请场合的礼仪要求，做到整洁、优雅。参加正式宴会，要核实宴会举办的时间、地点，是否邀请配偶，主人对服饰的要求等情况，应按请柬规定的服饰赴宴。一般男士穿深色西装，女士穿旗袍或礼服。

（二）按时抵达

按时出席宴会是最基本的礼貌。赴宴者应根据活动的性质和当地的习惯掌握好时间。迟到、早到或逗留时间过短均被视为失礼和不敬。身份高的人可略微晚些到达，一般客人应早些到达。西方人的习惯是身份高的人应正点或晚一两分钟到达；我国的习惯是正点或提前两三分钟抵达。

抵达宴会地点，先到衣帽间脱下大衣和帽子，然后前往主人所在的迎宾处，主动向主人问候。

（三）文明入座

进入宴会厅前，应先弄清自己的桌次与座次。若未设座席卡，稳妥的做法是待主人请入座时，方可入座。落座时，应顺着坐椅的左侧入座。

若同桌有长者、女士、职位高者，应待他们入座后自己再坐下；作为男士，若邻座是长者、女士、职位高者，应主动为其拉开椅子，协助其入座。

入座后，坐姿要端正，应将椅子调整到离餐桌 20 cm 左右。

（四）举止优雅

就餐时要端坐。俯身趴在餐桌上，或将双臂支在桌上，或乱动主人摆好的餐具，都是失礼的行为。

（五）礼貌敬酒

首先，喝酒要慢酌细饮，不要“吃酒不认输”，或者“不醉不够朋友”，结果喝得酩酊大醉，有失体统。这是宴会中饮酒最忌讳的一个方面。一般正式宴会，应将饮酒控制在本人酒量的三分之一内，以免饮酒过量，失言、失态。其次，要懂得宴会上祝酒的礼节。一般主人和主宾先碰杯，然后主人顺时针方向依次与其他客人碰杯，客人之间也可以互相碰杯。碰杯时，客人应先起立举杯，目视对方致意，说祝愿的话语。身份低的或年轻的人与身份高的或年长的人碰杯时，应稍微欠身点头，杯沿比对方的杯沿略低表示尊敬。在主人和主宾敬酒时，应暂停进餐和交谈，注意倾听，并且不能借此机会抽烟。再次，如果是不擅饮酒，当主人或别的客人向你敬酒时，可以婉言谢绝。如主人请你喝一些酒，则不应一味推辞，可选些淡酒或饮料，喝一点作为象征，以免扫兴。

（六）告辞致谢

宴会结束时，当主人从座位上站起，宾客可随之起立。离席时，男宾客先起身，主动为长者、女士或职位高者拉开座椅。

告辞时，应向主人道谢，诸如“谢谢您的款待”等。通常是男主宾先向男主人告别，女主宾先向女主人告别，然后交叉，再与其他人告别。

礼节周到的话，在宴会后的两三天内，客人要么给主人打个电话，要么回送印有“致谢”字样的名片或便函表示感谢。

第二节　中 餐 礼 仪

中餐，是中式餐饮的简称，指用餐中享用的是按照中国传统制作方法烹饪的具有中国特色、风味的食物，并且用餐时遵循的是中国传统的习俗。

中餐礼仪主要涉及用餐方式、时间和地点选择、菜单安排、席位排列、餐具使用及用餐表现六个方面。中式用餐，讲究“面门定位、以远为上、面东为尊、左为上”等规则。在商务交往中如果是中餐宴请，除了“左为上”改为“右为上”，其他规则不变。

中国人一向以热情好客闻名于世，吃饭时，主人会向客人介绍菜的特点，并反复向客人劝菜，希望客人多吃点。有时热情的主人还会用公筷为宾客夹菜。这是主人热情好客的表示，出于礼节的需要，宾客应表示感谢，并根据自己胃口适量享用，主人也会反复向宾客劝酒，希望宾客能酒足饭饱。这是西餐中绝对没有的。

一、用餐方式

宴会、家宴、便宴、工作餐、自助餐是中餐用餐方式的主要形式。宴会可分为正式宴会和非正式宴会两种；家宴是在家里举行的宴会；便宴就是家常便饭，用餐地点和用餐礼仪讲究最少。

二、时间和地点选择

中餐特别是中餐宴会的具体时间安排，可根据人们的用餐习惯、用餐时间的不同，分为早餐、午餐和晚餐三种。确定正式宴请的具体时间，主要要遵从于民俗惯例。主人不仅要从自己的客观能力出发，更要讲究主随客便，要优先考虑被邀请者，特别是主宾的实际情况。

另外，在社交聚餐的时候，用餐地点的选择也是非常重要的一个环节。首先要环境幽雅，宴请不仅仅是为了“吃东西”，也要“吃文化”。要是用餐地点档次过低、环境不好，即使菜肴再有特色，也会使宴请大打折扣。在可能的情况下，一定要争取在清静、幽雅的地点用餐。

其次要卫生条件良好，如果用餐地点太脏、太乱，不仅卫生问题让人担心，而且还会破坏用餐者的食欲。还要充分考虑到，聚餐者来去交通是不是方便、有没有公共交通线路通过、有没有停车场、是不是要为聚餐者预备交通工具以及该地点设施是否完备等一系列具体问题。

三、菜单安排

根据我们的饮食习惯，与其说是“请吃饭”，不如说是“请吃菜”。所以，对菜单的安排马虎不得。这主要涉及点菜和准备菜单两个方面的问题。

（一）点菜

点菜时，不仅要吃饱、吃好，而且必须量力而行。点菜时力求做到不超支、不乱花、不铺张浪费。可以点套餐或者包桌，这样费用固定，菜肴的档次和数量相对固定、省事。也可以根据个人预算在用餐时现场点菜。这样不但自由度较大，而且可以兼顾个人的财力和口味。

被请者在点菜时，或是告诉做东者自己没有特殊要求，可随便点；或是认真点上一个不太贵、又不是大家忌口的菜，再请别人点。别人点的菜，无论如何都不要挑三拣四。

（二）准备菜单

在宴请前，主人需要对菜单进行再三斟酌。在准备菜单的时候，着重要考虑哪些菜可以选用、哪些菜不能选用。

（1）优先考虑的菜肴有四类。

1）有中餐特色的菜肴。宴请外宾时，这一条更要重视。像炸春卷、煮元宵、蒸饺子、狮子头、宫保鸡丁等具有中华民族特色的菜肴，往往会受到很多外国人的推崇。

2）有本地特色的菜肴。例如西安的羊肉泡馍、湖南的毛家红烧肉、上海的红烧狮子头、北京的涮羊肉等。在宴请外地客人时，上当地的特色菜，比上千篇一律的生猛海鲜更受好评。

3）本餐馆特色菜。很多餐馆都有自己的特色菜。上一份餐馆的招牌菜，能说明主人的细心和对被邀请者的尊重。

4）主人的拿手菜。举办家宴时，主人一定要当众露一手，多做几个自己的拿手菜。其实，所谓的拿手菜不一定十全十美。只要是主人亲自动手，就足以让对方感受到尊重和友好。

（2）在安排菜单时，还必须考虑到来宾的饮食禁忌，特别是要对主宾的饮食禁忌高度重视。这些饮食方面的禁忌主要有四条。

1）宗教的饮食禁忌，一点也不能疏忽大意。例如，穆斯林不吃猪肉，并且不喝酒。国内的佛教徒不吃荤腥食品，这不单是指不吃肉食，还指不吃包括葱、蒜、韭菜等气味刺鼻的食物。

2）出于健康原因，一些人也会忌吃某些食品。例如，患有心脏病、高血压和有中风后遗症的人，不适合吃狗肉，肝炎病人忌吃羊肉和甲鱼，患胃肠炎、胃溃疡等消化系统疾病的人也不适合吃甲鱼，高血压、高胆固醇血症患者要少喝鸡汤，还有的人不吃鱼，忌食海鲜、鸡蛋，等等。

3）不同地区的人饮食偏好往往不同。对于这一点，在安排菜单时要兼顾。例如，湖南人普遍喜欢吃辛辣的食物，少吃甜食。英美国家的人通常不吃动物内脏、动物的头部和脚爪。

4）有些职业出于某种原因，在餐饮方面往往也有各自不同的特殊禁忌。例如，国家公务员在执行公务时不准吃请，在公务宴请时不得大吃大喝，不准超过国家规定的标准用餐，不准喝烈性酒。再如，驾驶员在工作期间不得喝酒。

四、席位排列

在中餐礼仪中，席位的排列是一项十分重要的内容。它关系到来宾的身份和主人给予的礼遇，所以受到宾主双方的同等重视。

（一）宴请席位的排列

1．桌次排列

主桌有两种，一种是长方形横摆桌，主客面向众席而坐；一种是大圆桌，圆桌中央设花坛或围桌。在中餐宴请活动中，往往采用圆桌布置菜肴、酒水。采用一张以上圆桌安排宴请时，便出现了桌次的尊卑问题。

排列圆桌的尊卑次序，大抵会遇到两种情况。

第一种情况，是由两桌组成的小型宴请。这种情况中又可以分为两种具体形式：一为两桌横排，一为两桌竖排，也叫“面门”，如图 8-3 所示。

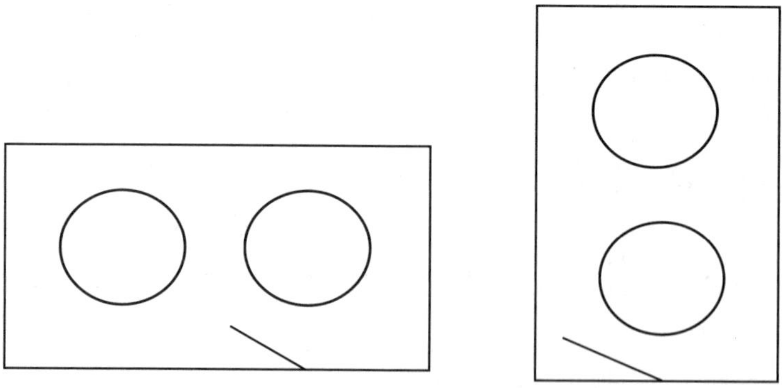

图 8-3　小型宴请排桌

当两桌竖排时，其桌次讲究以远为上，以近为下。这里所谓的远近，是以距离正门的远近而言的。此法亦称“以远为上”。

第二种情况，是由三桌或三桌以上的桌次所组成的宴请，通常又叫“多桌宴请”。每桌都有一位主人或招待人员负责照应，其两侧的座位是留给本桌上宾的。除非受到邀请，赴宴者不宜去坐。

在安排多桌宴请的桌次时，除了要注意“面门定位”“以右为尊”“以远为上”这三条规则外，还应兼顾其他各桌距离主桌（第一桌）的远近。主桌的座位应摆放席卡签名。

一般来说，台下最前列的一两桌是为贵宾和第一主人准备的，赴宴者如果不是主宾，最好不要贸然入座。通常，距离主桌越近，桌次越高；距离主桌越远，桌次越低。这项规则，亦称“主桌定位”。如果桌次较多，为了确保在宴请时赴宴者及时、准确地找到自己所在的桌次，可采用四种辅助方法。其一，是在请柬上注明其所在的桌次。其二，是在宴会厅入口处悬挂宴会桌次排列示意图。其三，是安排专门人员来引导来宾寻桌就座。其四，是以书写阿拉伯数字的排列序号编排桌次，依次在每张餐桌上摆放桌次牌。隆重的中餐还为每位客人准备一份菜单。

在安排桌次时，所用餐桌的大小、形状大体相仿。除主桌略微大之外，其他餐桌不宜过大或过小。

2. 位次排列

在进行宴请时，每张餐桌上的具体位次也有主次之分、尊卑之别。排列位次的基本方法有四条，它们往往同时发挥作用。

方法之一，是主人大都应当面对正门而坐，并在主桌就座。

方法之二，是举行多桌宴请时，各桌上均应有一位主桌主人的代表在座，亦称“客桌主人”。其位置一般应与主桌上主人同向，有时也可以面向主桌主人。

方法之三，是各桌之上位次的尊卑应根据其距离该桌主人的远近而定。以近为上，以远为下。

方法之四，是各桌之上以该桌主人面向为准，其右为尊，其左为卑。

另外，每桌餐桌上安排的就餐人数应限于 10 人之内，并以双数为佳。人数如果过多，不仅不容易照顾，而且也有可能坐不下。

根据上述四种位次的排列方法，圆桌上次位的具体排列又可以分为两种情况，其共同特点是，均与主位即主人所坐之处相关。

第一种情况是每桌一个主位的排列方法。其特点是每桌只有一名主人，主宾在其右首就座，每桌只有一个谈话中心。

第二种情况是每桌两个主位的排列方法。其特点是，主人夫妇就座于同一桌，以男主人为第一主人，女主人为第二主人，主宾和主宾夫人分别在男女主人右侧就座。从而使每桌形成了两个谈话中心。

在国际交往场合和商务交际场合，中餐习惯于按职务和身份高低排列席位；如果夫人或女士出席，通常将女士排在一起，即主宾坐在男主人右上方，其夫人坐在女主人右上方。主宾偕夫人，而主人的夫人因故不能出席时，可请与主人有联系且身份相当的女士做第二主人；若无适当的女士出席，可把主宾夫妇安排在主人的左右两侧。

若本单位出席人员中有职位高于主人的，可请其居于主位而坐，而请实际上的主人坐在其左侧。

为方便来宾正确无误地在自己所属的位次上就座，除招待人员及主人要及时地加以引导指示外，应在每位来宾所属座位正前方的桌面上，事先放置以醒目字迹书写着用餐者的姓名的座位卡。举行涉外宴请时，座位卡应以中、英文两种文字书写。我国的惯例是，中文写上面，英文写下面。必要时，座位卡的两面均书写用餐者的姓名。

（二）便餐席位排列的方法

便餐席位的排列主要涉及位次排列的问题，与桌次往往无关。当一个人享用便餐时，甚至不需要位次的排列。在排列便餐的席位时，若需要进行桌次的排列，可参照宴请时桌次的排列进行。至于较多位次的排列，则主要有五种方法可循。

（1）右高左低。当两人并列就座时，通常以右为上座。这是因为中餐上菜时多以顺时针方向为上菜方向，因而居右而坐者要比居左而坐者优先受到照顾。

（2）中座为尊。三人一同就座用餐时，居于中座者在位次上要高于其两侧就座的人。这样的位次安排叫作“中座为尊”。

（3）面门为上。倘若用餐时，有人面对正门而坐，依照礼仪惯例，则应以面对正门者为上座。这就是所谓的“面门为上”。

（4）观景为佳。在一些较高档的餐厅用餐时，在其室内、室外往往有一些优美的景致或高雅的演出，可供用餐者观赏。此时，应以观赏者角度最佳之处为上座。

（5）临墙为好。在某些中低档餐馆进餐时，为了防止过往侍者和食客的干扰，通常以靠墙之位为上座，以靠过道之位为下座。这种方法即“临墙为好”。

五、餐具使用

中餐的餐具主要有杯、盘、碗、碟、筷、匙等。在正式宴会上，水杯放在菜盘左上方，酒杯放在右上方；筷子与汤匙可放在专用托上或者放在纸套内，还要备好牙签和烟灰缸。

（1）筷子。筷子是中国国粹之一，对其使用有许多礼仪要求。一忌敲打筷，二忌品尝筷，三忌跨放筷，四忌插放筷，五忌舞动筷，六忌乱用筷。

（2）匙（勺子）。一般情况下，尽量不要用匙取菜，用筷子取菜时可以用匙来辅助。用匙来取食物时不宜过满；暂时不用的匙，应放在自己的食碟上；若食物较烫，不能用匙舀来舀去或用嘴去吹；不要把匙整个塞入口中吸食、舔食。

（3）盘子。盘子主要用来盛放食物，在作用上和碗略同。盘子在餐桌上一般保持原位，而且不要堆放在一起。需要着重介绍的是，一种用途比较特殊的被称为“食碟”的盘子。食碟的主要作用是用来暂放从公用菜盘里取来享用的菜肴的。用食碟时，一次不要取过多的菜肴，也不要把多种食物堆放在一起，这样会使它们相互串味，不好吃，也不好看。如果食碟放满了，可以让服务员更换。

（4）水杯。盛放清水、汽水、果汁、可乐等软饮料时要使用水杯，但不要用它来盛酒，也不要倒扣水杯。另外，喝进嘴里的东西不能再吐回水杯。

（5）湿毛巾。吃中餐时用餐前有时会为每位用餐者上一块湿毛巾，这是比较讲究的做法。这块湿毛巾只是用来擦手的。擦手后，应放回盘子里，由服务员拿走。有时候，在正式宴会结束前，会再上一块湿毛巾，和前者不同，它只能用来擦嘴，却不能用来擦脸、抹汗。

（6）牙签。尽量不要当众剔牙。非剔不行时，用另一只手遮住口部，剔出来的东西不要当众观赏或再次入口，也不要随手乱弹，随口乱吐。剔牙后，不要长时间叼着牙签，更不能用牙签来扎取食物。

六、用餐表现

上菜后，不要立即动手取食，应待主人示意开始时，客人才能开始进餐。如果酒量还能够承受，对主人敬的第一杯酒应喝干。同席的客人可以互相劝酒，但不可以任何方式强迫对方喝酒，强迫喝酒是一种失礼的行为。

夹菜要文明，应等菜肴转到自己面前再动筷，不要抢在邻座前面。一次夹菜不宜过多，而且不要专挑自己喜欢吃的菜。夹菜时不要碰到邻座，更不要把盘里的菜拨到桌上。正在夹的菜若不小心掉到桌上，不可把它重放于原碟，应放在盛残渣的碟中。

用餐动作要文雅。进餐时不要一边吃东西，一边和人聊天。吃菜喝汤不要狼吞虎咽，不要发出不必要的声音。如果菜、汤太热，可待其凉后再吃，切勿用嘴吹。嘴里的骨头、鱼刺不要吐在桌子上，可用餐巾掩口，用筷子取出来放在碟子里。剔牙时要用牙签，而不要用手指，同时注意用手或餐巾掩住嘴。不要玩弄碗筷，令餐具发出任何声响，尤其不要用筷子指向别人。女士注意口红不要沾在杯、吸管或者碗上，以免不雅。进食时尽可能不咳嗽、打喷嚏、打哈欠、擤鼻涕，万一不能抑制，要用手帕、餐巾纸遮挡口鼻，转身，脸侧向一方，低头尽量压低声音。如果不小心打翻酒水溅到邻座的客人身上，应表示歉意并帮助擦干。如果对方是异性，则应把干净的餐巾递过去，由其自己擦。

用餐过程中为表示友好、热情，彼此之间可以让菜，劝对方品尝。但与外国客人用餐时不要反复劝菜，因为国外没有劝菜的习惯，应由其本人决定吃不吃。

参加宴会最好不要中途离去。万不得已时应向同桌的人说声对不起，同时还要郑重地向主人道歉，说明原委。若中途需要离席一会儿的，可把餐巾放在座椅上，若放在桌边，会被人认为餐毕离去。吃完之后，应该等大家都放下筷子，主人示意可以散席，才能离座。用餐后，不要随便带走餐桌上的物品，除了主人特别示意作为纪念品的东西外，其余的招待用品（包括糖果、水果、香烟等），都不要带走。

宴会完毕，可以走到主人面前，握手道谢并向主人告辞，切忌不可拉着主人的手不停地说话，以免妨碍主人送其他客人。

第三节　自助餐礼仪

自助餐是从西方传入我国的一种就餐形式，现在已经相当流行。这是一种可以随自己的心意选择食品的就餐方式。虽然自助餐由自己自由取食，但它毕竟是在公共场所用餐，因此还是要讲究礼仪的。

自助餐礼仪就是指人们安排和享用自助餐时所需要遵守的基本礼仪规范。具体来讲，包括安排自助餐的礼仪与享用自助餐的礼仪等。

一、自助餐的特点

所谓“自助餐”，就是不预备正餐，而由就餐者在用餐时自行选择食物、饮料，然后或立或坐自由地与他人在一起或独自一人用餐。它是目前国际上通行的一种非正式的西式宴会，在大型商务活动中尤为多见。

之所以称为自助餐，主要是因其可以在用餐时调动用餐者的主观能动性，而由其自己动手，自己帮助自己，自己在既定的范围内安排选用菜肴。至于它又被称为“冷餐会”，则主要是因其提供的食物主要是以冷食为主。当然，适量地提供一些热菜，或者提供一些半成品而由用餐者自己进行再加工，也是允许的。

一般而言，自助餐具有如下几个明显的特点。

（一）可以免排座位

正规的自助餐往往不固定用餐者的座次，甚至不为其提供座椅。这样一来，既可以免除座次排列之劳，还便于用餐者自由地进行交流。

（二）可以节省费用

因为自助餐多以冷食为主，不上高档的菜肴、酒水，故可以大大节约主办方的开支，并避免浪费。

（三）可以各取所需

参加自助餐时，用餐者可以自行取用自己偏爱的菜肴，完全不用担心他人的眼光。

（四）可以招待多人

每逢需要为众多的人提供饮食时，自助餐不失为首选。它不仅可用来款待数量较多的来宾，而且还可以较好地处理众口难调的问题。

二、自助餐的安排

自助餐的主办者在筹办自助餐时，也应讲究一些规范做法，包括用餐时间、就餐地点、食物的准备、客人的招待等多方面的问题。

（一）用餐时间

在商务交往中，依照惯例，自助餐大多被安排在各种正式的商务活动之后。自助餐的用餐时间不必进行正式的限定。只要主人宣布用餐开始，大家即可动手就餐。用餐者只要自己觉得吃好了，在与主人打过招呼之后，随时可以离去。通常，自助餐是无人出面正式宣告其结束的。

（二）就餐地点

选择自助餐的就餐地点时，应注意场地既要容纳下到场就餐之人，又要为他们提供足够的交际空间以及宜人的环境。

（三）食物的准备

自助餐为就餐者提供的食物，既有共性，又有个性。共性在于，为了便于就餐，以提供冷食为主。为了满足就餐者的不同口味，应当尽可能使食物在品种上丰富多彩。为了方便就餐者进行选择，同一类型的食物应集中在一处摆放。个性在于，在不同的时间或者款待不同的客人时，食物可在具体品种上有所侧重。有时以冷菜为主，有时以甜品为主，有时以茶点为主，有时还可以酒水为主。除此之外，还可酌情安排一些时令菜肴或者特色菜肴。

具体来讲，一般的自助餐所供应的菜肴大致应当包括冷菜、汤、热菜、点心、甜品、水果以及酒水等。

礼仪智库

在准备食物时，务必注意保证食物供应。同时，还需注意食物的卫生以及热菜、冷饮的保温问题。

（四）客人的招待

招待好客人是自助餐主办方的责任和义务。要做到这一点，必须特别注意以下环节。

（1）照顾好主宾。不论任何情况下，主宾都是主人照顾的重点，在自助餐上也不例外。主人对主宾所提供的照顾，主要表现在陪同其就餐，与其进行适当的交谈，为其引见其他客人等。只是要注意给主宾留下一点供其自由活动的时间，不要始终伴随其左右。

（2）要充当引见者。作为一种社交活动的具体形式，自助餐自然要求其参加者主动进行适度的交际。在自助餐进行期间，主人一定要尽可能为彼此互不相识的客人多创造一些相识的机会，并积极为其牵线搭桥，充当引见者。

（3）要安排服务者。小型的自助餐，主人往往可以一身两任，同时充当服务者。但是，在大规模的自助餐上，显然是不能缺少专人服务的。在自助餐上，直接与就餐者进行正面接触的主要是侍者。根据常规，自助餐上的侍者必须由身体健康且行动敏捷的男性担任。侍者的主要职责是，为了不使来宾频频取食而妨碍了同他人所进行的交谈，而主动向客人提供一些辅助性的服务。

三、享用自助餐

自助餐的礼仪主要是指吃自助餐时需要具体遵循的礼仪规范。它主要涉及以下八个方面。

（一）排队取菜

在就餐取菜时，由于用餐者往往成群结队而来，所以大家都必须自觉地维护公共秩序，讲究先来后到，排队选用食物，不允许乱挤、乱抢、乱加塞。

在取菜之前，先要准备好一个食盘。轮到自己取菜时，应用公用的餐具将食物装入自己的食盘之内，然后迅速离去。切勿在众多的食物面前犹豫再三，让身后的人久等，更不应该在取菜时挑挑拣拣，甚至直接下手或以自己的餐具取菜。

（二）循序取菜

在吃自助餐时，如果想要吃饱吃好，那么在具体取用菜肴时，就一定要首先了解合理的取菜顺序。按照常识，参加一般的自助餐时，取菜的先后顺序应当是冷菜、汤、热菜、点心、甜品和水果。因此在取菜前，最好先在全场转一圈，了解一下情况，然后再去取菜。

（三）量力而行

在根据本人的口味选取食物时，必须量力而行。切勿为了吃得过瘾而疯狂取用，结果导致食物浪费。

（四）多次取菜

自助餐允许用餐者反复取用某一种菜肴。每次应当只取一点，待品尝之后，觉得它适合自己的口味，可以再次取食，直至自己感觉吃好了为止。这样做是为了避免造成浪费。

（五）不能外带

不论是吃以待客为目的的由主人亲自操办的自助餐，还是吃餐馆里的自助餐，都有一条不成文的规定，即自助餐只许可就餐者在用餐现场自行享用，而绝对不允许就餐者在用餐完毕后将食物携带回家。

（六）送回餐具

自助餐强调用餐者以自助为主，不但要求就餐者取用菜肴时以自助为主，而且还要求其在用餐结束后，自觉地将餐具送到指定地点。

（七）照顾他人

在用餐的过程中，对于其他不认识的用餐者应当以礼相待。在排队、取菜、寻位以及行进期间，对于其他的用餐者要主动谦让，不要目中无人、蛮横无理。

（八）积极交际

商务人员必须明确，吃东西往往是次要之事，而要与他人进行适当的交际活动才是自己最重要的任务，在参加商务性质的自助餐时，更是如此。所以，不应当以不善交际为由，只顾自己躲在僻静之处一心一意埋头大吃，或者来了就吃，吃完就走，而不同其他在场的人进行任何形式的正面接触。

礼仪智库

参加自助餐者，想要介入一个陌生的交际圈，千万不要愣头愣脑地闯进去，这样不会受到欢迎。

在参加自助餐时，一定要主动寻找机会，积极地进行交际活动。首先，应当找机会与主人攀谈一番。其次，应当与老朋友好好叙一叙。最后，还应当争取结识几位新朋友。在自助餐上的交际形式主要是几个人聚在一起进行交谈。为了扩大自己的交际面，在此期间不妨多转换几个类似的交际圈。在每个交际圈做一定停留，不能只待上一两分钟马上就走，蜻蜓点水式的交际是不可取的。

介入陌生的交际圈大体有三种方法。

（1）请求主人或圈内之人引见。

（2）寻找机会，借机加入。

（3）毛遂自荐。

第四节　西餐礼仪

通常我们指的西餐是对西方国家餐饮的一种通称，其基本特点是要用刀叉进食。

吃西餐在很大程度上是享受用餐的情趣和氛围：大理石的壁炉、熠熠闪光的水晶灯、银色的烛台、缤纷的美酒，再加上人们优雅迷人的举止，这本身就是一幅动人的油画。掌握一些西餐礼仪，在西餐用餐时举止更加优雅，不出“意外”，是非常必要的。

一、西餐的菜序

享用西餐时，通常要先上汤，而在中餐里，汤则大多是用来“演奏”用餐的“结束曲”的。

西餐的正餐，尤其是在正式场合所用的正餐，其菜序既复杂多样，又讲究甚多。一顿内容完整的正餐，一般要吃上一两个小时。

正式的全套餐点上菜顺序如下。

（一）头盘

西餐的第一道菜是头盘，也称“开胃品”。开胃品一般有冷头盘和热头盘之分，常见的品种有鱼子酱、鹅肝酱、鸡尾杯、奶油鸡酥盒、焗蜗牛等。因为是要开胃，所以开胃菜一般都是有特色风味的菜品，味道以咸和酸为主，而且数量少、质量较高。

（二）汤

和中餐不同的是，西餐的第二道菜是汤。西餐的汤大致可分为清汤、奶油汤、蔬菜汤和冷汤四类。品种有牛尾清汤、各式奶油汤、海鲜汤、美式蛤蜊汤、意式蔬菜汤、俄式罗宋汤、法式葱头汤等。其中冷汤的品种较少，有德式冷汤、俄式冷汤等。

（三）副菜

鱼类菜肴一般作为西餐的第三道菜，也称“副菜”，品种包括各种淡水和海水的鱼类、贝类及软体动物类。通常水产类菜肴与蛋类、面包类、酥盒类菜肴都称为副菜。因为贝类菜肴的肉质鲜嫩，比较容易消化，所以放在肉类菜肴的前面，叫法上也和肉类菜肴主菜有区别。西餐吃鱼类菜肴讲究使用专用的调味汁，品种有鞑靼汁、荷兰汁、酒店汁、白奶油汁、大主教汁、美国汁和水手汁等。

（四）主菜

肉、禽类菜肴是西餐的第四道菜，也称为“主菜”。

肉类菜肴的原料取自牛、羊、猪等各个部位的肉，其中最有代表性的是牛肉或牛排。牛排按照其部位可分为沙朗牛排、菲力牛排、“T”骨牛排、薄牛排等。其烹调方式常用烤、煎、铁扒等。肉类菜肴配用的调味汁主要有西班牙汁、浓烧汁精、蘑菇汁、白尼斯汁等。

禽类菜肴的原料取自鸡、鸭、鹅，通常将兔肉和鹿肉等野味也归入禽类菜肴。禽类菜肴品种最多的是鸡，有山鸡、火鸡、竹鸡，可煮、炸、烤、焖，主要的调味汁有黄肉汁、咖喱汁、奶油汁等。

（五）蔬菜类菜肴

蔬菜类菜肴可以安排在肉类菜肴之后，也可以与肉类同时上桌，所以可以算作是一道菜，或者称之为一种配菜。蔬菜类菜肴在西餐中称为“沙拉”。与主菜同时上的沙拉，称为“生蔬菜沙拉”，一般用生菜、西红柿、黄瓜、芦笋等制作。还有一些蔬菜是熟食的，如花椰菜、煮菠菜、炸土豆条。熟食的蔬菜通常与主菜的肉食类菜肴一同摆放在餐盘中上桌。

（六）点心

吃完主菜后，一般要上些诸如蛋糕、饼干、吐司、三明治之类的西式点心。

（七）甜品

点心之后，接着上甜品，最常见的有布丁、冰淇淋等。

（八）水果

吃完甜品，一般还要摆上干鲜果品。

（九）热饮

在宴会结束前，还要为用餐者提供热饮，一般为红茶或咖啡，以助消化。

从实际情况看，西餐也在简化，比较简便的西餐菜单可以是：开胃菜、汤、主菜、甜品、咖啡。

二、西餐的餐具

（一）餐具的摆法

吃西餐的餐具有刀、叉、匙、盘、碟、杯等，一般讲究吃不同的菜要用不同的刀叉，饮不同的酒也要用不同的酒杯。其摆法是：在就餐者正前方放主菜盘，在主菜盘左手放叉，右手放刀，主菜盘上方放着匙，右上方放着酒杯。餐巾放在主菜盘上或插在水杯里，也有放在餐盘左边的。面包、奶油盘放在左上方。具体如图 8-4 所示。

图 8-4　西餐餐具摆法

（二）餐具的使用方法

（1）刀。宴席上最正确的拿刀姿势是：右手拿刀，手握住刀柄，拇指按着柄侧，食指则压在柄背上。除了用大力才能切断的菜肴或刀太钝之外，食指不能伸到刀背上。另外，不要伸直小指拿刀，有的女性以为这样姿势才优雅，其实这是错误的。刀是用来切割食物的，不要用刀挑起食物往嘴里送。

如果进餐时，有三种不同规格的刀出现，一般正确的用法是：带小锯齿的那一把用来切肉质食品；中等大小的用来将大片的蔬菜切成小片；而那种小巧的、刀尖是圆头的、顶部有些上翘的小刀，则用来切小面包，然后用它挑些果酱、奶油涂在面包上面。切割食物时双肘下沉，前臂应略靠桌沿。注意切割食物时要掌握好力度，太用力切割，稍有不慎，食物有可能会飞出去。

（2）叉。叉子的拿法有背侧朝上及内侧朝上两种，要视情况而定。背侧朝上的拿法和刀子一样，以食指压住柄背，其余四指握柄，食指尖端大致在柄的根部，若太靠前，姿态不好看，太往后，又不好使劲，硬的食物就不容易叉进去。叉子内侧朝上时，则如铅笔拿法，以拇指、食指按柄上，其余三指支撑柄下方。拇指和食指要按在柄的中央位置，如果太靠前，会显得笨手笨脚。左手拿叉，叉齿朝下，叉起食物往嘴里送，如果吃面条类软质食品或豌豆时叉齿可朝上。动作要轻，叉起适量食物一次性放入口中，不要拖拖拉拉一大块，咬一口再放下，这样很不雅。叉子叉起食物入嘴时，牙齿只碰到食物，不要咬叉，也不要让刀叉在齿上或盘中发出声响。吃体积较大的蔬菜时，可用刀叉来折叠、分切。较软的食物可放在叉子平面上，用刀子整理一下。

使用刀叉要注意：不要动作过大，影响他人；切割食物时，不要弄出声响；切下的食物要刚好一口吃下，不要叉起一口一口咬着吃；不要挥动刀叉说话，也不要用刀叉指人；掉落地上的刀叉不可捡起再用，应请服务员换一副。

如果在就餐中，需要暂时离开或与人交谈，应放下手中的刀叉，刀右、叉左，刀口向内、叉齿向下，呈“八”字形状放在餐盘上。这表示菜尚未用毕。但要注意，不可将其交叉放置呈“十字”形状。西方人认为这是令人晦气的图案。如果吃完了，或者不想吃了，可以刀口向内，叉齿向上，刀右、叉左并排放置餐盘上，它表示：不再吃了，可以连刀叉带餐盘一起收走。

（3）餐匙。在正式场合下，餐匙有多种，小的是用于咖啡和甜品的，扁平的用于涂黄油和分食蛋糕，比较大的，用来喝汤或盛碎小食物；最大的是公匙，用于分食汤，常见于自助餐。汤匙和点心匙除了喝汤、吃甜品外，绝不能直接舀取其他食物和菜品。进餐时不可将整个餐匙全部放入口中，应以前端入口。餐匙使用后，不要再放回原处，也不要将其插入菜肴或“直立”于餐盘中。

（4）餐巾。一般来说，餐巾放在餐盘的正中或叉子的旁边。大家坐下后，可以将餐巾放在胸前下摆处，不要将餐巾扎在衬衣或皮带里；或者可以将餐巾平铺到自己并拢的大腿上，如果是正方形的餐巾，应将其折成等腰三角形，直角朝向膝盖方向；如果是长方形餐巾，应将其对折，然后折口向外平铺在腿上。餐巾的打开、折放应在桌下悄然进行，不要影响他人。

餐巾有保洁作用，防止菜肴、汤汁撒落弄脏衣服；也可以用来擦嘴，通常用内侧，但不能用其擦脸、擦汗、擦餐具；还可以用来遮掩口部，在需要剔牙或吐出嘴中的东西时，可用餐巾遮掩，以免失态。如果餐巾掉落地上，应另换一块，然后将地上的捡起来。

有事需要暂时离席，餐巾应放在本人所坐的椅面上，而不是桌子上，因为放在桌子上就表示：我不吃了，可以撤掉。

三、西餐的席位排列

（一）席位排列的规则

（1）女士优先。在西餐礼仪中，往往体现女士优先的原则。排定用餐席位时，一般女主人为第一主人，在主位就位。而男主人是第二主人，坐在第二主人的位置上。

（2）距离定位。西餐桌上席位的尊卑是根据其距离主位的远近来决定的，距主位近的位置要高于距主位远的位置。

（3）以右为尊。排定席位时，以右为尊是基本原则。就某一具体位置而言，按照礼仪规范其右侧要高于左侧之位。在西餐排位时，男主宾要排在女主人的右侧，女主宾要坐在男主人的右侧，按此原则，依次排列。

（4）面门为上。按礼仪要求，面对餐厅正门的位子要高于背对餐厅正门的位子。

（5）交叉排列。西餐排列席位时，讲究交叉排列的原则，即男女应当交叉排列，熟人和生人也应该交叉排列。在西方人看来，宴会场合是要拓展人际关系，这样交叉排列，用意就是让人们能多和周围客人聊天认识，达到社交的目的。

（二）就座

西餐的位置排法与中餐有一定区别，中餐多圆桌，西餐则以长桌为主。长桌的位置排法主要有两种方式。

（1）法式就座方式。主人位置在中间，男女主人对坐，女主人右边是男主宾，左边是男次宾，男主人右边是女主宾，左边是女次宾，陪客则尽量往旁边坐。如图 8-5 所示。

（2）英美式就座方式。桌子两端为男女主人，若夫妇一起受邀，则男士坐在女主人的右手边，女士坐男主人的右手边，左边则是次宾的位置，如果是陪同客尽量往中间坐。如图 8-6 所示。

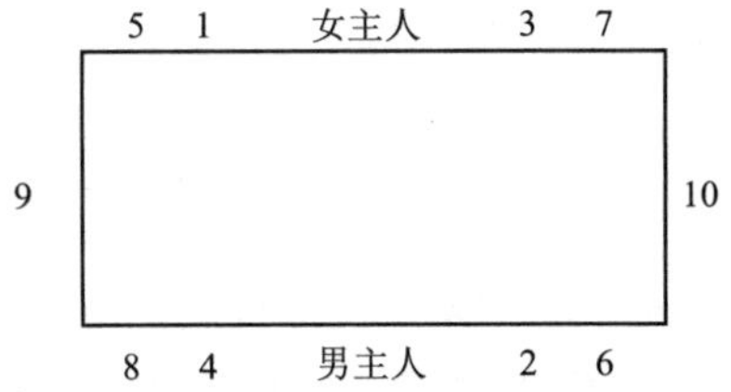

图 8-5　法式就座方式

图 8-6　英美式就座方式

在隆重的场合，如果餐桌安排在单独的房间里，在女主人邀请客人入席之前，不应当擅自进入设有餐桌的房间。如果是朋友，大家可以自由入座；在其他场合，客人要按女主人的指点入座，礼貌的做法是，在女主人和其他女士之后才可以坐下。一般说来，宴会应由女主人来主持。如果女主人说："祝你们胃口好！"这就意味着你可以吃了。如果女主人还没有发话，勺子就进了嘴，那可是非常不礼貌的。客人要服从主人的安排。

四、西餐的进餐礼仪

（1）就座时，身体要端正，手肘不能放在桌面上，不可跷腿，与餐桌的距离以方便使用餐具为佳。餐台上已摆好的餐具不要随意摆弄，将餐巾轻轻放在腿上。

（2）使用刀叉进餐时，从外侧往里侧取用刀叉，要左手持叉，右手持刀；切食物时左手拿叉按住食物，右手执刀将其切成小块，然后用叉子送入口中。使用刀时，刀刃不可向外。每吃完一道菜，将刀叉并拢放在盘中。如果是谈话，可以拿着刀叉，无须放下。不用刀时，也可以右手持叉，但若需要做手势时就要放下刀叉，千万不可手执刀叉在空中挥舞摇晃，也不要一手拿刀或叉，一手拿餐巾擦嘴；更不可一手拿酒杯，一手拿叉取菜。要切记，任何时候，都不可将刀叉的一端放在盘上，另一端放在桌上。

（3）每次送入口中的食物不宜过多，在咀嚼时不要说话。

（4）喝汤时不要啜，吃东西时要闭嘴咀嚼。不要舔嘴唇或咂嘴发出声音。吃完汤菜时，将汤匙留在汤盘里，匙把指向自己。

（5）吃鱼、肉等带刺或骨的菜肴时，不要直接吐。如盘内剩余少量菜肴时，不要用叉子刮盘底，更不要用手指相助食用，应以小块面包或叉子相助食用。吃面条时，要用叉子先将面条卷起，然后送入口中。

（6）面包一般掰成小块送入口中，不要拿着整块的面包去咬。抹黄油和果酱时也要将面包掰成小块再抹。

（7）吃鸡时，欧美人多以吃鸡胸脯肉为贵。吃鸡腿时应先用力将骨去掉，不要用手拿着吃。吃鱼时不要翻身，要吃完上层后用刀叉将鱼剔骨后再吃下层。吃肉时，要切一块吃一块，块不能切得过大或一次将肉都切成块。

（8）不可在餐桌边化妆，用餐巾擦鼻涕。用餐时打嗝是最大的忌讳。万一发生这样的情况，应立即向周围的人道歉。取食时不要站立起来，坐着拿不到的食物应请别人传递。

（9）就餐时不可狼吞虎咽。对自己不愿意吃的食物也应该要一点放在盘中，以示礼貌。有时主人劝客人添菜，如有胃口，添菜不算失礼，相反主人也许会引以为荣。

（10）不可在进餐时中途退席。如有事确需要离开应向左右的客人小声打招呼。饮酒干杯时，即使不喝，也应该将杯口在唇上碰一碰，以示敬意。当别人为你斟酒时，如不要，可简单地说一声“不，谢谢！”或以手稍盖酒杯，表示谢绝。

（11）进餐尚未全部结束时，不可抽烟，直到上咖啡表示用餐结束时方可。如果左右有女客人，应有礼貌地询问一声：“您不介意吧？”

（12）喝咖啡时如愿意添加牛奶或糖，添加后要用小勺搅拌均匀，将小勺放在咖啡的垫碟上。喝时应右手拿杯把，左手端垫碟，直接用嘴喝，不要用小勺一勺一勺地舀着喝。吃水果时，不要拿着水果整个去咬，应先用水果刀切成四瓣或五瓣再用刀去掉皮、核，用叉子叉着吃。

（13）进餐过程中，不要解开纽扣或者当众脱衣。如主人请客人宽衣，男客人可将外衣脱下搭在椅背上，不要将衣服或随身携带的物品放在餐台上。

五、西餐的酒水搭配

西餐宴会所用的酒水分为餐前酒、佐餐酒和餐后酒三种。

餐前酒又叫作“开胃酒”，在用餐之前饮用或在吃开胃菜时饮用。通常作为开胃酒的有鸡尾酒、威士忌和香槟酒。

佐餐酒，是在正式用餐期间饮用的酒水。西餐的佐餐酒均为葡萄酒，选择佐餐酒的一条重要原则是“红配红”“白配白”，即红葡萄酒配红肉，白葡萄酒配白肉。红肉指的是猪肉、羊肉、牛肉，白肉指的是鱼肉、海鲜。

餐后酒，用于餐后饮用，是用来助消化的酒水。通常的有利口酒、白兰地酒。

礼仪智库

西方国家饮食禁忌

1．俄罗斯

俄罗斯人用餐时多用刀叉。他们忌讳用餐时发出声响，并且不能用匙直接饮茶或让其直立于杯中。通常，他们吃饭时只用盘子而不用碗。参加俄罗斯人的宴请时，宜对其菜肴加以称道，并且尽量多吃一些。当俄罗斯人将手放在喉部，一般表示已经吃饱。

俄罗斯人热情好客，当主人递给你一杯伏特加酒时，出于礼貌一定不能拒绝，而且在敬酒时眼睛应该直视对方。不要把伏特加和别的酒或饮料混合。饭菜中的酱汁或肉汁应该用面包蘸着吃干净。如果面包剩下的话，会被看作一件晦气和浪费的事。

2．加拿大

加拿大人偏爱甜食，喜欢饮用白兰地、香槟酒等，忌食虾酱、鱼露、腐乳以及有怪味、腥味的食物和动物内脏。在加拿大，赴宴时最好到花店买一束鲜花送给主人，以表达自己的谢意。

在餐桌上，男女主宾一般分别坐在男女主人的右手边。饭前先用餐巾擦一擦嘴唇，以保持杯口干净。进餐时，左手拿叉，右手拿刀，只用叉时，可用右手拿。使用刀时，不要将刀刃向外。用过的刀叉要呈“八”字形分别放在盘子上。如果并排放在盘子上，则表示已经吃饱。吃东西时不要发出声音，不宜说话，不可当众用牙签剔牙，不要把自己的餐具摆到他人的位置上。

加拿大人对法式菜肴比较偏爱，并以面包、牛肉、鸡肉、土豆、西红柿等为日常食物。从总体上讲，他们以肉食为主，特别爱吃奶酪和黄油。加拿大人重视晚餐，他们有邀请亲朋好友到自己家中共进晚餐的习惯。受到这种邀请，应当理解为主人主动显示友好之意。

3．美国

美国人忌食各种动物的脚趾和内脏，不吃蒜，不吃过辣食品，不爱吃肥肉，不喜欢清蒸和红烩菜肴。美国人在用餐时的禁忌主要有六个"不允许"，即：不允许进餐时发出声响，不允许替他人取菜，不允许吸烟，不允许向别人劝酒，不允许当众脱衣解带，不允许议论令人作呕之事。

4．法国

在法国，如果饭菜还没尝就加调味品的话，厨师会很不高兴的。而且，客人在吃饭前一定要关闭手机，以免手机铃声响起打断就餐。法国人很少用点心盘来盛面包，所以可以直接把面包放在桌布上。只有在你希望添酒时，才把杯子里的酒一饮而尽，否则最好剩一些。法国人用餐时，两手允许放在餐桌上，但却不许将两肘支在桌子上，在放下刀叉时，他们习惯于将刀叉的一半放在碟子上，一半放在餐桌上。

吃法国菜时要注意举止优雅。吃完切忌用餐巾大力擦手和嘴，应注意仪态，用餐巾的一角轻轻擦去嘴上或手指上的油渍便可。就算凳子非常舒服，坐姿也应该保持正直，不要靠在椅背上面。进食时身体可略向前靠，两臂应紧贴身体，以免撞到相邻的人。吃法国菜同吃其他西餐一样，用刀叉时切记由最外边的餐具开始，由外到内，不要见到美食就扑上去，这样十分失礼。不要把面包当作开胃品，淀粉混合物尤其是加上奶油的淀粉混合物是在主餐后才吃的。

（资料来源：http://ly.weleve.com/sj/44814.shtml）

本单元小结

本单元介绍的是商务人员日常往来中的餐饮礼仪规范，具体涉及商务宴请与商务赴宴礼仪、中餐礼仪、自助餐礼仪、西餐礼仪等方面，是人们在其日常交往中最基本的行为准则。

作业：

一、关键概念

中餐　西餐　自助餐

二、思考题

1. 常见的宴请形式有哪些?
2. 不宜宴请外国人的菜肴有哪些?
3. 赴宴礼仪主要包括哪些内容?
4. 西餐正确的上菜顺序是什么?
5. 简述西餐中刀和叉的使用方法。
6. 中餐和西餐中所上的餐巾、湿巾各有何用途?
7. 中餐位次排列的原则有哪些?

三、案例分析

1. 年终岁尾，某家电制造商计划召开一次经销商年会，其意有三。一是奖励在过去一年中成绩显著的经销商；二是给经销商们提供一个可以相互交流的平台，将他们宝贵的经验与他人分享；三是传达新一年公司的战略规划和政策，拓展经销商网络，创造一支竞争力与执行力强的团队。丰盛的晚餐和充满互动的晚宴节目环节，是经销商年会中不可或缺的一部分。

请分析思考：假设由你总体负责安排此次晚宴活动，请制定一份详尽的晚宴方案。

某城市接待了一位来自美国的外商。他来这个城市是进行投资考察的。考察进行得比较顺利，双方达成了初步的合作意向。这天接待方设宴款待这位外商，宴会的菜肴很丰盛，主客双方交谈得比较愉快。这时，席间上来一道特色菜，为了表示接待方的热情，一位接待方领导便为这位外商夹了一筷子菜放到他的食碟里。这位外商当即露出不悦的神色，也不再继续用餐，双方都很尴尬。

问题：

（1）这位外商为什么露出不悦的神色？

（2）接待方应该怎样表示热情之意？

2. 法国一家公司的经理邀请日本商人来自己家里做客。在宴席上，主妇端上洗手指用的水，这个日本人一时大意，竟然把碗中的水喝下去了。主人看到后，马上就向同坐的两个孩子示意，两个孩子也一声不响地跟着喝下了洗手指的水，顾全了对方的面子。此后，双方不仅在生意上有很好的合作，私下里还成为了关系不错的好朋友。

问题：

法国经理及其家人做法的可取之处在哪里？

四、实训题

1. 请你判断分析以下情景人物做法的正误。

A. 女士盛装参加一个正式的宴会，在用餐过程中，为了使自己的妆容更完整，她拿出化妆包当众补妆。（　　）

B. 王先生去参加一位朋友的宴请，大家陆续入席。这时王先生这桌来了一位老人，王先生连忙起身，为老人将一张空椅子向后撤开一些，待老人坐稳后，再回到自己的座位上。（　　）

C. 小刘参加一个生日宴会，因为天气炎热，他出了不少汗，便顺手拿起桌上的餐巾拭汗。（　　）

D. 你到咖啡厅去喝咖啡，但端上来的咖啡比较热，你想让咖啡变凉便用嘴去吹，同时，还用勺子舀着喝，以免烫到自己。（　　）

E. 陈总是一位男士，在用餐过程中，不小心将一杯饮料打翻，饮料溅到旁边的一位女士身上，陈总非常不好意思，连忙用餐巾帮她擦干并表示歉意。（　　）

2. 一家企业准备迎接澳大利亚贵宾团的参观，特在西餐厅里设宴招待外宾，预计准备 2 桌，共 20 人，中方 10 人，外方 10 人。

思考：

（1）为主宾双方正确排出位次。

（2）正确摆放餐具，并说明每件餐具的主要用途。

（3）针对澳大利亚客人，就餐时应注意哪些礼节？

（4）举办一次让主客双方满意的西餐宴请活动，应注意哪些事项？

模块四　商务职场办公礼仪

第九单元　商务办公室礼仪

名人名言

君子不失足于人，不失色于人，不失口于人。

——《礼记》

教学目标

通过本单元学习，学习者达到以下目标:

1. 了解商务办公人员的社交礼仪修养;
2. 掌握办公室接待、拜访礼仪;
3. 掌握办公接打电话礼仪。

能力标准

能力元素	能力表现水平描述
商务办公人员的基本素质	商务办公人员社交礼仪修养
	商务办公人员的基本素质
	商务办公人员的礼仪禁忌
办公室接待与拜访礼仪	办公室接待礼仪
	办公室拜访礼仪
电话礼仪	电话礼仪的语言要求
	通话前的准备
	接电话礼仪
	打电话礼仪

引导案例

拜访禁忌

远东贸易公司坐落在风景秀丽的某海滨城市的朝阳大街。某照明器材厂的业务员金先生手拿企业新设计的照明器样品，兴冲冲地走上远东贸易公司的六楼，脸上的汗珠未及擦一下，便直接走进了业务部张经理的办公室，正在处理业务的张经理被吓了一跳。

“对不起，这是我们企业设计的新产品，请您过目。”金先生说。张经理停下手中的工作，接过金先生递过的照明器，随口赞道："好漂亮呀!"并请金先生坐下，倒上一杯茶递给他，然后拿起照明器仔细研究起来。金先生看到张经理对新产品如此感兴趣，如释重负，便往沙发上一靠，跷起二郎腿，一边吸烟一边悠闲地环视着张经理的办公室。当张经理问他电源开关为什么装在这个位置时，金先生习惯性地用手搔了搔头皮。好多年了，别人一问他问题，他就会不自觉地用手去搔头皮。

虽然金先生作了较详尽的解释，张经理还是有点半信半疑。谈到价格时，张经理问："这个价格比我们预算的高出较多，能否再降低一些？"金先生回答："我们经理说了，这是最低价格，一分也不能再降了。"张经理沉默了半天没有开口。金先生却有点沉不住气，不由自主地拉松领带，眼睛盯着张经理。张经理皱了皱眉："这种照明器的性能先进在什么地方？"金先生又搔了搔头皮，反反复复地说："造型新、寿命长、节电。"

张经理托辞离开了办公室，只剩下金先生一个人。金先生等了一会儿，感到无聊，便非常随便地抄起办公桌上的电话，同一个朋友闲谈起来。这时，门被推开，进来的是办公室秘书。

（资料来源：http://wenku.baidu.com/view/9ee0892d4b73f242336c5fa6.html）

第一节　商务办公人员的基本素质

一、商务办公人员社交礼仪修养

"礼敬得人，轻慢失人。"办公人员修养的高低直接影响着他们业务能力的培养、精神状态的好坏和工作的实际效果，同时也直接影响公司形象和业务的拓展。因此，对办公人员基本修养的培养非常重要。

动起来

列举你看到的不文明办公行为。

（一）道德品质修养

道德品质也称"德性"，简称"品德"，是个人在道德行为中所表现出来的比较稳定的、一贯的特点和倾向，是一定社会的道德原则和规范在个人思想和行为中的体现。道德品质的一般特征综合体现一定社会或阶级的道德要求，高度凝结着个人自觉的意志和信念，并因此表现为道德行为总体的稳定倾向。一个人要拥有高尚的道德品质，就应在日常生活中遵从交际礼仪规范，并把交际礼仪活动变成一种自觉的和具有道德意义的活动。可见，道德品质的修养和交际礼仪的养成是相辅相成、相互促进的。

（二）文化修养

总的来说，文化修养是对人文文化、科技文化中的部分学科了解、研究、分析、掌握的能力，可以独立思考、剖析、总结并得出自己的世界观、价值观的能力。有文化、有教养的人思考问题周密，分析问题透彻，处理问题有方，而且反应敏捷、语言流畅、自信稳重，在社会交往中具有吸引力，让人感到知识上获益匪浅，身心上愉快舒畅；相反，文化修养较低的人，缺乏自信，给人以木讷、呆滞或狂妄、浅薄的印象。因此，只有自觉地提高文化修养水平，增加社交的“底气”，才能使自己在社交场上温文尔雅、彬彬有礼、潇洒自如。文化修养需要依托物质载体，借助参加文体活动、多读经典书籍、多阅读浏览新闻、增加社会阅历来提升。

（三）心理素质修养

一个人的心理素质修养，决定这个人成功的路能走多远。一个具有良好心理素质的人在与他人的交往中，不管遇到什么困难，都能处变不惊，始终保持沉着冷静的心理状态，根据现有信息迅速采取合理的行为方式，化险为夷，争取主动；反之，缺乏良好心理素质的人，则会惊慌失措、心神不宁、焦躁不安，甚至四肢颤抖、语无伦次。因此，具有良好的心理素质是商务人员必须具备的礼仪修养。

（四）行为习惯修养

习惯是一个人在后天环境中，不断养成的自觉进行某些动作和行为的倾向。人们常说“习惯成自然”，就是说人们在日常生活中的言谈举止，经过长时间的自觉的练习，变成一种下意识的行为。社交礼仪也需要人们经过长时间的自觉的练习，变成一种行为习惯，才能在社交中灵活运用，发挥作用。检验一个人礼仪修养如何，很重要的一条标准就是看他是否已经将社交礼仪习惯化、规范化，能够在任何场合都自然而然地遵守规范，将这种规范变为自身的一部分，自然流露出来。

二、商务办公人员办公室素质

（一）良好的协调能力

对于现代企业来说，办公室是一个综合性的管理服务部门，是企业正常运行的桥梁和纽带。办公室人员不仅要做好领导关系的协调，还要做好上下左右协调、部门之间的协调以及企业内外的协调。因此，办公室员工应具有良好的统筹协调能力，为决策的执行和企业目标的实现提供组织保障。

（二）敏锐的洞察力

商务办公人员要善于观察和思考，要思维敏捷，头脑灵活，要善于揣摩他人意图，对周围事物能够见微知著，善于在复杂的环境中把握事物的本质特征。要做到这一点，必须勤看书，勤思考，注意收集信息，并进行正确分析判断，为决策做准备。

（三）良好的沟通能力

善于沟通是与人交往的基本条件。商务办公人员的沟通能力主要体现在两个方面：一是能理解他人的意图，二是能让他人理解自己的意图。具有这种能力，需要做到三点：一是善于倾听，了解对方的真正意图，这是沟通的第一要领；二是不要轻易反驳对方，陷入无谓的辩论中，要注意自己的沟通风格；三是寻求双赢，在沟通中双方能理解对方的意图，达成共识，实现双赢。

（四）善于学习的能力

知识是能力的基础，离开了知识的积累，能力就成了“无源之水”。人们只有不断学习，才能有工作所需的能力。商务办公人员必须善于学习，掌握基本的办公知识，比如公司的整体情况、产品的知识、行业状况、竞争产品的信息、公司的销售政策等，还要掌握一些日常办公的软件，才能更好地胜任办公室的工作。除了善于学习，还要善于总结，在工作中不断总结经验和教训，以此指导日后的工作。商务办公人员只有善于学习，善于总结，才能把办公室工作做到最佳。

（五）勇于创新的能力

没有创新就没有发展。离了创新，企业就会裹足不前，就会被淘汰。商品经济的不断发展和市场竞争的日趋激励，客观上要求企业不仅要适应市场需要，还要先发制人，刻意求新，做到“人无我有，人有我新”。只有破旧立新、追求新意的创新，才能使企业立于不败之地。

三、办公人员的礼仪禁忌

办公室是一个特殊的公共场合，可以说办公室可能是除了家之外，人停留时间最长的地方。要像爱家一样爱护办公室，但是办公室又是有别人的地方，因此，在办公室里不但要注意一些办公室的礼仪，更要注意一些办公室礼仪方面的禁忌，不要因为失礼而影响自己的工作。

（一）忌办公桌杂乱无章

办公桌是办公人员的脸面，一个连自己脸面都整理不干净的人，不仅影响办公环境，而且很难让人相信他的工作能力。所以，一定要保持办公桌的整洁有序，桌子要常清洁，桌面东西要尽量少，不要随便在办公桌上摆放食物、镜子、化妆品等私人物品。更不要将自己的物品放到别人的桌上。此外，也要保持办公桌下面的整洁，不能杂乱无章。离开办公室时，应将桌面文件、物品收拾归位。

（二）忌办公室形象不得体

一些办公人员不注意自己的形象，不仅在办公室照镜子、化妆，而且着装打扮也不得体。浓妆艳抹、香气逼人、衣着暴露、品味低俗，不仅给人工作能力低下的感觉，而且实在有伤大雅。办公区域，办公人员语言、举止、衣着都要尽量保持大方得体，过多的方言俗语都应避讳，不合时宜的着装更应避免。无论对上司、下属还是同级的人，都应不卑不亢，以礼相待，友好相处。

（三）忌不爱护公共设施

办公室是办公人员的第二个家，对办公设施设备要爱护。单位里的办公设施是为了方便大家工作，为了节约时间，提高工作效率配备的，不属于私人物品。因此，办公设施应使用于工作，且应保持设施设备的整洁，以保证不影响工作。

（四）忌吃零食、抽烟

女性爱吃零食，男性爱抽烟，这都无可厚非。但是，不应在办公室里吃零食，也不应在办公室里抽烟。办公室是集体办公的地方，要注意环境卫生。一般公司都设有就餐区和吸烟区，女性可以到就餐区去吃零食，男性可以到吸烟区去抽烟。这样既尊重了他人，也保护了环境。

（五）忌高声喧哗

性格开朗原本有助于和同事建立起良好的关系，利于工作的开展，但在办公室里随时展现开朗的性格就不合适了。办公室内不宜大声喧哗，要避免同事之间交头接耳，讨论工作以外的事情，在办公室中说话的声音应该尽量放小，以免影响正埋头工作的同事。

（六）忌随意使用他人物品

未经许可随意使用他人物品，事后又不打招呼的做法，非常不礼貌。使用他人物品，需征求物品主人的同意，得到许可后方可使用。使用后应完整无缺地归还原处，并告知主人已归还。

礼仪智库

进入领导办公室礼仪：切勿探头探脑，门开着也要敲门，得到允许进门后不要随手关门；看到领导在打电话应马上退出；内容简短就站着汇报；离开时要轻手轻脚。

和领导有异议时的礼仪：避开领导心烦意乱、忙碌或有重要电话的时候，不卑不亢地表明自己的观点，对有异议的问题提出解决方法，对领导的理解表示感谢。

（资料来源：http://wenku.baidu.com/view/9ee0892d4b73f242336c5fa6.html）

第二节　办公室接待与拜访礼仪

接待与拜访是商务活动中一件经常性的工作，如图 9-1 所示。商务人员在接待与拜访中的礼仪表现不仅关系到本人的形象，同时也影响到所在单位或组织的形象。因此，商务接待与拜访礼仪显得尤为重要。

图 9-1　接待与拜访

一、接待礼仪

动起来

有客人来访，你应该怎么接待？

（一）接待的种类与原则

办公室人员在日常工作中，经常会接待很多来访人员，这些来访人员主要分为四类。

一是领导的上级、亲戚或朋友。对这类人员应热情接待，主动请进会客室就座，上茶，并请稍作等待。然后马上请示领导，根据领导指示接待、安排。

二是客户。客户分两类。一类是重要客户，一般这类客户都有预约，接待时应热情周到，请示领导后再做安排。第二类是一般客户，这类客户来访的目的很简单，不需要领导亲自出面就可以解决。此时，你可以主动替他们联系相关部门领导或人员，然后指明该部门的名称和位置，或者亲自引领客人前去。

三是推销员。这类人员应该是办公室人员见得最多的。首先问其是否预约，若已预约，应热情接待，并请示领导再做安排；若无预约，可电话联系相关部门问其是否有意向，若有意向再指引他们过去；若既无预约，相关部门暂时也没有需要，可委婉地让他们把材料留下，后请领导过目。领导如果感兴趣，再及时主动地联系。

四是不速之客。遇到这类人员，应态度和蔼地请对方报上姓名、单位、来访目的等基本资料并登记，再请示领导，由领导决定是否会见。

办公室人员在接待过程中，要注意掌握好以下原则。

一是注意身份对等。身份对等是商务礼仪的基本原则之一。身份对等是指己方作为主人，在接待客户和合作伙伴等客人时，要根据对方的身份，同时兼顾对方来访的性质以及双方之间的关系，安排接待的规格，以便使来宾得到与其身份相称的礼遇，从而促进双方关系的稳定、融洽与发展。根据身份对等的原则，己方出面迎送来宾、参与礼节性会晤或正式谈判及宴请等活动的主要人员应与来宾的身份大体相当。

二是讲究礼宾秩序。礼宾秩序所要解决的是多边商务活动中的位次和顺序的排列问题。在正式的商务活动中，礼宾秩序排列可按身份与职务的高低顺序排列、按姓氏笔画排列、按有关各方正式通知东道主自己决定参加此项活动的先后顺序或正式抵达活动地点的时间先后顺序排列。

三是周到安排，热情服务。对来访客人要热情周到，对其需求要仔细询问，制定的接待方案内容要具体详细，安排的活动细节要仔细推敲，迎送客人的规格礼仪要周全。

四是安全方便。尽量给来访客人提供方便，尽量满足客人的要求，对客人的安全负责，尤其对一些重要的需要保密接待的任务更要认真仔细，确保安全无误。

总之，做好接待工作要学会审时度势，头脑清楚，灵活应变，具体情况具体处理，这样才会做到有礼有节，协调好单位和来访人员的关系，展现出良好的职业素质。

（二）做好接待前的准备

在接待过程中，要做好以下准备。

（1）掌握来宾的基本资料。商务人员要充分掌握来宾的基本信息，包括姓名、性别、年龄、籍贯、民族、单位、职务、专业、偏好，甚至婚姻、家庭成员、身体健康情况、政治倾向以及宗教信仰等，都可以详细了解，以方便根据来宾的情况进行有针对性的安排。

（2）制定接待方案。为避免接待工作出现疏漏，首先要制定好接待方案。接待方案一般包括接待方式、接待规格、接待人员、陪同人员、接待用车、食宿安排、日程安排、文娱活动、游览、会谈、会见、礼品赠送以及经费开支等。方案制定好后，经领导批准，逐项执行。

（3）确定来宾行程。来宾具体什么时间到访，什么时间离开，整个来访还有没有其他安排等，要在来宾正式到访前再次确认，以便安排具体的接待事宜。

（三）接待中的礼仪

（1）接待人员。接待人员，也就是接待规格，要根据来宾的身份和职务来确定。如果是曾经到访过的来宾，应保持与上次同样的规格，不宜随意升格或者降格。如果是初次来访，接待人员应与来宾的身份和职务相当，确有特殊情况无法到场迎接的，可由职位相当的人员代替或者由副职代替，但应礼貌地向对方做出合理的解释。

（2）接待地点。根据来宾的身份地位、双方关系和接待人员的身份地位不同，接待地点也应有所不同。一般情况下，可在机场、码头、火车站、汽车站等地点接待，可在来宾临时住所接待，也可在东道主的办公地点门外接待，如图 9-2 所示。

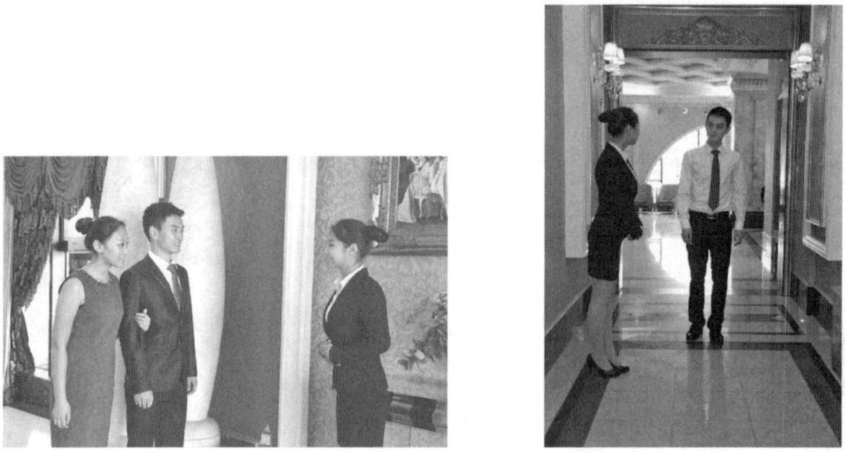

图 9-2 接待地点

（3）时间确定。若需要到机场、码头、火车站、汽车站接待来宾，需要提前到达，绝不能迟到。提前到达，不仅可以做好充分的接待准备，还能使来宾产生安全感、信任感。若迟到，不仅会让来宾感到焦虑不安，同时也会给来宾不好的印象，不利于深入接触。

（4）问候和介绍。见到客人以后，要先问候客人，如“一路辛苦了”“欢迎您来到我们公司”之类的话，然后向客人介绍自己的姓名和职务，如有名片，应送上名片，同时按职务高低向客人介绍其他接待人员。在介绍时，态度要热情，言行要端庄得体，要正视对方并略带微笑，保持良好的形象。

（5）握手。握手是见面时最常见的礼仪。双方在介绍之后应握手致意。握手时应注视对方，面带微笑，并进行简单的问候。

（6）献花。通常情况下，迎接客人不需要献花。有重要客人来访，可以选择献花。一般在参加迎送的主要领导人与客人握手后，由女青年或儿童将花献上，也有的由女主人向女宾献花。献花以鲜花为宜，要保持献花的完整、鲜艳和整洁。献什么花，怎么献花，要根据客人所属的民族、所处地域及当地风俗等情况来进行选择，要避免选择客人忌讳的花及其颜色、数目等。

案例导入

小李今年大学刚毕业，在大华公司总经理办公室做秘书工作。一天，公司王总经理派他到机场去接广州明光公司销售部的吴丽晶经理。小李准时来到机场，在出口处吴经理见到小李手中的字牌，走到小李面前说："你好！你是小李吧，我是吴丽晶！"小李连忙用不太标准的普通话说："是的是的，我是小李，您好！您就是广州过来的狐狸精（吴丽晶）吧？我是王总派来接您的。我是东方大学行政管理专业毕业的研究生，现在是王总的秘书。"一边说一边伸手准备与吴经理握手。面对小李这样的称呼、这样的自我介绍、这样的握手方式，吴经理会是什么感觉呢？

（资料来源：张岩松，《公关与礼仪》，大连，东北财经大学出版社，2012）

（四）引导客人的礼仪

（1）鞠躬礼仪。我国自古就有鞠躬礼，以示对他人的尊重。我国的鞠躬礼按弯身的幅度一般有 3 种，分别是 15 度、45 度、90 度。15 度鞠躬表示致意，用于一般的服务性问候。45 度鞠躬表示向对方敬礼，常用于重要活动、重要场合中的问候礼节。90 度鞠躬表示向对方深度敬礼和道歉，常用于中国传统的婚礼、追悼会等正式仪式，服务场合中很少使用。行礼时，举止尽量自然，让人觉得舒适，切忌用下巴向人问好。

（2）手势礼仪。在引导客人的过程中，手势礼仪必不可少，如图 9-3 所示。引导客人一般使用指示性手势礼，指示方向时一般使用横摆式；指示物品时一般使用直臂式；请人进门时一般使用曲臂式；请人入座时一般使用斜臂式。需要注意的是，使用指示性手势时，切忌五指张开或手势无力。

（3）危机提醒。在引导过程中，要随时注意危机提醒。在有障碍物的地方或者转弯处、斜坡处，要提前对客人进行提醒，如"请您注意，前面右拐"。对客人进行危机提醒，保证客人安全，避免客人处于危险中，是接待人员的职责。

（4）楼梯引导礼仪。当引导客人上楼时，应该让客人走在前面，接待人员走在后面；下楼时，应该由接待人员走在前面，客人走在后面。上下楼梯时，接待人员应该注意客人的安全。

（5）走廊引导礼仪。当引导客人经过走廊时，接待人员应在客人斜前方两三步的位置，配合客人步调，让客人走在内侧。

图 9-3　手势礼仪

（6）电梯引导礼仪。引导客人乘坐电梯时，接待人员先进入电梯，等客人进入后关闭电梯门，到达时，接待人员按开启电梯门的按钮，让客人先走出电梯。

（7）会客室引导礼仪。引导客人进入会客室（见图 9-4），打开会客室门时要注意，不要让门伤及客人，保护客人的安全。当客人步入会客室，接待人员用手指示，请客人坐下，看到客人坐下后，才能行点头礼后离开。如客人错坐下座，应请客人改坐上座，但不要勉强。

图 9-4　会客室引导

（五）奉茶的礼仪

以茶待客在我国由来已久，这不仅是一种习惯，也是一种文化。招待客人，选择什么茶具、怎样倒茶和递茶是很讲究的。在招待客人喝茶时，要保持茶具干净、无破损；倒茶时，杯内水不可倒满，至七八分即可；水温不宜太烫，以免烫着客人；奉茶时，可一手执杯柄一手托在杯底或者单手执杯柄，最好使用托盘奉茶，注意不要让手指碰到杯口；然后按客人身份由高到低上茶，如不清楚身份的，则应从上席者开头，陪同者最后。

商务礼仪

（六）送别礼仪

送别能给接待工作做一个完美的总结。

（1）道别。按照常规，道别一般由客人提出。客人提出道别，要稍作挽留，如客人要走，则不必再三勉强，待客人起身告辞时，再起身与之告别。假如主人首先与来宾道别，难免会给人以厌客、逐客的感觉。在道别时，来宾往往会说“就此告辞”“后会有期”。而此刻主人则一般会讲“一路顺风”“旅途平安”。有时，宾主双方还会向对方互道“再见”，叮嘱对方“多多保重”，或者委托对方代问其同事、家人安好。

（2）送别。一般客人告辞离去时，接待人员要将客人送至门口，叮嘱客人小心慢走，说声“再见”即可。如果是初次来访的客人，应告知其返程的路线；如果是远道而来的客人或者带有重物的客人，应给客人安排交通工具，待客人乘车离去时，再挥手告别；如果是将客人送至码头、火车站、汽车站，应帮助客人找到位置，待车船启动后，方可挥手告别离开。在送别过程中，如遇下雨，要给客人准备雨具。送别时切忌流露出不耐烦、急于脱身的神情，以免给客人留下厌客、逐客的印象。

二、拜访礼仪

动起来

请说说你曾经拜访老师或者长辈时的情景。

在商务活动中，双方相互拜访是最常见的社交形式，同时也是增进感情的一种有效办法。懂得商务拜访礼仪，无疑会为拜访活动增添色彩。如图 9-5 所示。

图 9-5 拜访礼仪

（一）约定拜访时间

不事先约定拜访时间，忽然到访，不仅显得没有礼貌，而且还会给对方造成困扰。所以，在拜访前，应事先与对方联络，说明拜访原因和目的，商议确定一个恰当的时间。一旦约定时间，应准时赴约，不能轻易失约或者迟到。如果确有不得不迟到或者需要取消访问的原因，一定要设法在事前通知对方，并诚恳致歉。拜访时间，应选择一个对方方便的时间。切忌在对方吃饭或者休息的时间登门拜访。

（二）拜访前的准备

（1）做好拜访前的计划。不管是初次拜访还是再次拜访，首先，应明确拜访目的，明确此次拜访要完成的任务；其次，规划好拜访路线，避免延误拜访时间；最后，根据拜访行程计划得体的开场白，选择恰当的话题材料和话题范围。

（2）准备有关资料。商务拜访中，需要准备与公司有关的资料，包括公司介绍、行业介绍、公司产品资料、客户资料、销售资料、名片、电话簿以及礼物等。此外，在出发拜访前，应电话联系对方，再次确认本次拜访的时间、人员和地点。

（3）形象准备。整洁大方的服饰仪容可以给对方留下良好的第一印象，邋遢、不得体的服饰仪容，是对拜访者的轻视。一般情况下，登门拜访，女士应着深色套裙，男士最好选择深色西装配素雅领带，切忌穿着过分鲜艳、暴露的服装。

案例导入

王莉在某公司市场部工作，她准备去拜访顺达公司的市场部经理胡军先生。王莉预约的拜访时间是本周三下午三点。事前王莉准备好了有关的资料、名片，并对顺达公司及胡军先生进行了了解。拜访前王莉对自己的仪容、仪表进行了精心、得体的修饰。到了周三，王莉提前五分钟到达顺达公司。在与胡军先生的交谈过程中，王莉简明扼要地表达了拜访的来意，交谈中始终紧扣主题，给胡军先生留下了很好的印象，最终促成了合作。

讨论：

请问王莉在拜访顺达公司的胡军经理时，在哪些方面做得比较成功？

（资料来源：http://wenku.baidu.com/view/794a36c30c22590102029d4e.html）

（三）拜访中的礼仪

准时到达拜访地点后，应说明身份及来意。如果对方因故不能马上接待，可在对方接待人员的安排下安静等待，不要东张西望，到处窥视，显示出不耐烦的样子。

到达被访者所在地时，事先要轻按门铃或者轻轻敲门，得到应允后方可进入，或者对方出来迎接时方可进入。进门后，要注意随身携带的物品或者礼品等，应搁放在被访者指定的地方，不应随意乱放。

进门后，应听从对方安排就座。如果室内已有客人，应主动打招呼并作自我介绍；如果后有来者，应起身等待被访者介绍或点头致意；如果你带有其他人员一同进入，应主动介绍给被访者。入座时，要注意坐姿，不要太过随意，跷二郎腿、双手抱膝、东倒西歪都是不礼貌的行为。若对方送上茶水，应从座位上欠身，双手接捧，并表示感谢。

与对方交谈时，要开门见山，不要浪费时间。拜访的时间不宜太长，最好在约定时间里完成拜访。掌握好交谈的技巧，注意察言观色，选择恰当的时机表明拜访目的。要以优雅得体的言谈举止赢得对方的好感与尊重。

拜访时要尊重被访者的习惯。对主人的行为习惯要尽量适应，并给予充分的尊重。如果接待室内没有摆放烟灰缸，说明对方没有吸烟的习惯，应尽量克制不要吸烟。

（四）礼貌告辞

拜访结束时，应彬彬有礼地告辞。起身告辞时，要向被访者表示“打扰”歉意，要同在场的其他接待者一一告辞。如果被访者出门相送，应请对方留步并致谢，热情地说“再见”。如中途有特殊情况不得不离开时，无论被访者是否在场，都应主动告别，不能不辞而别。

礼貌告辞，不仅可以给对方留下美好的印象，也为再次的拜访创造良好的氛围和机会。

案例导入

金勇是一位大学刚毕业分配到利华公司的新业务员，今天准备去拜访某公司的王经理。由于事前没有王经理的电话，所以金勇没有进行预约就直接去了王经理的公司。金勇刚进利华公司还没有公司制服，所以他选择了休闲运动打扮。到达王经理办公室时，刚好王经理正在接电话，他示意让金勇在沙发上坐下等。金勇便往沙发上一靠，跷起二郎腿，一边吸烟一边悠闲地环视着张经理的办公室。在等待的时间里金勇不时地看表，不时地从沙发上站起来在办公室里走来走去，还随手翻了一下放在茶几上的一些资料。

讨论：

请问金勇在这次拜访中成功的概率高吗？如果不高，请你指出他失礼的地方。

（资料来源：http://wenku.baidu.com/view/794a36c30c22590102029d4e.html）

第三节 电话礼仪

电话是人们常用的通信工具，也是现代社交必不可少的通信工具。电话的使用不仅仅是信息的传递，在很大程度上也体现着通话者个人的修养和工作态度，同时也反映出所在单位的整体形象。良好的电话礼仪不仅是对通话对象的尊重，也是对本人及本单位美誉度的维护，同时也有利于工作的顺利开展。

动起来

请给你的一个客户打电话，预约拜访时间。

一、电话礼仪的语言要求

电话是通过声音传递语言的。通话人之间想说什么、想做什么，是高兴还是悲伤，是喜欢还是憎恶，都可以通过电话传达。因此，电话语言要求礼貌、准确、简明地传递信息。

（1）通话态度礼貌而友善。办公人员在接听电话过程中，应使用文明礼貌的语言。多用肯定性语言，少用否定性语言，尽可能避免使用模糊性语言；多用致歉语和请托语，少用生硬语和傲慢语。打电话时，要耐心、沉得住气，要确信对方无人接听后方可挂断电话，切不可急不可耐，更不可在接通电话后责备、埋怨对方。接电话时，应快速准确接听，不可等铃声响了几遍后才慢吞吞地伸手接听，既显得怠慢对方，又影响对方工作；也不可在铃声响一遍后就立即接听，会显得唐突急躁，给人做事不踏实、不稳重的感觉。如果自己拨错电话，应诚恳地向对方致歉；如果对方拨错电话，切勿责备对方，应尽可能给予对方帮助。如果因线路或其他原因导致通话中断，则应由拨打方迅速重播一遍，不可让对方久等，并解释致歉，接话方也应守在电话旁，不宜转做他事，以免错过接听。

（2）信息传递简洁而准确。通话的一方可能有诸如紧张、失望而表情异常的体态语言，但通话的另一方并不知道，他所能得出的判断只能来自他所听到的声音。因此，通话时用语要言简意赅，直奔主题，少讲空话，将自己要讲的事情用最简洁、最准确的语言表达出来，切忌吞吞吐吐、含糊不清、东拉西扯。

（3）注意控制语速语调。通话时，语调平和，语气语速适中，有节奏感，易使对方产生愉悦的感觉。如果语速过快，会使对方听不清楚；太慢，则会使对方不耐烦；语调太高，对方会听得刺耳；太低，则对方会听不清楚。一般说话的语速、语调和平常一样就可以了，即使是长途通话，也无须大喊大叫，只要把受话器放在离嘴两三寸的地方，正对着它讲就可以了。另外通话环境也应保持安静，不宜有各种异样的声音出现，否则会使对方觉得自己未受到尊重而不利于沟通。

二、通话前的准备

人际交流的成功，往往取决于交流前的准备工作是否做得充分，电话交流亦是如此。办公人员只有在通话前做好充分的准备工作，才能使通话得以顺利进行，观点得以准确阐明，信息得以及时传递，分歧得以有效消除。

（1）内容准备。通话前，办公人员首先应准确掌握通话对方的基本情况，包括姓名、性别、年龄、所在公司名称、职务、对方电话号码等，以免发生尴尬。其次要明确自己所要传达的信息和要阐明的观点。为避免出现遗漏，可以事先将这些内容写在便签上，草拟一个提纲，按照提纲有条不紊地进行阐述。

（2）仪态准备。通话时，应全神贯注，端坐或端立于电话前，不可三心二意，边打电话边做其他事情，否则既不尊重对方，也不利于交流沟通。通话时，应保持良好的心情，这样即使对方看不到你，也能因你欢快的语调而被感染，从而对你形成极佳的印象。切忌吸烟、喝茶、吃零食。

（3）记录准备。不管是接电话还是打电话，都应养成随时记录的习惯，随时牢记 5W1H，即谁来的电话（Who）、来电的内容（What）、来电的原因（Why）、来电提到的地点（Where）、时间（When）、怎么办（How）。办公人员应在自己的办公电话旁准备好记录工具，养成一接电话就拿纸笔的习惯。记录后，应及时将记录信息反馈给有关领导批阅，以保证信息的及时传递。电话记录卡片如图 9-6 所示。

给 ____________________

日期 ____________________　时间 ____________________

你不在办公室时

____________________ 公司的 ____________________先生/女士/小姐

电话 ____________________

○电话　　○请打电话回去

○要求来访　　○还会打电话来

○是否紧急　　○回你的电话

留言 ______________________________

____

图 9-6　电话记录卡片

（资料来源：张岩松，《公关与礼仪》，大连，东北财经大学出版社，2012）

（4）补缺准备。办公人员因种种原因，不得不暂时离开自己的办公桌处理其他事情时，会无法接听他人来电。此时，可采取两种应对措施。一是委托他人代为接听。请受托之人记录下来电人的姓名、单位以及电话，并请转告本人回办公室后会即刻回复并致歉。二是设置电话录音。预留录音时应使自己的语调谦逊友好，其基本内容大致如下：“您好！这里是某某部门，现工作人员因公外出。请您在信号声过后留言或留下您的姓名和电话号码，我们将尽快与您联络。谢谢。”一般不宜要求对方再次来电，以免给人“摆架子”的感觉。

三、接电话的礼仪

（1）迅速、礼貌地接听。接电话应该首先做到迅速接听，听到电话铃声，不要过早或过晚接听，应在铃声响三声内接听。电话铃声响一声大约 3 秒钟，若长时间无人接电话或让对方久等是很不礼貌的，对方在等待时心里会十分急躁，这会给他留下不好的印象。即便电话离自己很远，听到电话铃声后，附近没有其他人，也应以最快的速度拿起话筒。如果电话铃响了五声才拿起话筒，应该先向对方道歉，以免给对方留下不良印象。

（2）热情问候。接电话时，应主动向对方问好，并自报单位或部门以及自己的姓名，然后确认对方身份，如“您好，这里是××公司，我是××，请问您找哪位？”如果拿起电话就说“喂，找谁，干吗？”则显得很不礼貌。

（3）仔细聆听并积极反馈。接电话时，要仔细聆听对方的讲话，并及时作答，给对方以积极的反馈。通话总听不清楚或意思不明白时，要马上告诉对方。在电话中接到对方邀请或会议通知时应热情致谢。

（4）规范地代接电话。代别人接电话时，要特别注意讲话顺序，首先要礼貌地告诉对方自己是谁，代谁接电话，然后再问对方是谁，有什么事情，但不要询问对方和他所找人的关系。注意在代接电话时，要尊重别人的隐私，忌大声召唤对方要找的人，更不要随意传播对方托你转达的事情。如果对方要找的人不在，应先询问对方是否需要代为转达，如需要，应记录下对方的姓名、单位、电话以及要点，以免事后忘记，且应重复一遍，以免遗漏。然后在第一时间把对方想要转达的内容传达到位，不可再次委托他人代为转告。

（5）礼貌地挂断电话。通话完毕，应等对方挂机后再挂断电话比较好。不要仓促地挂断电话，甚至对方话音没落就挂断。挂电话的声音不要太响，以免让人产生粗鲁无礼的感觉。挂电话前，应向对方说声“请多多指教”“抱歉，打扰您了”“再见”等礼貌用语，给对方留下良好印象。

（6）特殊情况处理。电话铃响了，如果有客人正与你交谈，应向客人打招呼，然后再去接电话，接电话时要说明身边有谁在，暗示对方不能说深层次问题，然后主动提出自己会另选合适的时间再打给他。在通话时不应同时与旁人打招呼、说话或者小声议论问题。如果通话时，有人有急事找你，应先对电话那端的人说“对不起”，并言明一会再回电话。

案例导入

以下为接听电话礼仪的实例：台湾林宇女士打电话给时光公司的高琦先生洽谈事务。

同事：时光公司，您好！请问您找谁？

林宇：请问高琦在吗？

同事：请问您是哪里？

林宇：我是台湾林宇。

同事：麻烦您稍等，我帮您转接，看他在不在。

林宇：谢谢您！

同事：林小姐，很抱歉！高琦出去还没回来呢！请问您有什么事需要我转告他？

林宇：麻烦您帮我转告高琦，录像带的脚本我已经发到他的电子邮箱中，请他回来看看有没有需要修改的地方。

同事：好的，我会转告高琦您已经把脚本传过来了。

林宇：谢谢您！

同事：不用客气！

林宇：再见！

（资料来源：http://wenwen.soso.com/z/q17227475.htm）

四、打电话的礼仪

（1）选择合适的通话时间。打电话前，先看看时间，确定一下此时打电话合不合适。如非重要事情，尽量避开对方休息、用餐的时间，而且最好别在节假日打扰对方。电话交谈的时间也不宜过长，事情说清楚即可，一般以 3～5 分钟为宜。通话时，要明确主题，言简意赅地表达清楚，要主次分明、详略得当，切勿东拉西扯，漫无边际。如果通话内容已陈述清楚，就应当及时结束通话。

（2）礼貌、友好地通话。电话拨通后，应问候对方“您好”，并确认是否是自己所找之人，得到回复后，再自报家门，报单位和个人姓名。打电话时，说话声音不要太大也不要太小，要口对话筒，吐字清楚，切忌矫揉造作。打电话结束时，要道谢和说再见，这是通话结束的信号，也是对对方的尊重。注意声音要愉快，听筒要轻放。一般来说，应是打电话的人先搁下电话，接电话的人再放下电话。但如果是与上级、长辈、客户等通话，则是对方先挂断电话，自己再轻轻挂断电话。

（3）特殊情况处理。如果通话中有人无意闯入，可以示意其坐下等候。否则，你可向通话对方致歉，简短和来人说句话后（如可以说：“等我打完这个电话再和你谈。”）继续通话。如果电话所找之人不在，需要留言，请对方记下你的电话号码以方便回电，或者告之你将在什么时间再打电话，请转告。

案例导入

学者错在哪里？

一位专业优秀的学者出国考察，他虽对自己的专业表现极有信心，外国同行也未表示异议，但他仍然感觉到自己并不受欢迎。回国前夕，在他一再追问下，才有朋友婉转地告诉他，是因为他没有教养。

原来，有一天，他应邀去外国同行的办公室谈话，这是他们初次见面。谈了一会儿有电话进来，主人打了个招呼就接听电话，他闲着无事，便翻起主人书桌上的书籍文件，就像在图书馆翻阅杂志一样。主人不悦，谈兴大减，找了个借口就结束了这场谈话。

本单元小结

本章主要介绍了商务办公人员的基本素质、办公室接待与拜访礼仪以及办公人员的电话礼仪。商务办公人员要有良好的社交礼仪修养，包括道德品质修养、文化修养、心理素质修养以及行为习惯修养；具备一定的基本素质，包括良好的协调能力、敏锐的洞察力、良好的沟通能力、善于学习的能力以及勇于创新的能力；同时还应注意避免办公室礼仪禁忌。

掌握商务接待与拜访礼仪的各个环节，并能灵活运用。在打接电话时，要注意特殊情况的处理，避免出现失误。

作业：

一、思考题

1. 假如你明天要拜访一个重要客户，列出你需要做哪些形象准备和资料准备。

2. 假如你是一个有着多年工作经验的秘书。近日，领导要你给新来的秘书介绍一下经验，你应该如何介绍?

3. 王经理正在电话里和客户谈话，此时办公室另一部电话响起。请问，王经理应该怎么做?

4. 请简述拨打电话的时机和时间要求。

二、案例分析

接待冷淡，断送生意

泰国某政府机构为泰国一项庞大的建筑工程向美国工程公司招标。经过筛选，最后剩下四家候选公司。泰国人派遣代表团到美国亲自去各家公司商谈。代表团到达芝加哥时，那家工程公司由于忙乱中出了差错，又没有仔细复核飞机到达时间，未去机场迎接泰国客人。尽管泰国代表团初来乍到不熟悉芝加哥，还是自己找到了芝加哥商业中心的一家旅馆。他们打电话给那位局促不安的美国经理，在听了他的道歉后，泰国人同意在第二天 11 时在经理办公室会面。第二天美国经理按时到达办公室等候，直到下午三四点才接到客人的电话说：“我们一直在旅馆等候，始终没有人前来接我们。我们对这样的接待实在不习惯。我们已订了下午的机票飞赴下一目的地。再见吧!”

问题：

1. 请指出文中不符合商务礼仪的地方。

2. 如果你是那位美国经理，你会怎么补救?

三、实训题

1. 实训目的：掌握电话礼仪的基本规范，展现出良好的通信交际形象。

2. 实训内容。

（1）学生 3～5 人分成一组，每组自编内容模拟打电话。

（2）每组同学将其模拟过程进行表演，其中应包含不规范电话礼仪行为。

（3）对每组的表演进行点评。

第十单元　商务文书礼仪

名人名言

树立良好的声誉，需要二十年的时间，而毁掉它，五分钟就足够了。如果你能考虑到这一点，你就会讲究礼仪了。

——沃伦·巴菲特

教学目标

通过本单元学习，学习者达到以下目标:

1. 了解在各类不同的商务活动中，不同类别的商务文书所起的作用;
2. 掌握请柬、聘书、邀请书、贺信（词）及备忘录的书写格式、语言表达、外观特征、发送方式等礼仪细节;
3. 能够撰写常见的礼貌得体的商务文书，体现良好的企业形象和训练有素的职业风范。

能力标准

能力元素	能力表现水平描述
请柬	熟练把握请柬的书写格式
	熟悉请柬的发送方式
	能撰写礼貌得体的请柬
聘书	熟练把握聘书的书写格式
	能撰写准确的聘书
邀请书	熟练把握邀请书的书写格式
	熟练把握回函的书写格式
	能撰写礼貌得体的邀请书
贺信（词）	熟练把握贺信（词）的书写格式
	能撰写礼貌得体的贺信（词）
备忘录	熟练把握备忘录的书写格式及使用情景
	能撰写得体的备忘录

引导案例

某机关定于某月某日召开总结表彰大会，并发请柬邀请有关部门的领导光临。请柬上也把开会的时间、地点写得一清二楚。总结表彰大会当天接到请柬的几位部门领导提前来到开会地点。但进门一看会场布置的样子并不像是开表彰会，询问会场负责人才知道，这是为报告会做布置，总结表彰会改换地点了。

几位部门领导感到莫名其妙，而且很是费解，地点改了为什么不重新通知？一气之下就走了。

事后，大会主办机关的领导才解释说，因秘书的粗心，在发请柬之前还没有与会场负责人取得联系，便把会议地点写在请柬上，等开会的前一天下午去联系时，才得知会场早已租给别的单位，只好临时改换会议地点。但由于邀请的单位和人员较多，来不及一一通知，结果造成了上述失误。尽管机关领导登门道歉，但造成的不良影响却难以消除。

在商务活动交往中人与人之间、人与组织之间、组织与组织之间用来沟通、调整、改善和发展相互关系的书面文字就是商务文书。商务文书礼仪是现代社交商务礼仪中一种基本的礼仪。

商务文书礼仪具备以下特征：传达意旨明白准确，书写样式、书写材料具有礼仪性；情感表达诚恳真挚，语言表达文雅得体。

第一节　请　　柬

一、请柬的基本知识

（一）请柬的概念与范例

动起来

思考：你是如何邀请亲朋好友去你家做客的？

请柬，又称请帖，是机关、团体或个人邀请有关人员参加会议、庆典、婚宴、寿筵或其他重要活动时发出的、制作精美的礼仪文书，如图 10-1 所示。

请　柬

IBM 公司北京代表处：

为欢迎公司董事长约翰·埃克斯及夫人访华，谨定于××××年××月××日晚 18:30 在人民大会堂宴会厅举行酒会及晚宴。

敬请

光临

国际商用机器（中国）有限公司

董事长×××

××××年××月××日

如出席请回电××××××

图 10-1　请柬范例

（二）请柬的特点

请柬具有礼节的庄重性、内容的告知性、制作的精美性三大特点。

（三）请柬的种类

动起来

请描述你接到或发放的请柬有哪些主要类型？

根据形式分，请柬可分为卡片式、折叠式、横式与竖式请柬。

根据内容和性质，请柬可以分为喜庆帖、丧葬帖、日常应酬帖、礼帖与谢帖。

二、请柬的结构与写法

请柬一般分为封面和封里两部分。

（1）封面。封面写上“请柬”或“请帖”两字，它相当于请柬的标题，可横写或竖写，要字体美观、醒目，一般要做一些艺术加工，可用美术体的文字，可以采用烫金处理，周围有吉祥、喜庆的装饰画面。

（2）封里。封里一般由称呼、正文、结语、落款等几部分组成，有的还加上附言。

1）称呼。一般起首顶格书写被邀请单位或个人的名称，姓名后要加称谓。有的请柬把姓名或名称写在中间或省略不写，也可在习惯结尾后另起一行顶格写上被邀请单位或个人的名称。

2）正文。正文即请柬的主体，另起行左（或上）空两字写明活动的性质、内容、时间和地点。

3）结语。结尾处写上“敬请光临”“恭候光临（指导）”“请拨冗光临”“顺致崇高的敬意”等礼貌用语。

4）落款。在正文右下角写上邀请单位或个人的名称，个别情况下也有单位名称和个人姓名两者都写的。名称要用全称，以单位名义发的请柬，落款要盖章，以示郑重。最后要写清请柬发出日期（年、月、日），日期最好用汉字大写，以示庄重正式。

5）附言。有的请柬根据不同情况还有各种附言，如“每桌×人”“凭柬入场”及“地址××大街××号”“第1桌”等。个别需请对方确定能否应邀以便招待的请柬，还要写上“能否应邀望早回复”“能否前往请回电话”等字样的附言。如果是邀请客人观看文艺演出或其他表演，要在落款下一行左空两格后注明“附××券×张”等。如果活动主办方对参加者的服装或者其他方面有要求也应一并写明。如果活动地点比较偏僻，或者对于部分人来讲不熟悉，就要在请柬上注明交通路线、乘车班次等。附言常写于请柬的左下方。

资料链接

请柬式样如图 10-2 所示。

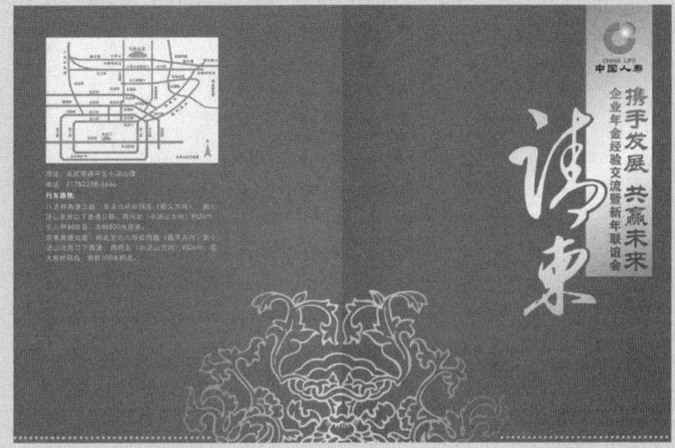

图 10-2　请柬式样

三、请柬的写作注意事项

（1）请柬内容应当准确无误，措辞简洁得体，制作精美大方。

（2）如果有需要注意的事项如联系人、联系电话、食宿或携带物品、文件要求、交通路线等，要在请柬的后面注明。如果有签到卡，可把签到卡附在请柬里。

（3）托人转递请柬是不礼貌的。请柬的递送方式很有讲究。古代无论远近都要亲自登门递送，表示真诚邀请的心意；现在，如果距离比较远，也可以邮寄。一定注意不能托人转递，转递是很不礼貌的。请柬如果是放入信封当面递送，要注意信封不能封口，否则造成又邀客又拒客的误会。

（4）请柬结语中应避免出现“准时”两字。在一些请柬上我们时常可以看到“请届时光临”的字样，“届时”是“到时候”的意思，表示出邀请者的诚意。但是有些请柬把“届时”改成了“准时”，这样就成了命令式，这会显得邀请者高高在上，对被邀请者是一种不尊敬。在请柬中我们应该避免出现这样的结语。

四、收到请柬的回函礼仪

收到请柬后能否赴约都应以书面形式告知。

应邀信是被邀人接到主人的邀请信后，同意赴约而给主人的复函。古时也称“谢帖”。应邀信的发出，体现了被邀人对活动的重视和对主人的尊重。应邀信一般由称谓、正文、祝颂语、署名落款四部分组成，表明接受邀请的态度。最后以“我将准时出席”作为结语。祝颂语可用“祝活动圆满成功”等。

谢绝信是被邀请人收到邀请信后，因为某种原因不能应邀赴约而写给邀请人婉言谢绝的礼仪文书。从礼仪上讲，不管何种原因不能应邀赴约，一定要以书面形式及时告知邀请人，以体现对他人的尊重。谢绝信的内容要字字讲究，句句谨慎，避免产生误解。

第二节　聘　　书

一、聘书的基本知识

（一）聘书的概念与范例

动起来　你在学校或者班级中担任何种职务？是否收到了担任该职务的聘书？

聘书是“聘请书”或“聘任书”的简称。它一般指机关、团体、企事业单位聘请某些有专业特长或有威望的人完成某项任务或担任某项职务时所发的邀请性质的专用书信。它庄重地表示了双方的聘任关系，成为聘任工作的凭证，如图 10-3 所示。

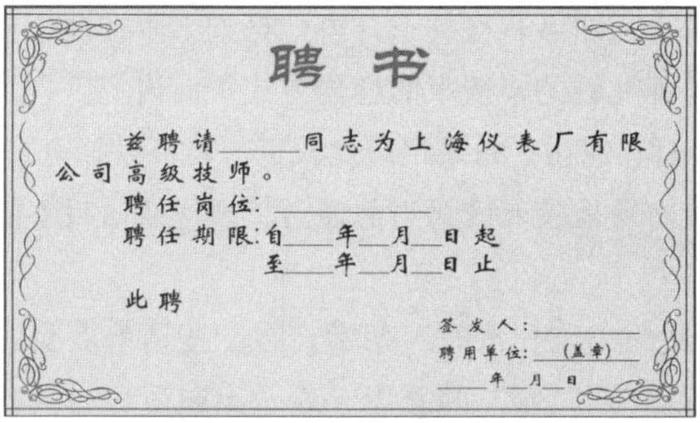
聘书

兹聘请______同志为上海仪表厂有限公司高级技师。

聘任岗位：____________

聘任期限：自____年__月__日起

至____年__月__日止

此聘

签发人：________

聘用单位：（盖章）

____年__月__日

图 10-3　聘书范例

（二）聘书的特点

（1）聘任性。

（2）合约性。

（三）聘书的种类

按内容分，聘书可分为岗位聘书、职称聘书和荣誉聘书等。

按形式分，聘书可分为书信式聘书和表格式聘书。

二、聘书的结构与写法

完整的聘书的格式一般由标题、编号、称谓、正文、结尾和落款六部分构成。

1．标题

聘书的标题往往是在正中写上“聘书”或“聘请（任）书”字样。

2．编号

为方便管理，有的聘书在“聘书”字样右下方注明编号，如“××聘字［200×］×号”。

3．称谓

一般另行顶格书写受聘者的姓名，后加称呼，称呼后加冒号。有的没有称谓，直接在正文中写明受聘人的姓名、称呼。常见的印制好的聘书则大都在第一行空两格写“兹聘请××……”。

4．正文

聘书的正文一般包括以下内容。

（1）交代聘请的原因和聘请担任的工作及所担任的职务。

（2）写明聘任期限。

（3）说明聘任待遇。此外，有的聘书还写上对被聘者的希望。

5．结尾

聘书的结尾一般在正文下一行空两格书写“此聘”等字样，后面不加标点符号。也可用表示敬意和祝颂的结束用语，如“此致”“敬礼”。

6．落款

落款要署上发文单位名称或组织法人代表的姓名、职务，并署上发文具体日期，同时要加盖公章。

资料链接

聘书式样如图 10-4 所示。

图 10-4　聘书式样

三、聘书的写作注意事项

（1）内容清楚，书写整洁、大方、美观，形式庄重，能给人增添荣誉感和责任感。

（2）表达准确，篇幅短小精悍，语言简洁明了，态度谦虚诚恳。

（3）以单位名义发出的聘书要加盖公章方为有效。

（4）聘书的发送和授予要选择庄重的场合和一些有意义的时间，给受聘人和观众留下深刻的印象，产生一定的激励作用。

第三节　邀　请　书

一、邀请书的基本知识

（一）邀请书的概念与范例

邀请书是行政机关、企事业单位、社会团体或个人邀请有关单位或人员出席重要会议、典礼或重要活动所用的礼仪书信。邀请书又称邀请信或邀请函，如图 10-5 所示。

邀　请　信

尊敬的刘刚先生及夫人：

本公司新建工厂预定于 2013 年 10 月 21 日举行投产开工仪式，特邀请阁下夫妇届时亲临指导。

新工厂的投产对本公司来说是一个极重要的里程碑，也是海内外客户对本公司产品持续需要的结果。应邀人员及公司对本公司的成功做出了很大贡献，希望能借此机会请大家见证我公司的发展，同时接受我公司全体员工衷心的谢意与祝福。

活动的具体安排见随附表。阁下届时能否光临，敬请来函确认。

江洪（手签）

天地公司董事长

2013 年 9 月 10 日

图 10-5　邀请信范例

（二）邀请书的作用

邀请书是机关、企事业单位经常使用的一种文体。它除有邀请作用外，还有提供信息、联络情感等作用。

（三）邀请书的特点

（1）礼仪性。

（2）明达性。

（3）书面性。

（四）邀请书的种类

邀请书按用途可分为会议类邀请书，专为庆祝会、纪念会、座谈会等发出；活动类邀请书，专为仪式、宴请、比赛等发出；工作类邀请书，专为成果的评审、鉴定或决策的论证而发出。

二、邀请书的结构与写法

邀请书通常由标题、称呼、正文、结尾和落款五部分组成。

1．标题

标题一般有以下几种写法：一是单独由文种名称组成，即在纸上方中间用大于正文的字体写上“邀请书”三个字；二是由发文机关和文种名称组成，即在“邀请书”三字前用小字标出发邀请书的单位名称；三是由发文机关、事由和文种名称组成，如“关于邀请出席专业建设指导委员会财务会计专业岗位能力与课程体系改革研讨会的函”。

2．称呼

在正文的上一行顶格写被邀请者（个人或者单位）的姓名或名称。姓名之后可加“书记”“校长”等职务或者“先生”“女士”等尊称。单位名称要用全称，以示尊敬。称呼之后加冒号。

3．正文

邀请书的正文包括开头、主体两个部分，如图 10-6 所示。

（1）开头。一般要交待会议或活动的由来、目的或意义，有的先作简单问候，再交代缘由。

（2）主体。要写明会议或活动的内容、时间、地点、方式以及希望邀请对象承担的工作等。事项要写得清楚、周详，若内容较多，可分条列出。

4．结尾

要写上礼貌性的结语，如“恳请光临”“恭候光临”“敬请莅临指导”等。

5．落款

落款要署上发文单位名称或发文者姓名和发文日期。邀请单位还应加盖公章，以示慎重。

图 10-6　邀请函式样

三、邀请书的写作注意事项

（1）内容要周详。

（2）措辞要得体。

（3）发送要提前。

四、请柬与邀请书的区别

请柬与邀请书都具有邀请的作用，可以作为参加活动的凭证，措辞上要求礼貌恭敬、简洁得体，具有庄重性和礼仪性的特点，但两者有以下几点区别。

（1）邀请书的使用范围比请柬广泛，更具有工作性、事务性，而请柬多用于喜庆活动。

（2）邀请书的内容比请柬复杂，信息容量更大。除了要写明被邀请的对象，活动的时间、地点外，还要交代有关事项，如行车路线、费用安排、要做的事情等，并且要求对方的回执。

（3）邀请书的措辞及制作比请柬更朴实，请柬则更具礼仪色彩，外观的要求较高。

五、收到邀请书的回函礼仪

收到邀请书后能否赴约都应尽快以书面形式（见图 10-7）告知。对来信只收不复是通信大忌。在复信中，应当认真回应对方提出的所有问题，的确需要延后回答或不能回答的问题，也应在复信中说明具体原因。

接受邀请信

尊敬的江洪董事长：

非常感谢阁下盛情邀请本人及夫人参加贵公司10月21日的投产开工庆典。

我和夫人乐意接受邀请，将搭乘AFL航空公司的218号航班（预计当天上午11：30抵达重庆）。

借此机会祝福贵公司兴旺发达。

刘刚（手签）

2013年9月27日

图10-7 邀请回函

动起来

重庆城市管理学院工商管理学院将举行2015年元旦晚会，邀请有关领导和老师参加。请以此为内容写一份邀请书。

第四节 贺信（词）

一、贺信（词）的基本知识

（一）贺信（词）的概念与范例

贺信（词）也称“祝贺词”，是表示祝贺、祝愿的言辞或文章，是人们在交际活动中使用频率较高的一种礼仪文书。常用于机关、团体、单位或个人向取得重大成就、有突出成绩或喜庆之事的有关单位或人员表示祝贺，或者对国际、国内发生的重大喜事表示慰问和赞扬，对一些重要会议、节日、庆典、开业、晋升、婚礼、寿辰等表示庆贺、祝愿的场合，如图10-8所示。

贺 信

新纪元软件有限责任公司：

值此贵公司落成开业之际，本人谨代表本公司全体员工向贵公司表示最热烈的祝贺！

贵公司拥有一支由国内外软件专家组成的庞大的专业队伍，技术力量雄厚，必定能很快开发出具有竞争力的高科技软件系统，在我国乃至国际的通信软件市场占有重要的一席之地。

衷心祝愿贵公司开业大吉，宏图大展！

王伟周（手签）

方铭电脑股份公司董事长

2013年6月12日

图10-8 贺信范例

（二）贺信（词）的特点

（1）祝贺性。

（2）公开性。

（3）真挚性。

（4）及时性。

（5）喜庆性。

（三）贺信（词）的种类

（1）工作方面的祝贺，如工作取得突出成绩，圆满完成了某项重大任务；重要工程的开工、竣工；科研项目的完成以及商场的开业等。

（2）会议方面的祝贺，如重要会议的召开或胜利闭幕等。

（3）节日的祝贺，侧重叙述节日的意义和如何以实际行动来祝贺这一节日。

（4）日常生活中的祝贺，如贺事业、贺婚、贺寿等。

二、贺信（词）的结构与写法

贺信（词）的结构一般由标题、称谓、正文、结尾和落款组成。

1．标题

贺信的标题多用“贺信（词）”或“祝贺信（词）”标出；也可由发信单位和文种构成，如“××省人民政府贺信”；还可以发信单位、贺信接受者和文种构成。

2．称谓

另起行顶格书写受贺单位或个人称呼，称呼后加冒号。祝贺个人的贺信，可在姓名前加“亲爱的”“尊敬的”等修饰语。

3．正文

贺信的正文要概述对方取得的成绩并简单分析主观和客观原因，要表达出热情的鼓励、殷切的希望和双方的共同理想。具体可按照以下思路写作：一是开头用简练的语言写出祝贺的原因，常用“值此××之际，谨代表××向××表示热烈祝贺”；二是根据不同的祝贺对象，采用不同的主体内容与措辞。写贺信（词）的目的一般是为祝贺对方取得突出成绩、祝贺会议召开、祝贺对方担任新职务或为寿辰祝贺等。

4．结尾

写上表示祝愿的话，如“祝大会圆满成功”“祝您长寿”等。

5．落款

另起一行在右下方写发信单位或个人姓名。署名下边写年月日。

资料链接

贺信式样如图 10-9 所示。

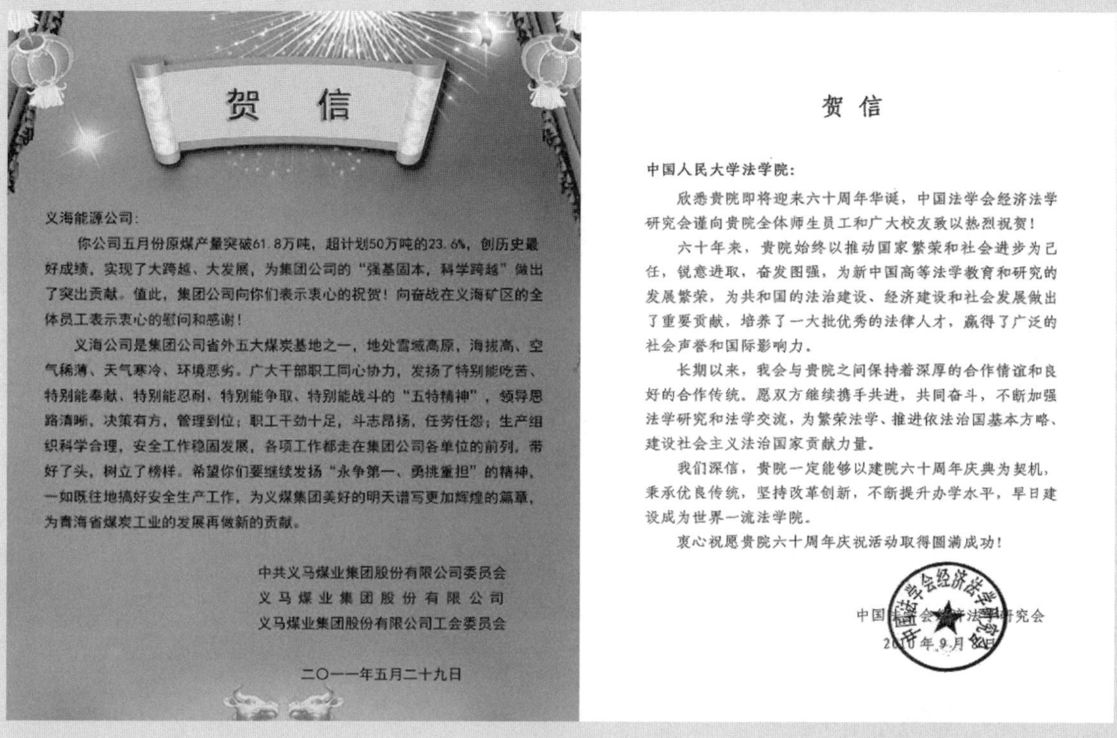

贺信

义海能源公司：

你公司五月份原煤产量突破61.8万吨，超计划50万吨的23.6%，创历史最好成绩，实现了大跨越、大发展，为集团公司的“强基固本，科学跨越”做出了突出贡献。值此，集团公司向你们表示衷心的祝贺！向奋战在义海矿区的全体员工表示衷心的慰问和感谢！

义海公司是集团公司省外五大煤炭基地之一，地处雪域高原，海拔高、空气稀薄、天气寒冷、环境恶劣。广大干部职工同心协力，发扬了特别能吃苦、特别能奉献、特别能忍耐、特别能争取、特别能战斗的“五特精神”，领导思路清晰，决策有方，管理到位；职工干劲十足，斗志昂扬，任劳任怨；生产组织科学合理，安全工作稳固发展，各项工作都走在集团公司各单位的前列，带好了头，树立了榜样。希望你们要继续发扬“永争第一、勇挑重担”的精神，一如既往地搞好安全生产工作，为义煤集团美好的明天谱写更加辉煌的篇章，为青海省煤炭工业的发展再做新的贡献。

中共义马煤业集团股份有限公司委员会
义马煤业集团股份有限公司
义马煤业集团股份有限公司工会委员会

二〇一一年五月二十九日

贺信

中国人民大学法学院：

欣悉贵院即将迎来六十周年华诞，中国法学会经济法学研究会谨向贵院全体师生员工和广大校友致以热烈祝贺！

六十年来，贵院始终以推动国家繁荣和社会进步为己任，锐意进取，奋发图强，为新中国高等法学教育和研究的发展繁荣，为共和国的法治建设、经济建设和社会发展做出了重要贡献，培养了一大批优秀的法律人才，赢得了广泛的社会声誉和国际影响力。

长期以来，我会与贵院之间保持着深厚的合作情谊和良好的合作传统。愿双方继续携手共进，共同奋斗，不断加强法学研究和法学交流，为繁荣法学、推进依法治国基本方略、建设社会主义法治国家贡献力量。

我们深信，贵院一定能够以建院六十周年庆典为契机，秉承优良传统，坚持改革创新，不断提升办学水平，早日建设成为世界一流法学院。

衷心祝愿贵院六十周年庆祝活动取得圆满成功！

中国法学会经济法学研究会
2010年9月8日

图 10-9　贺信式样

三、贺信（词）的写作注意事项

（1）内容齐备，评价中肯，表示决心要切实可行，不可言过其实。

（2）感情充沛、饱满，给人以鼓舞、力量。冷冰冰的陈述、说明表达不出祝贺者的心愿。

（3）语言要精练、明快、通俗、流畅，不能堆砌华丽的辞藻，篇幅要短。

第五节　备　忘　录

一、备忘录的基本知识

（一）备忘录的概念与范例

备忘录是一种录以备忘式的文件，是说明某一问题事实经过的文件，主要用于公司内部处理公务、交流信息。备忘录写在普通纸上，不用机关用纸，不签名，不盖章。备忘录可以当面递交，可以作为独立的文件送出（见图 10-10）。现在备忘录的使用范围逐渐扩大，可用于个人事务的记录，也可作为商务谈判或业务合作的记录。

> **备忘录**
>
> 发给：人力资源部
> 发自：财务部
> 抄送：总经理办公室
> 日期：2013 年 9 月 13 日
> 标题：购置新计算机
> 内容：上周董事会决定……
>
> （不用结束语）

图 10-10　备忘录范例

（二）备忘录的特点

（1）语言通俗、简洁。

（2）要点清晰，明确职责。

（3）形式简单，用途广泛。

（4）格式规范，便于存档。

（三）备忘录的类型

（1）个人备忘录，属于个人事务的备忘录，记录的事情其他人不参与。

（2）交往式备忘录。这是记录人与人之间活动的备忘录，这种备忘录必须真实地记录各种情况，包括对当事人有利或不利的情况。这类备忘录有商务谈判备忘录等。

（3）计划式备忘录，即提醒将来之事的备忘录。

二、备忘录的结构与写法

备忘录的结构一般由标题、正文、落款组成。

1．标题

标题通常有三种写法：一种直接写文种名称，即“备忘录”；一种是单位名称和文种组成，即“××公司备忘录”；还有一种由单位名称、事由和文种组成，如“××公司与××集团公司合作开发机电产品会谈备忘录”。

2．正文

个人备忘录和计划式备忘录的正文写法自由，不拘一格，写下事项要点即可。

下面专门介绍商务谈判备忘录正文的一般写法，如图 10-11 所示。

（1）导言。记录谈判的基本情况，包括双方单位名称、谈判代表姓名（与外商谈判需注明国别）、会谈时间、地点、会谈项目等。

（2）主体。记录双方的谈判情况，包括讨论的事项、一致或不一致的意见、观点和做出的有关承诺。主体内容的记录类似于意向书的写法，通常采用分条列项式记录。

（3）结尾。备忘录多数不另写结尾。

3．落款

由参加谈判的各方代表签字认可并标明时间。

龙湖公司与××公司会谈备忘录

中国龙湖公司（简称甲方）与×国××公司（简称乙方）的代表，于 200×年×月×日在××市甲方总部就合资项目进行了初步协商，双方交换了意见，并做出有关承诺。为便于将来继续洽谈，形成备忘条款如下。

一、依据双方的交谈，乙方同意就合资经营××项目进行投资，投资金额大约为×××万美元。投资方式待进一步磋商。甲方用厂房、场地、机器设备作为投资，其作价原则和办法，亦待进一步协商。

二、关于利润分配的原则，没有取得一致意见。乙方认为自己的投人既有资金，又有技术，应该占利润总额的 60%～70%，甲方则认为应该按投资比例分成。乙方代表表示，利润分配比例愿意考虑甲方的意见，希望另定时间协商确定。

三、合资项目生产的××产品，乙方承诺在国际市场上销售产量的 45%，甲方希望乙方将销售量提高到产量的 70%～75%，其余的在中国市场上销售。

四、工厂的规模、合资年限以及其他有关事项尚未详细讨论，双方都认为待第二项内容向各自的上级汇报确定后，再商议。

五、这次洽谈虽未能解决主要问题，但双方都表达了合作的愿望。期望在今后的两个月内再行接触，以便进一步协商洽谈合作事宜。再次洽谈的具体时间待双方磋商后再定。

×××公司	××公司
代表×××（签章）:	代表×××（签章）:
二〇〇×年×月×日	二〇〇×年×月×日

图 10-11 商务谈判备忘录式样

三、备忘录的写作注意事项

（1）注意商务谈判纪要与商务谈判备忘录的区别。一是效力不同。商务谈判纪要一经双方签字，具有一定的约束力，而商务谈判备忘录没有约束力，只起提示备忘作用。二是内容不同。商务谈判纪要中记的主要是谈判双方达成的主要的一致性意见，而商务谈判备忘录中记的则不一定是谈判达成的一致意见，是为了下一次谈判、洽谈或磋商而提示的问题。

（2）内容要翔实、具体而完备。

（3）语言要朴实、准确，不用敬语。

动起来

恒博公司为了丰富员工的业余生活，决定举办一次“电影之夜”活动。请根据情景拟写一份备忘录贴在宣传栏里，邀请所有公司员工参加，要求在备忘录里写清楚电影之夜举办的时间、地点，而且还要恳请大家对如何开展好此次活动提出建议和设想。

本单元小结

撰写请柬要注意用语的恰当，时间、地点具体，交代项目清晰。邀请信和请柬都是邀请别人参加某种活动的文种。和请柬相比，邀请信说明更加详细。因此要根据实际需要确定文种。

撰写聘书要内容清楚，形式庄重，表达准确，篇幅短小。

撰写贺信（词）要短小精悍，基本上按照回顾过去努力的历程、预祝美好的未来这个思路来写作，注意语言要能够表达出真诚的祝贺之意。

撰写邀请书内容要周详，措辞要得体，并且要提前发送。

撰写备忘录内容要翔实、具体而完备，不需要用敬语。

作业：

一、关键概念

请柬　聘书　邀请书　贺信（词）　备忘录

二、思考题

1. 请思考请柬与邀请书之间的区别与联系。

2. 请思考以下请柬有哪些错误，并改正。

兹定于二〇〇×年×月××日上午×时，为犬子×××举行隆重的婚礼，届时敬请光临。 敬启 恭 请 ×××同志

三、案例分析

王华是天地公司销售部秘书。这天，销售部经理交给她一项任务：为了庆祝公司成立十周年，将举办大型客户联谊会，以宣传公司形象，增进与各地客户的联系。届时，将举办一系列的庆典活动。销售部经理列出了邀请名单，王华负责拟请柬，并按照名单发送。

王华急忙上街买了精美的请柬，按照名单填好之后，匆忙寄出。由于填写请柬时忘记了写上每人的桌号，并且有几个信封由于匆忙装错了，所以到庆典当天，宴会厅里好多客人找不到自己的座位，有些客人由于收到了不是寄给自己的请柬而没有出席，使得这次庆典活动的效果大打折扣。公司领导为此十分恼火，王华则惴惴不安，不知会有怎样的命运在等待自己。

问题：

（1）王华的失误在哪几个地方？

（2）商务请柬在发送时应特别注意什么？

（3）如果你收到了需要回复的请柬，但是请柬并不是寄给你的，这时你会怎样处理？

四、写作题

大学毕业在即，请代表你们班起草一份请柬，邀请有关领导和任课教师出席毕业典礼，参加毕业合照和毕业聚会活动。班名、时间、地点自拟。

五、实训题

1. 实训目的：熟悉商务贺信（卡）的写作。

2. 实训内容：你是安达空调制冷设备有限公司董事长杨林的秘书，近期你公司最大的客户天祥房地产开发有限公司兴建的项目之一——蔷薇国际花园工程全面竣工。董事长让你代他起草一封贺信，以进一步加强双方的合作关系。

第十一单元　商务活动礼仪

名人名言

礼貌使有礼貌的人喜悦，也使那些受人以礼貌相待的人们喜悦。

——孟德斯鸠

教学目标

通过本单元学习，学习者达到以下目标:

1. 掌握剪彩、签字、新闻发布会、展会等商务活动的礼仪知识;
2. 熟悉剪彩、签字、新闻发布会、展会等商务活动的操作流程;
3. 明确剪彩、签字、新闻发布会、展会等商务活动中各角色的礼仪规范。

能力标准

能力元素	能力表现水平描述
剪彩仪式礼仪	了解剪彩仪式内涵和功能
	熟悉剪彩仪式的准备工作
	掌握剪彩仪式的操作程序
签字仪式礼仪	了解签字仪式的功能
	掌握签字仪式的准备工作
	掌握签字仪式的操作流程
新闻发布会礼仪	了解新闻发布会的内涵及功能
	熟悉新闻发布会的操作流程及注意事项
会展活动现场礼仪	熟悉展会开幕式礼仪规范
	掌握展位现场接待礼仪

引导案例

展览礼仪企划

1996年国际汽车展在国际展览中心举行。这届展会世界名车云集，盛况空前，取得了极大成功。在成功的背后，展览会中的礼仪企划功不可没。奔驰、宝马、本田、三菱等名车不仅在展台设计、专业技术人员上花了大力气，更在礼仪策划、人员的选择培训、服装的选择等方面下了功夫。当我们走进展览会，本田小姐嗓音清澈的解说让人赞叹不已，福特小姐的现场表演让人流连忘返。这些展览礼仪小姐与汽车的品牌、车型、风格、特点巧妙融合，相得益彰，体现出展览礼仪企划的精细和独具匠心。伴随汽车展的轰动效应，展览礼仪企划更加受到人们的重视。

提到模特，大家立即想到时装表演，时装模特在服装业中的重要作用大家已认识到了，而对展览模特的了解还很少。在去年 2 月份的 COMDEX 电脑展中，一些朋友说，展览模特不就是请几位漂亮的小姐，站在那里发资料吗？这里仅说对了一点，漂亮小姐发资料是为了推广企业形象，但这还远远不够，单单是漂亮还不能胜任展览礼仪模特的工作，展览礼仪模特还要具备良好的公关素质，如应变能力、动听的声音、流利的解说能力、服装模特的表现能力、丰富的礼仪常识等。有的企业认为本公司中的专业技术人员，完全可以应付，不需要礼仪企划。其实这是种错误的认识，企业应该认识到宣传和销售是不可分割的。一位企业家曾经这样说：我的产品 80%是宣传卖掉的，余下的 20%存在库房。

2005 年，在国际展览中心的一次国际制冷展上，美国 TRAE 公司取得了极大成功。人们被 TRAE 独特的展示设计所吸引。在亮丽的背景幕布上，悬挂着一张巨幅风景画，象征着 TRAE 公司为改善人们的生存环境而奋斗的目标。在展台上，两位美丽动人的小姐带着微笑和来宾合影，一位专业摄影师用一次成像的相机把这一幕变成永恒。短短几天，大约 4 000 人得到了自己与 TRAE 小姐的合影照片。TRAE 公司成功的展览礼仪企划，一时被传为佳话。

好的展览企划可以在展览会上使公司活起来，跨出展台，走向更广阔的世界。

（资料来源：http://www.gjart.cn/htm/viewnews16404.htm）

第一节　剪彩仪式礼仪

剪彩仪式是指商界的有关单位，为了庆祝公司的成立、公司的周年庆典、企业的开工、宾馆的落成、商店的开张、银行的开业、大型建筑物的启用、道路或航道的开通、展销会或展览会的开幕等而举行的一项隆重的礼仪性程序。

动起来

谈谈你所经历过的或者在媒体上看到过的剪彩仪式。

从操作的角度来进行探讨，通行的剪彩礼仪主要包括剪彩的准备、剪彩人员的确定、剪彩的程序、剪彩的具体做法等四个方面的内容。下面分别择其要点进行介绍。

一、剪彩的准备

剪彩的准备工作涉及场地的布置、环境卫生、灯光与音响的准备、媒体的邀请、人员的培训等。对剪彩仪式上所需使用的某些特殊用具，诸如红色缎带、新剪刀、白色薄纱手套、托盘以及红色地毯，必须仔细地进行选择与准备。

二、剪彩人员的确定

必须认真选择剪彩人员，并于事先进行必要的培训。除主持人之外，剪彩人员主要由剪彩者与助剪者构成。以下，就分别简要介绍一下对于他们的主要礼仪性要求。

在剪彩仪式上担任剪彩者是一种很高的荣誉。剪彩仪式档次的高低，往往也同剪彩者的身份密切相关。因此，在选定剪彩人员时，最重要的是要把剪彩者选好。剪彩者，即在剪彩仪式上持剪刀剪彩之人。根据惯例，剪彩者可以是一个人，也可以是几个人，但是一般不应多于五人。通常，剪彩者多由上级领导、合作伙伴、社会名流、员工代表或客户代表所担任。确定剪彩者名单，必须是在剪彩仪式正式举行之前。名单一经确定，即应尽早告知对方，使其有所准备。在一般情况下，确定剪彩者时，必须尊重对方个人意见，切勿勉强对方。需要由数人同时担任剪彩者时，应分别告知每位剪彩者届时他将与何人同担此任。这是对剪彩者的一种尊重。千万不要临阵磨枪，在剪彩开始前方才强拉硬拽，临时找人凑数。

必要之时，可在剪彩仪式举行前，将剪彩者集中在一起，告知有关的注意事项，并稍事训练。按照常规，剪彩者应着正装或制服，将头发梳理整齐，不允许戴帽子，或者戴墨镜，也不允许穿着便装。

若剪彩者仅为一人，则其剪彩时居中而立即可。若剪彩者不止一人时，则其同时上场剪彩时位次的尊卑就必须予以重视。一般的规矩是：中间高于两侧，右侧高于左侧，距离中间站立者愈远位次便愈低，即主剪者应居于中央的位置。需要说明的是，之所以规定剪彩者的位次“右侧高于左侧”，主要是因为这是一项国际惯例，剪彩仪式理当遵守。其实，若剪彩仪式并无外宾参加时，可执行我国“左侧高于右侧”的传统做法。

助剪者指的是在剪彩者剪彩的一系列过程中从旁为其提供帮助的人员。一般而言，助剪者多由东道主一方的女职员担任，人们对她们的常规称呼是礼仪小姐。具体而言，在剪彩仪式上服务的礼仪小姐，又可以分为迎宾者、引导者、服务者、拉彩者、捧花者、托盘者。迎宾者的任务，是在活动现场负责迎来送往。引导者的任务，是在进行剪彩时负责带领剪彩者登台或退场。服务者的任务，是为来宾尤其是剪彩者提供饮料，安排休息之处。拉彩者的任务，是在剪彩时展开、拉直红色缎带。捧花者的任务，则是在剪彩时手托花团。托盘者的任务，则是为剪彩者提供剪刀、手套等剪彩用品。

在一般情况下，迎宾者与服务者应不止一人。引导者既可以是一个人，也可以为每位剪彩者各配一名。拉彩者通常应为两人。捧花者的人数则需要视花团的具体数目而定，一般应为一花一人。托盘者可以为一人，亦可以为每位剪彩者各配一人。有时，礼仪小姐亦可身兼数职。

礼仪小姐的基本条件是，相貌较好、身材颀长、年轻健康、气质高雅、音色甜美、反应敏捷、机智灵活、善于交际。礼仪小姐的最佳装束应为：化淡妆，盘起头发，穿款式、面料、色彩统一的单色旗袍，配肉色连裤丝袜、黑色高跟皮鞋。除戒指、耳环或耳钉外，不佩戴其他任何首饰。有时，礼仪小姐身穿深色或单色的套裙亦可。但是，她们的穿着打扮必须尽可能地整齐划一。必要时，可向外单位临时聘请礼仪小姐。

三、剪彩的程序

在正常情况下，剪彩仪式应在行将启用的建筑、工程或者展销会、博览会的现场举行。正门外的广场、正门内的大厅，都是可以优先考虑的。在活动现场，可略为装饰。在剪彩之处悬挂写有剪彩仪式的具体名称的大型横幅，更是必不可少的。

一般来说，剪彩仪式宜紧凑，忌拖沓，所耗时间越短越好。短则一刻钟即可，长则不宜超过一个小时。

按照惯例，剪彩既可以是开业仪式中的一项具体程序，也可以独立出来，由其自身的一系列程序所组成。独立的剪彩仪式，通常应包含如下六项基本的程序。

（一）请来宾就位

在剪彩仪式上，通常只为剪彩者、来宾和本单位的负责人安排座位。在剪彩仪式开始时，即应敬请大家在已排好顺序的座位上就座。在一般情况下，剪彩者应就座于前排。若其不止一人时，则应使之按照剪彩时的具体顺序就座。

（二）宣布仪式正式开始

在主持人宣布仪式开始后，乐队应演奏音乐，现场可燃放鞭炮，全体到场者应热烈鼓掌。此后，主持人应向全体到场者介绍到场的重要来宾。

（三）奏国歌

此刻必须全场起立。必要时，亦可随之演奏本单位标志性歌曲。

（四）发言

发言者依次应为东道主单位的代表、上级主管部门的代表、地方政府的代表、合作单位的代表，等等。发言内容应言简意赅，每人不超过三分钟，重点应为介绍、道谢与致贺。

（五）剪彩

此刻，全体人员应热烈鼓掌，必要时还可奏乐或燃放鞭炮。在剪彩前，要向全体到场者介绍剪彩者。

（六）参观

剪彩之后，主人应陪同来宾参观被剪彩之物。仪式至此宣告结束。随后东道主单位可向来宾赠送纪念性礼品，并以自助餐款待全体来宾。

四、剪彩的具体做法

进行正式剪彩时，剪彩者与助剪者的具体做法必须合乎规范，否则就会使剪彩活动的效果大受影响。

当主持人宣布进行剪彩后，礼仪小姐应率先登场。在上场时，礼仪小姐应排成一行行进。从两侧同时登台或是从右侧登台均可。登台之后，拉彩者与捧花者应当站成一行，拉彩者处于两端拉直红色缎带，捧花者各自双手手捧一朵花团。托盘者须站立在拉彩者与捧花者身后一米左右，并且自成一行。

在剪彩者登台时，引导者应在其左前方进行引导，使之各就各位。剪彩者登台时，宜从右侧出场。当剪彩者均已到达既定位置之后，托盘者应前行一步，到达前者的右后侧，以便为其递上剪刀、手套。

剪彩者若不止一人，其登台时应列成一行，并使主剪者在前。在主持人向全体到场者介绍剪彩者时，后者应面含微笑向大家欠身或点头致意。

剪彩者行至既定位置之后，应向拉彩者、捧花者含笑致意。当托盘者递上剪刀、手套，亦应微笑着向对方道谢。

在正式剪彩前，剪彩者应首先向拉彩者、捧花者示意，待其有所准备后，集中精力，右手持剪刀，表情庄重地将红色缎带一刀剪断。若多名剪彩者同时剪彩时，其他剪彩者应注意主剪者动作，与其动作协调一致，力争大家同时将红色缎带剪断。如图 11-1 所示。

图11-1　剪彩仪式

按照惯例，剪彩以后，红色花团应准确无误地落入托盘者手中的托盘里，而切勿使之坠地。为此，需要捧花者与托盘者的合作。剪彩者在剪彩成功后，可以右手举起剪刀，面向全体到场者致意。然后放下剪刀、手套于托盘之内，举手鼓掌。接下来，可依次与主人握手道喜，并列队在引导者的引导下退场。退场时，一般宜从右侧下台。

待剪彩者退场后，礼仪小姐方可列队由右侧退场。不管是剪彩者还是助剪者在上下场时，都要注意井然有序、步履稳健、神态自然。在剪彩过程中，更是要表现得不卑不亢、落落大方。

动起来

重庆××购物中心举行了盛大的开业剪彩仪式，请模拟该剪彩仪式现场。

礼仪智库

剪彩的由来

剪彩是20世纪以来才开始盛行的一种仪式。追根溯源，它最早起源于美国。

据说1912年美国圣安东尼奥的华狄密镇上，有一家大百货公司将要开张。老板威尔斯为了讨个利市，严格地按照当地的风俗办事，一大清早就把店门打开，并在门前横系着一条布带。万事俱备，只等正式开张的时刻了。但万万没有想到，在正式开张前不久，老板的十岁小女儿牵着一条哈巴狗，从店里匆匆地跑出店外，无意中碰断了横在门前的布带。这时在门外久候的顾客以及过路行人，以为该公司正式开始营业了，于是蜂拥而入，并且争先恐后地购买货物，真是生意兴隆，大开利市。不久以后，当威尔斯的第二分公司又要开张时，他忽然想起第一次开张时的盛况。为了发财致富，老板又如法炮制一番，效果自然不错。后来，人们效仿此法，又用彩带取代了色彩单调的布带，并用剪刀剪断彩带，有的甚至用金制剪刀。这样一来，人们就正式给它起了个“剪彩”的名称。

这一形式后来风靡了全世界。如今剪彩不仅是买卖开张时要搞的仪式，而且连工程开工、落成等许多事情也都要剪彩。近年来，隆重的剪彩仪式在我国也随处可见，许多知名人士、影视明星都当过剪彩人。

（资料来源：http://baike.baidu.com）

第二节　签字仪式礼仪

签字仪式是政府、部门、企业之间通过谈判，就政治、军事、经济、科技等某一领域相互关系协议、缔结条约、协定或公约时举行的仪式。签字仪式虽不算是一种纯礼仪活动，但目前世界各国所举行的签字仪式，都有比较严格的程序及礼节规范。这不仅显示出签字仪式的正式、庄重、严肃，同时也表明双方对缔结条约的重视及对对方的尊重。图11-2为签字仪式现场。

签字仪式的整个过程所需时间并不长，其程序较简单，但由于签字仪式往往是访谈、谈判成功的一个标志，有时甚至是历史转折的一个里程碑，因此，对签字仪式一定要认真筹办。

图11-2　签字仪式现场

动起来

讨论：什么样的情况下需举行签字仪式？

一、签字前的准备

（一）参加签字仪式的人员确定

（1）签字人。签字人是代表一个国家、政府或企业进行签字的人员，所以，签字人的选择十分关键。签字人应视文件性质由缔约各方确定。有由国家领导人签字的，也有由政府有关部门签字的，如不是国家级的项目，而是地区之间、部门之间的协议，则由地区、部门负责人签字（一般是法人代表）。但不管是哪一级，双方签字人的身份应大体相当。

（2）助签人。助签人的职能是洽谈有关签字仪式的细节并在签字仪式上帮助翻阅与传递文本、指明签字处。双方的助签人由缔约双方共同商定。图 11-3 为签字仪式现场助签人展示。

图11-3　签字仪式现场助签人

（3）出席签字仪式的人员。出席签字仪式的人员基本上应是参加会谈或谈判的全体人员。如一方要求让某些未参加会谈或谈判的人员出席签字仪式，应事先取得对方的同意，另一方应予以认可。但应注意双方人数最好大体相等。不少国家与企业为了表示对签字仪式的重视，往往由更高级别或更多的领导人出席签字仪式。

（二）签字之前的筹备

（1）签字文本的准备。安排签字仪式，首先应是签字文本的准备。负责为签字仪式提供待签的合同文本的主方，应会同有关各方一道指定专人，共同负责合同的定稿、校对、印刷、装订、盖火漆印工作。按常规，应为在合同上正式签字的有关各方，均提供一份待签的合同文本。必要时，还可再向各方提供一份副本。

签署涉外商务合同时，比照国际惯例，待签的合同文本应同时使用有关各方法定的官方语言，或是使用国际上通行的英文、法文。此外，亦可同时并用有关各方法定的官方语言与英文或法文。

待签的合同文本应以精美的白纸印制而成，按大八开的规格装订成册，并以高档质料，如真皮、金属、软木等作为其封面。

（2）签字物品的准备。要准备好签字用的文具、国旗等物品。

（3）服饰准备。在签字前要规范好签字人员的服饰。按照规定，签字人、助签人以及随员，在出席签字仪式时，应当穿着具有礼服性质的深色西装套装、西装套裙，并配以白色衬衫与深色皮鞋。在签字仪式上露面的礼仪、接待人员，可以穿自己的工作制服，或是旗袍一类的礼仪性服装。

（4）签字厅的布置。由于签字的种类不同，各国的风俗习惯不同，因而签字仪式的安排和签字厅的布置也不尽相同。签字厅有常设专用的，也有临时以会议厅、会客室来代替的，但一般要选择较有影响、结构庄严、宽敞明亮、适宜于签字的大厅。

（5）签字桌。我国举行的签字仪式，通常是在签字厅内设置长方桌作为签字桌。桌面上覆盖深绿色的台呢。台呢色彩的选择，要考虑对方的习惯与忌讳。桌后放两把椅子，面对正门主左客右作为双方签字人的座位。座前桌上摆放各方保存的文本，文本前方分别放置签字用的用具，中间摆放一个旗架，悬挂签字双方的旗帜，主方国与客方国旗帜悬挂的方位是面对正门主左客右，即各方的国旗须插放在该方签字人座椅的正前方。另外，还要与对方商定助签人员的安排，以及安排双方助签人员洽谈有关细节。

二、签字仪式的详细步骤

签字仪式有一套严格的程序，大体由以下步骤构成。

（1）参加签字仪式的双方代表及特约嘉宾按时步入签字仪式现场。

（2）签字者在签字桌前入座，其他人员分主、客各站一边，按其身份自里向外依次由高到低，列队于各自签约者的座位之后。

（3）双方助签人员分别站立在自己签约者的外侧。

（4）签字仪式开始后，助签人员翻开文本，指明具体的签字处，由签字人签上自己的姓名，并由助签人员将己方签了字的文本递交给对方助签人员，交换对方的文本再签字。

（5）双方保存的协议文本都签好字以后，由双方的签字人自己郑重地相互交换文本，同时握手致意、祝贺，双方站立人员同时鼓掌。

（6）协议文本交换后，服务人员用托盘端上香槟酒，双方签约人员举杯同庆，以增添合作愉快气氛。

一般情况下，商务合同在正式签署后应提交有关方进行公证，此后才正式生效。

动起来

我校与重庆金夫人摄影有限公司达成了校企合作协议，并举行了合作协议签字仪式。请模拟签字仪式现场。

第三节　新闻发布会礼仪

新闻发布会又称“记者招待会”，是一个社会组织直接向新闻界发布有关组织信息，解释组织重大事件而举办的活动（见图 11-4）。

图11-4　新闻发布会现场

新闻发布会也是媒体所期待的。在全国性的媒体调查中发现，媒体获得新闻最重要的一个途径就是新闻发布会，几乎 100%的媒体将其列为最常参加的媒体活动。由于新闻发布会上人物、事件都比较集中，时效性又很强，且参加发布会免去了预约采访对象、采访时间的一些困扰，所以通常情况下记者都不会放过这些机会。

动起来

讨论：企业的新闻发布会具有哪些功能？

一、新闻发布会的特点

（一）正规隆重

形式正规，档次较高，地点精心安排，邀请记者、新闻界（媒体）负责人、行业部门主管、各协作单位代表及政府官员。

（二）沟通活跃

双向互动，先发布新闻，后请记者提问回答。

（三）方式优越

新闻传播面广，通过报刊、电视、广播、网站可实现集中发布（时间集中，人员集中，媒体集中）信息，使公众迅速知晓。

二、新闻发布会的标题

新闻发布会一般针对对企业意义重大、媒体感兴趣的事件举办。每个新闻发布会都会有一个名字，这个名字会出现在关于新闻发布会的一切表现形式上，包括请柬、会议资料、会场布置、纪念品等。在选择新闻发布会的标题时，一般需要注意以下几点。

（1）避免使用新闻发布会的字样。我国对新闻发布会是有严格申报、审批程序的，对企业而言，并没有必要如此烦琐，所以直接把发布会的名字命名为“××信息发布会”或“××媒体沟通会”即可。

（2）最好在发布会的标题中说明发布会的主旨内容。如：“××企业 2005 新品信息发布会”。

（3）通常情况下，发布会的标题还需要有会议举办的时间、地点和主办单位。这些内容可以在发布会主标题下用稍小的字表示出来。

（4）有时可以为发布会选择一个具有象征意义的标题。这时，一般可以采取主题加副题的方式。副题说明发布会的内容，主题表现企业想要表达的主要含义。如主题为“海阔天空”，副题为“五星电器收购青岛雅泰信息发布会”。

三、新闻发布会的时间

新闻发布的时间通常也是决定新闻何时播出或刊出的时间。

因为多数平面媒体刊出新闻的时间是在获得信息的第二天，因此要把发布会的时间尽可能安排在周一、二、三的下午为宜，会议时间保证在 1 小时左右，这样可以相对保证发布会的现场效果和会后见报效果。

发布会应该尽量不选择在上午较早或晚上。部分主办者出于礼貌的考虑，希望可以与记者在发布会后共进午餐或晚餐，这并不可取。如果不是历时较长的邀请记者进行体验式的新闻发布会，一般不需要类似的安排。

有一些以晚宴酒会形式举行的重大事件发布会，也会邀请记者出席。以这种形式发布新闻应把新闻发布的内容安排在最初的阶段，至少保证记者的采访工作可以比较早的结束，确保媒体次日发稿。

新闻发布会时间的选择上还要避开重要的政治事件和社会事件，因为媒体对这些事件的大篇幅报道任务会冲淡企业新闻发布会的传播效果。

四、新闻发布会的地点

新闻发布会的场地可以选择在户外（事件发生的现场，便于摄影记者拍照），也可以选择在室内。根据发布会规模的大小，室内发布会可以直接安排在企业的办公场所或者选择酒店。酒店有不同的星级，从企业形象的角度来说，重要的发布会宜选择五星级或四星级酒店。为了体现权威性，可在人民大会堂等权威场所举行（由于权威场所的审核程序烦琐，企业可委托专业策划公司全程策划筹办）。

酒店有不同的风格，不同的定位，选择酒店的风格要注意与发布会的内容相统一，还要考虑酒店所处位置应交通便利，易于寻找。包括离主要媒体、重要人物的远近，泊车是否方便等。

发布方在寻找新闻发布会的场所时，还必须考虑以下的问题。

（1）会议厅容纳人数，主席台的大小，投影设备、电源、布景、胸部麦克风、远程麦克风、相关服务如何，住宿、酒品、食物、饮料的价钱是否合理，有没有空间的浪费等。

（2）背景布置。主题背景板，内容含主题、会议日期，有的会写上召开城市，颜色、字体注意美观大方，颜色可以企业 VI 为基准。酒店是否会代为安排。

（3）酒店外围布置，如酒店外横幅、竖幅、飘空气球、拱形门等。酒店是否允许布置。当地市容主管部门是否有规定限制等。

五、新闻发布会的席位

新闻发布会的席位摆放方式一般是主席台加下面的课桌式摆放。要注意确定主席台人员及摆放席卡，以方便记者记录发言人姓名。摆放原则是“职位高者靠前靠中，自己人靠后靠边”。

很多会议采用主席台只有主持人位和发言席，贵宾坐于下面的第一排的方式。一些非正式、讨论性质的会议是圆桌摆放式。

摆放“回”字形会议桌的发布会也出现的较多，发言人坐在中间，两侧及对面摆放新闻记者的席位，这样便于沟通，同时也有利于摄影记者拍照。

注意席位的预留，一般在后面会准备一些无桌子的座席。

六、新闻发布会的道具准备

新闻发布会上最主要的道具是麦克风和音响设备。一些需要进行电脑展示的设备还包括投影仪、笔记本电脑、上网连接设备、投影幕布等，相关设备在发布会前要反复调试，保证不出故障。

新闻发布会现场的背景布置和外围布置需要提前安排。一般在大堂、电梯口、转弯处有导引指示欢迎牌（酒店一般都有这项服务）。事先可请好礼仪小姐迎宾。如果是在企业内部安排发布会，也要酌情安排人员做记者引导工作。

新闻发布会背景板主要衬托出会议主题，所以在设计及选材上一定要慎重考虑，新闻发布会主要采用高清晰写真布，这种材料因为无异味，不反光和高清晰的特点，所以对新闻发布会的现场气氛营造和媒体摄像都大有好处。

七、新闻发布会的资料准备

提供给媒体的资料一般以广告手提袋或文件袋的形式整理妥当，按顺序摆放，再在新闻发布会前发放给新闻媒体。资料的前后顺序如下。

（1）会议议程。

（2）新闻通稿。

（3）演讲发言稿。

（4）发言人的背景资料介绍（应包括头衔、主要经历、取得的成就等）。

（5）公司宣传册。

（6）产品说明资料（如果是关于新产品的新闻发布的话）。

（7）有关图片。

（8）纪念品（或纪念品领用券）。

（9）企业新闻负责人名片（供新闻发布后进一步采访和新闻发表后寄达联络）。

（10）空白信笺、笔（方便记者记录）。

八、新闻发布会的发言人

新闻发布会也是企业要员同媒介打交道的一个很好的机会，因此应该得到重视。代表企业形象的新闻发言人对公众认知会产生重大影响。如其表现不佳，企业形象无疑也会大大折扣。

新闻发言人的条件一般应有以下几方面。

（1）新闻发言人应该在公司身居要职，有权代表公司讲话。

（2）良好的外形和表达能力。发言人的知识面要丰富，要有较强的语言表达能力、倾听的能力及敏捷的反应，衣着整洁、得体，态度大方。

（3）执行原定计划并能加以灵活调整的能力。

（4）有现场调控能力，可以充分控制和调动发布会现场的气氛。

九、记者提问

在新闻发布会上，通常在发言人进行发言以后，有一个回答记者提问的环节，这可以增强记者对整个新闻事件的理解以及对背景资料的掌握。有准备、亲和力强的领导人接受媒体专访，可使发布会所发布的新闻素材得到进一步的升华。

在答记者问时，一般由一位主答人负责回答，必要时，如涉及专业性强的问题，由他人辅助。

发布会前主办方要准备记者答问备忘提纲，并在事先取得一致意见，尤其是主答和辅助答问者要取得共识。

在发布会进行的过程中，对于记者的提问应该认真作答，对于无关或过长的提问则可以委婉、礼貌地制止，对于涉及企业秘密的问题，有的可以直接回答记者是企业机密，一般来说，记者也可以理解，有的则可以委婉作答，不宜采取“无可奉告”这类字句。对于复杂而需要大量解释的问题，可以先简单答出要点，邀请其在会后探讨。

有些企业喜欢事先安排好媒体提问的问题，以防止媒体问到尖锐、敏感的问题。这种做法不建议采取。

十、媒体邀请

媒体邀请的技巧很重要，既要吸引记者参加，又不能过多透露将要发布的新闻。在媒体邀请的数量上，既不能过多，也不能过少。一般企业应该邀请与自己联系比较紧密的商业领域记者参加，必要时如事件现场气氛热烈，应关照平面媒体记者与摄影记者一起前往。

邀请的时间一般以提前 3 到 5 天为宜，发布会前一天可做适当的提醒。联系比较多的媒体记者可以采取直接电话邀请的方式。相对不是很熟悉的媒体或发布内容比较严肃、庄重时可以采取书面邀请函的方式。

适当地制造悬念可以吸引记者对发布会新闻的兴趣，一种可选的方式是开会前不透露新闻，给记者一个惊喜。“我要在第一时间把这消息报道出来”的想法促使很多媒体都在赶写新闻。如果事先就透露出去，用记者的话说就是“新闻资源已被破坏”，看到别的报纸已经报道出来了，写新闻的热情会大大减弱，甚至不想再发布。无论一个企业与某些报社的记者多么熟悉，在新闻发布会之前，重大的新闻内容都不可以透漏出去。

动起来

重庆立嘉会展有限公司将为第十五届“立嘉国际机械展”召开新闻发布会，请为该公司策划发布会，并拟写策划方案。

第四节 会展活动现场礼仪

广义的会展，其概念的外延已经涵盖各种类型的博览会、展览展销活动、大型会议、体育竞技运动、文化活动、节庆活动等。它们的共同特征是聚集、展示、交流。因此我们将会展界定为在一定的地域空间，许多人聚集在一起形成的，定期或不定期、制度或非制度的展示和交流信息的群众性社会活动，其主要的形式是会议、展览、节事活动和奖励旅游。

会展业作为一种新兴的“无烟产业”，正引起世界各国的广泛重视。据专家测算，会展业的产业带动系数大约为 1:9，即会展场馆的收入如果是 1，相关产业收入则为 9，对区域经济的拉动效益非常明显。各类专业性、综合性的展览会有力地促进区际技术合作、信息沟通、贸易往来、人员互访和文化交流，创造良好的经济和社会效益。会展业的区域展示性和对区域产业的关联带动性日益显现，国家和各级地方政府给予了高度重视。图 11-5 为会展功能示意。

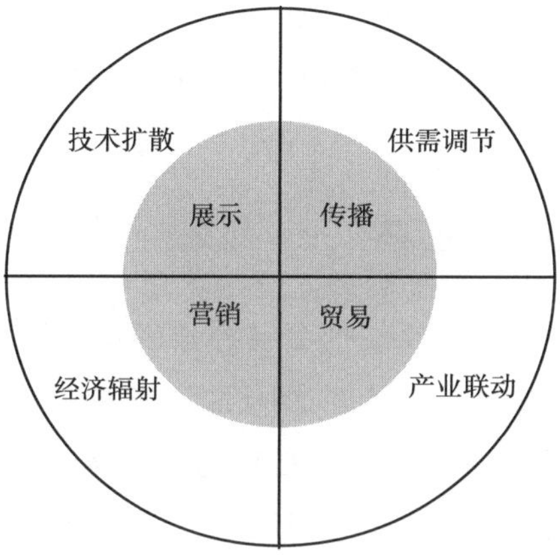

图11-5　会展功能示意

随着会展业的兴起和会展活动的日益频繁，国内的会展活动也逐步有序和规范起来，会展从业人员正面临着越来越高的职业要求，会展礼仪正是满足这一要求的必要条件之一。

动起来

谈谈你所参加过的会展活动。

一、会展开幕式礼仪

办展机构通过开幕式的形式来宣告展会正式开始。

（一）会展开幕式流程

一个典型的展会开幕式流程包括以下几项。

（1）工作人员引领嘉宾到主席台就座。

（2）主持人主持展会开幕并介绍到会嘉宾。

（3）领导讲话。

（4）重要嘉宾宣布展会正式开始。

（5）主持人宣布开幕式结束并请嘉宾和观众进场参展。

有的开幕式还安排演出和放烟花等，以活跃开幕式的气氛。一个成功的开幕式包含着办展机构展前的大量准备工作，因为开幕式是一项重要而复杂的活动，涉及方方面面的关系和事务，需要周密安排和部署。

（二）开幕形式的确定

展会可以以多种形式来举行开幕式，如鸣放礼炮、嘉宾剪彩、领导讲话等。其中要注意的是领导讲话环节，通常先报外宾、外单位领导人，各主办单位领导应排在宾客后面（主办单位领导是国家领导人的则应先报），如有外国驻华大使参加的，其位置则应提前（因其是外国元首的代表）。

（三）开幕式讲话稿和新闻通稿

展会开幕式讲话稿和新闻通稿可以使社会各界正确认识展会。展会新闻通稿是各新闻媒体报道展会的基调，因此要认真准备。新闻通稿的选题定位要适当，要提炼出展会的创新特点。在内容上要对展会各个方面进行全面和系统的介绍，包括展会的相关数据，如展览面积、参展商数量、预计的观众人数等。另外，还可附上一些背景材料，如出席展会开幕式的嘉宾名单、展会相关活动安排及有关图片等。

嘉宾讲话时，欢迎、感谢之类的句子要尽量归纳，以节省鼓掌时间。使用现场翻译时，要注意尽量控制场面，使讲话人与译员相配合，不要在中文讲完时中方人士立即鼓掌，应在翻译完后中外双方共同鼓掌，以示对外宾的尊重。展会开幕式不同于报告会，主办者或领导人不宜长篇发言，要尽量简明具体，不必多说客套话。图 11-6 为展会开幕式。

图11-6　展会开幕式

二、展会现场服务礼仪

展会现场服务礼仪包括很多，如展位接待礼仪、迎送礼仪、司仪礼仪、演讲礼仪等。这里重点介绍展位接待礼仪。

展会现场由众多展位组成，展位接待对于展会的成功起到很重要的作用，它能让展会的参观者对展览留下深刻的印象。展台是展示企业形象的窗口，因此，展台人员的业务知识、工作方式、穿着、举止等非常重要。展台工作的特点是在很小的空间和很短的时间内，接待大量的参观者，向参观者推销，与参观者进行贸易洽谈等。展台人员需要有工作积极性，有技巧和经验。因此，企业在参展前应注意展台人员的挑选，并对展台人员进行专业知识及礼仪接待等各方面的培训。

（一）工作方式与态度

展台人员首先应当保持良好的精神状态，态度友善，使参观者有受欢迎之感。展台人员应主动接触对展台和展品表现出兴趣的参观者。交谈过程中，要保持清醒的头脑，注意交流的方向和内容，始终牢记展出目的。同时言谈措辞要简洁、直接、实际。通过交谈迅速辨别判定参观者的身份和价值，在授权范围内尽量深入交谈，介绍公司、推销产品，引导、激发客户购买兴趣。如果有可能，就进入实质性的贸易洽谈，争取签约成交。如果是重要的潜在客户或是重要的合同，即使到了闭馆时间，仍应设法易地继续洽谈，争取签约或取得阶段结果。接待、推销、洽谈结束后，迅速记录相应的详细情况。

（二）展台人员礼仪

1．业务知识

展台人员必须掌握展台工作所需的知识，包括公司情况、所展出产品和服务的情况、客户需求、市场情况、竞争情况等。需要强调的是展台人员必须完全了解展品，必须能够回答有关展品的任何问题。若做不到，必须知道如何获得答案。展品方面的知识对展台推销非常重要。

2．倾听和解说

倾听对于展台人员十分重要，在倾听中能发现观众的兴趣和爱好。讲解时，应注意语音流畅，语调柔和，声音清晰。同时，还要善于运用解说技巧，向观众介绍或说明展品时，应当掌握基本的方法和技能。解说技巧可按展会类型不同而有所侧重。

在宣传型展会上，解说的重点应当放在推广参展单位的形象上。要善于使解说围绕着参展单位与公众的双向沟通进行，时刻都应大力宣传本单位的成就和理念，以便使观众对参展单位给予认可。

在销售型展览会上，解说的重点则必须放在主要展品的介绍与推销上。解说时遵循FABE原则。F（Features）即特点，指的是本项产品的特质、特性等方面。销售人员要深刻挖掘产品的内在属性，找到差异点。A（Advantages）即优势，要列出这个产品独特的地方来。B（Benefits）即益处，是指能给消费者带来什么好处。E（Evidence）即佐证，通过现场演示、相关证明文件、品牌效应来印证前边的一系列介绍。所有材料应该具有足够的客观性、权威性、可靠性、可证实性。

3．行为举止

展台人员行为举止关系到参展企业的形象。展台人员必须保持良好的工作状态和精神状态，不论有无参观者都必须站立，随时准备接待参观者。展台人员无事不得聚集、聊天，禁止在展台上进食、抽烟、阅读报刊或资料。在展台上看书读报，反映展台萧条，也反映展台人员工作责任心不强，这都有损展出者的形象。

此外，展台人员应坚守岗位，在开展期间，展台不能无人照管，也不能让外行代看展台。无人看守意味着丢失贸易机会，而外行做接待、洽谈工作可能会使客户的第一次接触变为最后一次接触，把潜在客户推给竞争对手。参观者稀少、展台人员疲乏时，也不要松懈，保持良好的精神状态。这不仅是为了保持良好的展出者形象，也是为了接待参观者。

（三）资料管理

展台资料包括公司介绍、产品目录、产品说明、服务说明、展出介绍、价格单、展台人员名片等。展台资料需要管理，管理得当，资料可以有效发挥宣传、推销作用；管理不当，资料便会被丢弃、被浪费。资料的管理工作包括控制散发数量和散发对象，撤下残损的资料，添加新的资料，补充库存等。

资料要有针对性地散发。可以分层次地向目标观众寄发、散发。资料可以分为两类：一类是可以散发给每一个参观者的简单的、低成本的资料，包括单页和折页资料；另一类是提供给专业参观者的成套的、高成本的资料，一般不宜当场提供，最好在展会后邮寄给客户。

动起来

依照 FABE 原则向观众介绍某款商品，介绍时注意仪表仪态及语音语调等。

本单元小结

本单元重点介绍了几个典型的商务活动礼仪：剪彩仪式礼仪、签字仪式礼仪、新闻发布会礼仪以及会展活动现场礼仪。在介绍这些商务活动时，除了强调其礼仪规范，也介绍了活动的功能、操作流程以及注意事项等。

作业：

一、关键概念

剪彩仪式　签字仪式　新闻发布会　会展

二、思考题

商务活动中的礼仪规范具有怎样的功能？以案例论述。

三、实训题

1. 实训主题：模拟展位接待。假如你是某参展公司聘请的展台接待人员，模拟展位接待现场。

2. 实训目的：通过模拟展位接待现场，掌握展台接待人员应具备的素质和技能，熟悉礼仪规范。

3. 实训内容：展台接待人员的仪表仪态、倾听和解说技能、礼貌用语等。

参考文献

[1] 金正昆．商务礼仪[M]．北京：北京大学出版社，2004.

[2] 万里红．最实战商务礼仪[M]．北京：机械工业出版社，2012.

[3] 金正昆．实用商务礼仪[M]．北京：中国人民大学出版社，2009.

[4] 黄琳．商务礼仪[M]．2 版．北京：机械工业出版社，2010.

[5] 田芳，李乐群，易涤尘．商务礼仪基础与实训教程[M]．北京：中国传媒大学出版社，2009.

[6] 胡晓涓．商务礼仪[M]．北京：中国人民大学出版社，2005.

[7] 张岩松，袁和平．现代交际礼仪[M]．大连：东北财经大学出版社，2011.

[8] 李波．商务礼仪[M]．北京：中国纺织出版社，2006.

[9] 马保奉．外交礼仪浅谈[M]．北京：中国铁道出版社，1996.

[10] 黄漫宇．商务沟通[M]．2 版．北京：机械工业出版社，2010.

[11] 张岩松．公关与礼仪[M]．大连：东北财经大学出版社，2012.

[12] 史锋．商务礼仪[M]．2 版．北京：高等教育出版社，2012.

[13] 肖温雅．会展营销实务[M]．北京：机械工业出版社，2011.

[14] 林莉．会展服务礼仪[M]．北京：清华大学出版社，2011.

[15] 王斌．会展礼仪实训教程[M]．重庆：重庆大学出版社，2008.

[16] 饶雪梅．会展礼仪[M]．北京：中国劳动社会保障出版社，2006.

[17] 彭于寿．商务沟通[M]．北京：北京大学出版社，2006.

[18] 李莉．实用礼仪教程[M]．北京：中国人民大学出版社，2002.

[19] 杜明汉．商务礼仪：理论、实务、案例、实训[M]．北京：高等教育出版社，2010.